V&R

LESZEK RUSZKOWSKI

Volk und Gemeinde im Wandel

Eine Untersuchung zu Jesaja 56 – 66

VANDENHOECK & RUPRECHT
IN GÖTTINGEN

Forschungen zur Religion und Literatur
des Alten und Neuen Testaments

Herausgegeben von
Dietrich-Alex Koch und Rudolf Smend

191. Heft der ganzen Reihe

Die Deutsche Bibliothek – CIP-Einheitsaufnahme

Ruszkowski, Leszek:
Volk und Gemeinde im Wandel: eine Untersuchung zu Jesaja 56–66 /
Leszek Ruszkowski. –
Göttingen: Vandenhoeck und Ruprecht, 2000
(Forschungen zur Religion und Literatur des Alten und
Neuen Testaments; H. 191)
Zugl.: Basel, Univ., Diss., 1998
ISBN 3-525-53875-8

© 2000 Vandenhoeck & Ruprecht, Göttingen
http://www.vandenhoeck-ruprecht.de
Printed in Germany. – Das Werk einschließlich aller seiner Teile
ist urheberrechtlich geschützt. Jede Verwertung außerhalb
der engen Grenzen des Urheberrechtsgesetzes ist ohne
Zustimmung des Verlages unzulässig und strafbar.
Das gilt insbesondere für Vervielfältigungen, Übersetzungen,
Mikroverfilmungen und die Einspeicherung und Verarbeitung
in elektronischen Systemen.
The LaserGREEK®, LaserHEBREW®, and Semitic Transliterator™ fonts used to print
this work are available from Linguist's Software, Inc. PO Box 580, Edmonds,
WA 98020-0580; tel (206) 775-1130
Druck und Bindung: Hubert & Co., Göttingen

Vorwort

Die vorliegende Arbeit wurde im April 1998 von der Theologischen Fakultät der Universität Basel als Dissertation angenommen. Für den Druck wurde sie leicht überarbeitet und stellenweise gekürzt. Ich hoffe, dass sie dadurch leserfreundlicher geworden ist.

Im Titel figuriert das Wort „Wandel", das bereits eines der Ergebnisse der Arbeit vorwegnimmt. Bevor ich den Titel in dieser Form gewählt habe, war er im Laufe meiner Beschäftigung mit den letzten Kapiteln des Buches Jesaja selber stets im Wandel. Anfangen wollte ich mit dem Titel „Gottesvolk bei Tritojesaja". Mit der Zeit hat sich jedoch das Wort „Gemeinde" aufgedrängt, denn, grob gesagt, findet in diesen Texten ein Wandel weg vom Volk hin zur Gemeinde statt. Einmal habe ich auch die folgende Überschrift in Betracht gezogen: „Vom auserwählten Gottesvolk zum Volk des auserwählten Gottes". Diesen etwas plakativen Titel betrachte ich weiterhin als eine vertretbare Zusammenfassung des besagten Wandels. Die Leserin/der Leser wird die Begründung für diese paradoxe Formulierung vor allem dem letzten Kapitel der Arbeit entnehmen können.

Die Entstehung dieser Arbeit wäre ohne die große Hilfe von verschiedenen Personen nicht möglich gewesen. Bei ihnen allen möchte ich mich ganz herzlich bedanken. Die in Basel abgeschlossene Dissertation hat ihre Vorgeschichte in Jerusalem. Dort habe ich in den Jahren 1991–1994 an der École Biblique et Archéologique Française unter der Leitung von Prof. Étienne Nodet an verwandten Themen gearbeitet. Ihm und allen Professoren der École sage ich hier ein herzliches *merci beaucoup*.

Meinem Doktorvater, Herrn Prof. Dr. Klaus Seybold, danke ich für seine hilfreiche Unterstützung und Ermunterung. Er hat mir geholfen, die Arbeit in überschaubaren Rahmen zu halten und hat es mit seinem menschlichen Feingefühl und seiner wissenschaftlichen Erfahrung verstanden, mir den Weg durch die verschiedenen Schwierigkeiten hindurch zu weisen. Ihm verdanke ich auch die Freiheit, mit der ich meiner Arbeit eine eigene Gestalt verleihen konnte.

Herrn Prof. Dr. Hanspeter Mathys danke ich für das Zweitgutachten und für die vielen Hinweise, die mir die Arbeit zu verbessern geholfen haben.

An dieser Stelle möchte ich meine Dankbarkeit auch den anderen Mitgliedern der Theologischen Fakultät Basel aussprechen, die mich während der letzten fünf Jahre wohlwollend unterstützt haben. Die Universität Basel ist auch

durch Druckzuschüsse aus dem Dissertationenfonds maßgeblich an der Publika-
tion der Arbeit beteiligt.

Mein Dank geht auch an die Herausgeber der „Forschungen zur Religion
und Literatur des Alten und des Neuen Testaments", Herrn Prof. Dr. Rudolf
Smend und Herrn Prof. Dr. Wolfgang Schrage, die meine Dissertation freundlicherweise in diese Reihe aufgenommen haben.

Herr Pfr. Dr. Edgar Kellenberger hat freundlicherweise meine Arbeit durch-
gelesen, und ich danke ihm herzlich für seine wertvollen Bemerkungen und An-
regungen. Für das Korrekturenlesen bedanke ich mich sehr bei Frau Margrit
Peter. Bei den sprachlichen und sachlichen Korrekturen haben mir ebenfalls meine Studienkollegen Jürg Luchsinger, Martin Roth und Andreas Stooss geholfen
und vor allem meine Frau Christine, die sich mit großem Einsatz dieser Aufgabe
annahm. Widmen möchte ich dieses Buch unserem Sohn Lukas, der einen Tag
nach den letzten Korrekturstrichen auf die Welt kam.

Lupsingen, im November 1999   *Leszek Ruszkowski*

Inhalt

Abkürzungen

Die Bezeichnungen PrJes, DtJes, TrJes beziehen sich jeweils auf die Textbereiche Jes 1–39; 40–55 und 56–66 und setzen keine bestimmten Lösungen der Verfasserfrage voraus. TrJes* bezeichnet TrJes ohne die Kap. 60–62, (also TrJes* = Kap. 56–59 und 63–66). Für Adjektive werden die Formen trjes/trjes*, prjes und dtjes gebraucht. Der Asteriskus mit einer Kapitel- oder Versangabe weist darauf hin, dass nicht das ganze Kapitel bzw. der ganze Vers gemeint ist, sondern der im Kontext genannte Teil davon. Jes* bedeutet das noch unvollständige Jesajabuch.

Dtn/Dtr werden als Abkürzung von Deuteronomium/deuteronomistisches Geschichtswerk und dtn/dtr für die Adjektive deuteronomisch/deuteronomistisch gebraucht.

Bei Literaturangaben werden die Namen der Verfasser und (bei mehreren Werken des gleichen Autors/der gleichen Autorin) ein Kurztitel gebraucht. Die vollständigen Angaben sind im Literaturverzeichnis zu finden. Eine Ausnahme bilden Rezensionen und Stichworte aus Lexika u.ä., auf die nur in den Fußnoten verwiesen wird. Die Abkürzungen von Zeitschriften, Lexika und Wörterbüchern richten sich nach der Theologischen Realenzyklopädie (TRE), Abkürzungsverzeichnis, Berlin/New York [2]1994.

I. Einleitung

Seitdem 1892 Bernhard Duhm, Ordinarius für Altes Testament und Allgemeine Religionsgeschichte an der Universität Basel, die letzten elf Kapitel des Jesajabuches als Werk eines „Tritojesaja" bezeichnet hat,[1] werden die Kap. 56–66 des Jesajabuches meistens für sich genommen betrachtet und intensiv erforscht. Obwohl im Verlauf eines Jahrhunderts kaum eine Behauptung Duhms unwidersprochen blieb, kommt kein Kommentator der letzten Kapitel von Jes umhin, sich mit seiner Hypothese auseinanderzusetzen.[2] Die Aussonderung der Kap. 56–66 hat sich dabei als viel beständiger erwiesen als die von Duhm angenommene Prophetengestalt „Tritojesaja" und die von ihm vorausgesetzte Einheitlichkeit des von Tritojesaja verfassten Buches.[3] Die Geschichte der Jesajaforschung nach Duhm zeigt diese Tendenz mit aller Deutlichkeit. Die allgemeine For-

---

[1] Die forschungsgeschichtlich wichtige Zäsur zwischen Jes 55 und 56 und der Name „Tritojesaja" gehen auf DUHMS Jesajakommentar von 1892 zurück. Dennoch hat bereits A. KUENEN innerhalb von Jes 40–66 eine Unterscheidung der Abschnitte „vor der Eroberung von Babel und der Freilassung der Gefangenen" (40–49; 52,1–12) und „nach der Rückkehr ins Vaterland" (50; 51; 54,1–56,8; 56,9–57,20; 58; 59; 60; 61; 62; 63,1–6; 63,7–64; 65; 66) vorgenommen, Hist. krit. Ouderzoek, 1885–89, vgl. deutsche Übersetzung, 131–137.

[2] Somit hat sich E. SPIESS mit seiner äußerst kritischen Würdigung, die er nach Duhms Tod abgegeben hat, als falscher Prophet erwiesen. Seine Worte sind für den heutigen Leser / die heutige Leserin befremdend, nicht nur wegen der verfehlten Prognose: „Wie in Duhms Lehrbetrieb alles auf seiner Persöhnlichkeit ruhte und er keine Schule gemacht hat, so werden mit seinem irdischen Leben bald auch seine wissenschaftlichen Werke das Los der Vergänglichkeit teilen und tote Zeugen sein einer Zeit, wo man im übermütigen Bewusstsein neuentdeckter wissenschaftlicher Methoden jede religionsgeschichtliche Entwicklung mit Analogien, Vergleichungen und religionspsychologischen Analysen erklären wollte." (Prof. Dr. E. Spiess in: Schweizerische Rundschau, 1928, 755.)

[3] In der vorliegenden Arbeit wird die Abgrenzung von Jes 56–66 als berechtigt betrachtet, obwohl sie nicht unumstritten ist (vgl. z.B. ROFÉ, The Onset of Sects, 41; Anm. 11, der für die Abgrenzung 54–66 plädiert, oder WATTS mit einer ganz anderen Aufteilung). Die redaktionelle Klammer zwischen dem Anfang und dem Ende des Abschnitts Jes 56–66 gehört zu den wichtigsten Argumenten für eine Zäsur nach Jes 55. Vgl. aber auch RENDTORFF, Jesaja 56,1 als Schlüssel, 174, 176. Was die Argumente der Vertreter der Einheitshypothese von Jes 40–66 anbetrifft, stimme ich der Meinung von SCHRAMM zu, dass sie durch die Annahme einer literarischen Abhängigkeit der Kap. 56–66 von 40–55 hinfällig werden: „... Third Isaiah is not to be viewed as an independent collection. Those scholars who have continually opposed the attempt to separate Isaiah 56–66 from 40–55 are correct, but for reasons different from those they proposed. The relationship of these two sections cannot be decided by resorting to arguments about authorship." (50). Siehe auch SCHRAMMS Schilderung des Problems in seinem Kapitel 1 „Introduction: Third Isaiah?" (11–52).

schungsgeschichte zum Problem „Tritojesaja" bzw. Jes 56–66 ist wiederholt und ausführlich behandelt worden. An dieser Stelle sei vor allem auf die Arbeiten von Pauritsch (bis 1970)[4], Sekine (1984)[5], Koenen (1988)[6], Lau (1993)[7] und Schramm (1993)[8] verwiesen.

Die Forschungen zur Gemeinde von TrJes

Zwei der obengenannten Autoren haben ein Thema behandelt, das sich mit dem der vorliegenden Studie überschneidet. Pauritsch widmete der von TrJes geschilderten Gemeinde eine Untersuchung mit dem Titel „Die neue Gemeinde. Gott sammelt Ausgestoßene und Arme". Schramm hat mehr als zwanzig Jahre später über die Gegner von Tritojesaja geschrieben und damit die Kehrseite des gleichen Problems dargestellt: vereinfacht gesagt fragt Pauritsch, *für* wen und Schramm *gegen* wen die Prophetenworte von Jes 56–66 geschrieben wurden. Diese zwei Fragen lassen sich nicht unabhängig voneinander behandeln, was sich in den Arbeiten von Pauritsch und Schramm widerspiegelt. Das Verhältnis der vorliegenden Untersuchung zu den Arbeiten dieser beiden Autoren muss geklärt werden.

Pauritschs Vorgehen ist sehr vorsichtig und zugleich weitschweifig. Seine Untersuchung ist nicht von vornherein themaorientiert, sondern bildet einen umfassenden text-, literar-, und gattungskritischen Kommentar zu einzelnen Textkomplexen von Jes 56–66 (S. 31–218). Erst in einem zweiten Schritt (S. 219–254) werden die Zwischenergebnisse zusammengetragen und interpretiert. Redaktionsgeschichtlich unterscheidet Pauritsch zwischen einer Vielfalt anonymer Verfasser und einem an DtJes orientierten Redaktor, welcher die einzelnen Stücke zu einem eigenen Konzept zusammengefügt hat. Die Stoßrichtung dieser redaktionellen Arbeit wird von Pauritsch aufgrund der Interpretation von Jes 56,1–8 beurteilt: diese Worte (und zugleich das ganze neu redigierte TrJes-Buch) seien „im Hinblick auf die neuen Hörer in der babylonischen Diaspora" (48) formuliert worden. „Jes 56–66 ist ein frühnachexilisches, prophetisches Erweckungsbuch, adressiert an eine Gemeinschaft von Jahweanhängern in Babylon, die ihre Rettung und ihr Heil durch die Aufnahme in die Jerusalemer Kultgemeinde zu erlangen versuchten" (250). Pauritsch nimmt einen abschlägigen priesterlichen Tora-Bescheid an, gegen welchen sich der Prophet in 56,1–8 erhebt. Es werden in diesem Zusammenhang nur vage „gewisse separationistische, nationale Jerusalemer Kreise" genannt (248) und auf der Seite der „Frage-Steller" Diasporajuden und Diasporaproselyten. Ein Rezensent bedauert verständlicherweise, „dass Pauritsch nicht energischer der Frage nachgeht, wer wohl unter diesen

---

[4] Die Neue Gemeinde, 1–30.
[5] Sammlung, 3–23.
[6] Ethik, 1–7.
[7] Schriftgelehrte, 1–21.
[8] Opponents, 11–52.

‚neuen Hörern' und vor allem unter den sie bedrängenden separatistischen Angehörigen der Oberschicht Jerusalems konkret gemeint sei und welche Beziehungen zu den synkretistisch gesonnenen Kreisen bestanden haben."[9]

Von diesem Mangel ist das bedeutende Werk P.D. Hansons „The Dawn of Apocalyptic" frei. Die von Plöger[10] postulierte Polarität zwischen Priester und Prophet wurde für Hanson zum bestimmenden Faktor für das Entstehen der apokalyptischen Eschatologie in TrJes. Hansons Studie identifiziert alle beteiligten Parteien: auf der einen Seite stehen die Machthaber – die zadokidischen Priester; auf der anderen „entmachtete Leviten", die sich zu einer prophetischen Bewegung zusammenschließen und die Anhängerschaft von TrJes bilden.[11]

Der Auseinandersetzung mit Hanson widmet Schramm den größten Teil seiner Arbeit „The Opponents of Third Isaiah". Dabei gelangt er zum Schluss, dass TrJes kurz vor Esr/Neh anzusetzen ist. Dadurch unterscheidet sich Schramm von Pauritsch und Hanson, welche für die Entstehung von TrJes eine relativ kurze Zeitspanne um 520 annehmen, und er greift wieder auf die Ansicht Duhms zurück, der TrJes kurz vor Nehemia ansetzt. Das Neue am Beitrag Schramms besteht aber nicht in der Datierung, sondern in der Annahme eines Kontinuums, einer Verbindungslinie zwischen TrJes und Esr/Neh. Während einige Autoren[12] in Jes 56,1–8 eine prophetische Reaktion auf die separationistische Politik von Esra und Nehemia sehen, argumentiert Schramm für eine grundlegende Gemeinsamkeit beider Schriften. Somit verlaufen die Fronten bei Schramm ganz anders als bei Hanson und Pauritsch: die Angesprochenen in TrJes werden allgemein den Zurückgekehrten aus der גולה zugerechnet, während ihre (und Tritojesajas) Gegner zu den Synkretisten (עם הארץ in Esr/Neh) zählen.

Die Arbeiten von Pauritsch und Schramm setzen sich mit der Frage nach der Gemeinde von TrJes systematisch und programmatisch auseinander. Das gleiche lässt sich von Kap. II von Hansons Buch sagen. Es ist allerdings nicht zu übersehen, dass auch alle Kommentare und fast alle Beiträge zu Jes 56–66 wenigstens am Rand Stellung nehmen zur genannten Frage. Sie gehört zu denen, welche jede Einleitung zum Alten Testament nebst der Datierung und dem historischem Ort zu beantworten versucht.

In der vorliegenden Arbeit geht es nicht hauptsächlich um die Frage nach den Adressaten der Prophetenworte bzw. nach den Gegnern des Propheten. M.E. muss die Frage nach Volk und Gemeinde in TrJes zuerst literarkritisch gestellt werden. Ohne eine möglichst genaue Auskunft über die Gemeinde *in* TrJes lassen sich keine Schlüsse auf die *von* TrJes ziehen. Darum wird zuerst nach dem „Volk" als einem literarisch-theologischen Phänomen, nicht nur einer histori-

---

[9] G. WALLIS, ThZ 29(1973) 284f.

[10] S. 38, 137f.

[11] HANSON, 32–208 *passim*; vgl. auch ACHTEMEIER, The Community.

[12] Vgl. WESTERMANN, 249f.; WALLIS, 189; FISHBANE, 118; DONNER, Abrogationsfall.

schen Größe gefragt. Die Auffassung von Volk und Gemeinde wird jeweils zunächst im Hinblick auf ihren „literarischen Wandel" untersucht. Auf die historischen Voraussetzungen bzw. Konsequenzen dieses Wandels wird, sofern der Textbefund es gestattet, in einem zweiten Schritt eingegangen.

In den Texten begegnet uns unmittelbar nur eine Vorstellung von „Volk" und „Gemeinde". Daraus Schlüsse zu ziehen über die „historische Wirklichkeit", erfordert eine Interpretationsarbeit. Diese ist heikel, weil nicht immer angenommen werden kann, dass das literarische Bild eine historische Realität widerspiegelt. Dass dieses Bild genausogut eine nur gedachte, eine vermisste Realität widerspiegeln kann, würden wohl die wenigsten bestreiten. Dass aber gewisse Aussagen allein durch die interne Logik des literarischen Werkes hervorgerufen werden konnten, ist weniger offensichtlich und hat bisher bei der Suche nach der „Gemeinde" von TrJes wenig Beachtung gefunden.

Und genau dies ist der Ansatzpunkt für die vorliegende Arbeit, in welcher in erster Linie die Vorstellung von „Volk" und „Gemeinde" ermittelt werden soll. Bei jeder Perikope wird deshalb die Frage gestellt, ob sich ihr Entstehen besser durch literarische Anliegen oder durch äußere („politische" u.ä.) Impulse erklären lässt. Gewiss sind in der Regel gleichzeitig „innere" und „äußere" Motive am Werk bei der Entstehung eines literarischen Textes. Die dem literarischen Aspekt gegebene Priorität soll also diesen Faktor nicht verabsolutieren.[13]

Unter den literarischen Faktoren nimmt das Phänomen der Fortschreibung als einer bewussten Weiterführung des überkommenen Textes eine besondere Stellung ein. Die Werke von Clements, Vermeylen, Beuken, Steck, Lau u.a. heben die Mechanismen der Fortschreibung und deren Eigendynamik hervor. Diese Autoren betonen, dass das Wachsen der Prophetenschriften nicht durch das Zufallsprinzip diktiert wurde, sondern durch Beiträge verschiedener Redaktionen entstanden ist, welche oft im Hinblick auf das bereits vorhandene schriftliche Material formuliert wurden. Im Extremfall werden die Fortschreibungsstücke nur noch als redaktionelle Arbeit am „Buch" eingestuft. Dadurch wird diesen Texten jegliche Selbständigkeit abgesprochen und der historische Horizont ihrer Entstehung spielt keine Rolle mehr. So bezeichnet z.B. W. Lau Jes 56–66 als „Schreibtischprophetie".[14] Laut Lau sind die Bezugnahmen der Tradenten von Jes 56–66 auf Jes 40–55 und andere Texte „bis in die bewusste Abänderung von

---

[13] In der Beurteilung der äußeren und der literarischen Faktoren stehen sich die ältere und die neuere Jesajaforschung klar gegenüber. Die zeitgeschichtlichen Faktoren werden bis zur Studie HANSONS (inklusive) als entscheidend betrachtet. Seit mehr als einem Jahrzehnt wird die Jesajaforschung von einer neuen Fragestellung dominiert, die im Rahmen des Jesajabuches nach übergreifenden redaktionellen oder kompositorischen Zusammenhängen sucht. Diese zweite Richtung steht in Gefahr, die zeitgeschichtliche Bedingtheit der Texte zu vernachlässigen. Vgl. Rendtorffs Plädoyer für eine Versöhnung zwischen den zwei Methoden und seine Würdigung diesbezüglicher Bemühungen O.H. Stecks (RENDTORFF, Jesaja 6, 74f.). Für eine ausführliche Geschichte der „buchorientierten" Forschung s. VERMEYLEN, L'Unité, 11–28.

[14] LAU, 12.

Suffixen hinein so fein akzentuiert, dass sie weder als mündliche Varianten noch als zufällig anders gewichtete Dubletten eine ausreichende Erklärung finden."[15] Dies leuchtet in vielen der durch Lau besprochenen Fälle ein, aber die Vorstellung, dass die trjes Texte von vornherein für das Archiv bestimmt waren, wäre sicher verfehlt. Wenn es Lau schleierhaft ist, warum die Fortschreibungstexte zum (Vor-)Lesen bestimmt gewesen sein sollten, dann hängt es mit seiner Überzeugung zusammen, dass für die Verfasser der Fortschreibungen in Jes 56–66 der Geist der Prophetie bereits erloschen ist[16] – eine Einsicht, die aus anderen Schriften (Lau zählt diese selber auf)[17] auf TrJes projiziert wird.

> Um die Wandlung des Propheten zum Ausleger der Tora Mosis einsichtig zu machen, verweist Lau auf die Wirkung des „Prophetengesetzes" in Dtn 18,9–22. Dieser Hinweis ist aber unangemessen: „ein Prophet wie Mose" ist nicht einer, der sich an die „vorgegebene [d.h. mosaische L.R.] Tradition"[18] hält, sondern einer, dem Jhwh seine Worte in den Mund legt (V. 18). Hätte sich dieser „Prophet wie Mose" an die vorgegebene Überlieferung halten müssen, würde sich das in V. 21f. vorgelegte Kriterium für authentische Prophetie erübrigen. Diese Verse sehen die Erfüllung und das Eintreffen der Worte als einziges Kriterium für die Wahrhaftigkeit des Propheten vor. Ganz deutlich ist ein „Prophet wie Mose" ein zukunftsorientierter Prophet, nicht ein schriftgelehrter Ausleger. Die Lehre eines Auslegers der Tradition kann durch das Kriterium der „Erfüllung seiner Worte" weder verifiziert noch falsifiziert werden.

Ein Ausleger von TrJes sollte sich nach wie vor der Möglichkeit nicht verschließen, dass diese minuziös erarbeiteten Stücke, trotz ihrem schriftgelehrten Charakter, Zeugnisse engagierter Prophetie darstellen. Viele Textpartien lassen sich schlecht verstehen, wenn ihnen von vornherein eine zum Wirken bestimmte prophetische Aussage abgesprochen wird.

Heilsverzögerung und eine Auseinandersetzung mit Jes 60–62

Wenn im Ansatz der vorliegenden Arbeit dem „Prophetengesetz" von Dtn gleichwohl eine bedeutende Rolle zugemessen wird, geschieht dies in einem anderen Sinn als dies von Lau postuliert wird: Ich gehe davon aus, dass das ausstehende Eintreffen der Verheißungen von Jes 60–62 angesichts des „Prophetengesetzes" Dtn 18,21f. die jesajanische Autorität gefährden musste, weil laut dem Prophetengesetz die Nichterfüllung der Vorhersagen auf einen falschen Propheten hindeutet. Dabei muss nicht unbedingt ein Bezug auf diese Stelle von Dtn entscheidend sein. Die Überzeugung, dass das „Gotteswort" in Erfüllung gehen muss, um dieses Namens würdig zu sein, lässt sich in TrJes bereits voraussetzen. Explizit kommt eine solche Überzeugung am Anfang und am Ende von DtJes zur Sprache: 40,8; 55,10f.

---

[15] LAU, 12.
[16] LAU, 318.
[17] LAU, 318.
[18] LAU, 72.

Die Vermutung, dass sich Jes 56–66 als Reaktion auf das Ausbleiben der von DtJes geweissagten Heilsepoche erklären lässt, hat sich mehreren Forschern aufgedrängt.[19] M.E. gibt es Gründe, um diese Hypothese zu verändern. In dieser Untersuchung wird vorgeschlagen, eine Auseinandersetzung mit der „Heilsverzögerung" nicht hauptsächlich zwischen DtJes und TrJes, sondern innerhalb von Jes 56–66 zu sehen. Die fast durchgehenden Bezugnahmen auf Jes 60–62 deuten darauf hin, dass diese im Zentrum von TrJes angelegten Kapitel für Jes 56–59 und 63–66 (fortan TrJes*) im Mittelpunkt des Interesses stehen: sie werden gelesen, interpretiert und umgedeutet. Der Teil Jes 60–62 scheint sogar für Texte, die keine Stichwort- oder Leitwortverbindungen aufweisen, ein Bezugspunkt zu sein. Es drängt sich darum auf, die trjes* Texte als eine Fortschreibung *von* Kap. 60–62 anzusehen und als eine Reihe von Texten, die *im Hinblick auf* Jes 60–62 geschrieben worden sind. Diese Annahme erlaubt m.E. nicht nur, den vielen Querbezügen innerhalb von TrJes einen Sinn abzugewinnen, sondern auch, die Veränderungen der Volksauffassung als abgestufte (also voneinander abhängige) Fortschreibungen im Anschluss an Jes 60–62 zu erklären. Daher wird in dieser Arbeit das Verhältnis jeder Perikope zu Jes 60–62 untersucht und als Ausgangspunkt für die Analyse der jeweiligen Aussagen zu „Volk" bzw. „Gemeinde" genommen.

Die Entscheidung, Jes 60–62 als den Brennpunkt einer Auseinandersetzung in TrJes* anzunehmen, ist mit einer chronologischen Voraussetzung verbunden: dass die Kap. 60–62 den frühesten Kern von TrJes bilden. Diese Annahme hat den Charakter einer Hypothese, was bedeutet, dass sie ohne einen stichhaltigen Beweis eingesetzt werden darf. Der Wert der Hypothese wird erst am Ertrag ihrer Anwendung gemessen. Es sei dennoch vermerkt, dass eine frühere Ansetzung von Jes 60–62 als von TrJes* durch viele Autoren befürwortet wird.[20] Der wichtigste Grund dafür ist die sehr enge Anlehnung von Jes 60–62 an DtJes. Dieser Teil hebt sich vom Rest von TrJes so deutlich ab, dass es nahe liegt, diese Andersartigkeit auch chronologisch zu werten.

Als Schlusspunkt der Entstehung von Jes 56–66 betrachte ich Jes 56,1–8.[21] Die Argumente für diesen Entscheid werden in der Besprechung dieser Perikope angeführt. Er hängt mit der Auffassung des Gottesvolkes und der Position dieses Stücks am Anfang von TrJes zusammen. Die Untersuchung zu „Volk" und „Gemeinde" wird sich an diesen Start- und Endpunkten orientieren.

In den meisten Kommentaren und Monographien zu Jes 56–66 ist die Beobachtung zu finden, dass das Verständnis des (Gottes-)Volkes in TrJes einzigartig

---

[19] ZIMMERLI, Sprache, 74; KRAUS, Die ausgebliebene Endtheophanie; PAURITSCH, 250; CARROLL, 150f.; ähnlich auch HANSON, 63f.

[20] Zu vergleichen sind Werke mit so unterschiedlichen Ansätzen wie WESTERMANN, 280; HANSON, 59ff.; STECK, Studien, 14ff., SEKINE 69; LAU, 22f.

[21] Bei ELLIGER [56,3–8], WESTERMANN, PAURITSCH, HANSON, SEKINE u.a. bilden das Stück 56,1–8 und das Ende von Kap. 66 (jeweils unterschiedlich bestimmt) eine (redaktionelle) Klammer bei TrJes.

ist.[22] Zu Jes 56,4–5 kommentiert Westermann: „… es ist nicht mehr vom Volk, sondern vom Einzelnen her gedacht. Aus dem Gottesvolk ist die bekennende Gemeinde geworden".[23] Was aber für 56,1–8 stimmt, lässt sich nicht vom ganzen TrJes behaupten – Jes 56–66 vermittelt kein einheitliches Bild des „Volkes", sondern die vertretenen Auffassungen sind zum Teil radikal verschieden.[24] Die vorliegende Arbeit ist ein Versuch, diese Vielfalt zu verstehen und ihren Ursprung zu bestimmen. Um das Phänomen der sich wandelnden Auffassung von „Volk" und „Gemeinde" zu erklären, gehe ich von der bereits angedeuteten Arbeitshypothese aus: die Textteile 56–59 und 63–66 *spiegeln* eine Auseinandersetzung mit der Prophetie Jes 60–62 *wider* und *stellen selbst* eine Reihe von Versuchen *dar*, mit den brisanten Visionen von Jes 60–62 umzugehen. Diese Hypothese erwächst aus der Annahme, dass unerfüllte Prophetien (Jes 60–62 scheint dafür von vornherein prädestiniert) zwangsläufig zu Krisen und deren Bewältigungsversuchen führen. In den Visionen des vollkommenen Glücks für das Volk von Zion war die Enttäuschung ihrer Adressaten vorprogrammiert. Dass diese Visionen nicht aus dem Buch gestrichen, sondern mit einem Kranz von Texten umgeben wurden, welche sich in vielen Punkten auf sie beziehen, ist vielleicht ein Zeichen dafür, dass Kap. 60–62 für TrJes* bereits „jesajanischen Status" hatten. Ihre Autorität galt es zu verteidigen.

Das hier angedeutete Phänomen der Enttäuschung durch unerfüllte Prophetie wurde 1979 Gegenstand einer speziellen Studie. R.P. Carroll hat mit Hilfe von Erkenntnissen der Soziopsychologie, insbesondere der „theory of cognitive dissonance", das Problem von „Voraussage und Erfüllung" in den biblischen Traditionen analysiert. Die wichtigste Einsicht des Autors ist die Beobachtung, dass die „kognitive Dissonanz" Mechanismen auslöst, welche zu deren Behebung bzw. Verringerung führen. In Bezug auf TrJes versucht Carroll, Jes 56–66 als eine Bestrebung zu erklären, die Dissonanz zwischen dem von DtJes versprochenen Heil und der erlebten Realität zu überwinden. Dass eine ähnliche Analyse bereits vor Carroll durchgeführt worden ist, ohne dessen psychologisches Handwerkszeug,[25] spricht nicht gegen diese soziopsychologische Theorie, relativiert aber den Beitrag Carrolls zum Verständnis von TrJes.

Wer annimmt, dass TrJes* um die Glaubwürdigkeit von Jes 60–62 ringt, sagt damit nicht, dass sich TrJes* nur aus „dogmatischen" Gründen für die Autorität jener Prophetie einsetzt. Im Gegenteil, sein Einsatz lässt sich historisch besser verstehen, wenn TrJes* selbst an der Erfüllung dieser Prophetenworte interessiert ist. Einem Verfasser bzw. Redaktor, der die Glaubwürdigkeit eines unerfüllten

---

[22] Vgl. VOLZ, 217, PAURITSCH, 50f.; WALLIS, 200, spricht von einer „der nationalen Schranken entkleideten" Gemeinde; SEHMSDORF, 556; SEKINE im Exkurs zum „Gemeindeverständnis des Redaktors" 234–237.

[23] WESTERMANN, 250.

[24] SEKINE weist z.B. auf vier miteinander inkompatible Gemeindeverständnisse in TrJes hin (236).

[25] Vgl. oben Anm. 19.

Prophetenwortes aufrecht erhalten will, stehen grundsätzlich zwei Möglichkeiten zur Verfügung: Entweder kann er das Wort neu auslegen, um damit seine Erfüllung zu „erleichtern", oder er kann sich durch seine eigenen Worte dafür einsetzen, dass die Prophetie doch in Erfüllung geht.[26] Nur das erste kann eventuell als „Schreibtischprophetie" gelten; das letztere ist für eine „engagierte Prophetie" typisch, wobei in beiden Fällen klar ist, dass der Verfasser sich mit dem früheren Prophetenwort auseinandersetzt. Es gibt von vornherein keinen Grund, eine dieser Möglichkeiten für die trjes* Verfasser auszuschließen. Im Gegenteil: diese zwei Möglichkeiten im Auge zu behalten, ist m.E. die Voraussetzung für den exegetischen Umgang mit Jes 56–66.

Da die Visionen in Jes 60–62 das Volk Jhwhs als eine Gesellschaft aus lauter Gerechten entwerfen und es in einer Welt situieren, in der das Böse endgültig überwunden zu sein scheint, stand das Thema „Gottesvolk" und „Gottesgemeinde" zwangsläufig im Zentrum der ausgelösten Auseinandersetzung mit diesem Text. Ohne eine Stellungnahme zur Frage nach Jhwhs Volk ließ sich das Problem der Glaubwürdigkeit dieser Vorhersagen deshalb nicht lösen.

Typologie und Chronologie

Wenn also im folgenden davon ausgegangen wird, dass in TrJes* die Vorstellungen zum Thema „Gottesvolk" einer Auseinandersetzung mit Jes 60–62 entstammen und dabei einen Wandel erfahren, sind die Etappen dieses Wandels zu rekonstruieren. Diese Aufgabe kann auf verschiedene Weisen wahrgenommen werden.

Hanson hat versucht, die Entstehungsreihenfolge der Texte zuerst mit einem nicht-inhaltlichen Kriterium zu bestimmen und anschließend die Entwicklung des Inhalts vor dem Hintergrund seiner *typology of poetic structure* zu erklären.[27] Der Vorgang der *prosodic analysis* hätte die Untersuchung der ganzen Entwicklung auf eine objektive Basis stellen sollen. In den Augen der Rezensenten scheint seine „poetische Archäologie" aber alles andere als eine Verringerung des Subjektivismus zu bewirken.[28]

Für Pauritsch bieten die Hinweise auf den Tempel den wichtigsten chronologischen Maßstab.[29] Dieser Maßstab ist aber insofern unzuverlässig, als die Stellung der verschiedenen Texteinheiten zur Kultfrage höchst ambivalent ist. Zusätzlich ist die Annahme, dass es sich in den entsprechenden Texten um die Zer-

---

[26] Diese Alternative lässt sich logisch aus dem Paradigma der „kognitiven Dissonanz" ableiten. Obwohl CARROLLS Aufmerksamkeit den verschiedenen Umdeutungstechniken gilt, ist das Anpassen der Wirklichkeit an die Theorie ein nicht nur der Psychologie, sondern auch der Geschichte bekanntes Phänomen.

[27] In Bezug auf TrJes vgl. HANSON, 46f.

[28] Vgl. R. TOURNAY, RB 83(1976) 151–153; I. WILLI-PLEIN, VT 29(1979) 122–127, SCHRAMM, 115, Anm.1.

[29] PAURITSCH, 224f.

störung des Tempels im Jahr 587 (Jes 64,10) und den Wiederaufbau im Jahr 520 (66,1) handeln muss, keineswegs zwingend. Schramm dagegen verzichtet auf eigene chronologische Überlegungen zur Entstehungsreihenfolge der Stücke in Jes 56–66. Er tritt zwar nicht für die Einheitshypothese ein; aber die Entwicklung innerhalb von TrJes ist ihm unwichtig.

In der vorliegenden Studie bilden die Wandlungen des Verständnisses des „Volkes" bzw. der „Gemeinde" die Grundlage einer relativen Chronologie. Diese Chronologie ist nicht nur darum relativ, weil sie ohne Rücksicht auf eventuelle datierbare Anhaltspunkte formuliert ist, sondern auch, weil sie von der Voraussetzung einer linearen Entwicklung von Stadium A (Jes 60–62) zu Stadium B (Jes 56,1–8*) ausgeht. Dass eine solche Voraussetzung nicht zwingend ist, versteht sich dabei von selbst. So hat diese „Chronologie" zunächst den Wert einer Typologie bzw. einer Klassifikation. Da aber Bezugnahmen der einzelnen Texte nicht nur auf den Kern Jes 60–62, sondern auch auf andere Partien von TrJes* feststellbar sind,[30] ist eine zeitliche Abfolge anzunehmen – und deshalb wird dieser Typologie eine chronologische Bedeutung zugeschrieben, ohne allerdings für die genaue Abfolge mehr als eine gewisse Wahrscheinlichkeit zu beanspruchen.

Dass diese Chronologie trotzdem zum Grundraster für den Aufbau dieser Studie dient, ist eine Entscheidung zugunsten der Überschaubarkeit. Die Falle eines Zirkelschlusses habe ich zu meiden versucht, indem ich erst nach der Analyse der relevanten Stellen die Gliederung dieser Arbeit vorgenommen habe. Dementsprechend werden aus der chronologischen Einordnung der Texte keine Schlüsse auf die in ihnen vertretenen Auffassungen gezogen, sondern es ist immer das umgekehrte der Fall – die Texte verdanken ihre Einordnung den in ihnen vertretenen Auffassungen und den feststellbaren Rückbezügen auf andere Passagen.

Mit der chronologischen Reihenfolge der Besprechung werden einige Ergebnisse dieser Untersuchung bereits vorweggenommen. Dies ist freilich nur in Bezug auf die Hauptetappen der Fortschreibung der Fall: der Grundplan dieser Studie ordnet nur die großen Texteinheiten in entsprechender Reihenfolge. Die kleineren Zusätze und Erweiterungen werden innerhalb dieser Hauptkapitel erörtert und in der Besprechung als solche identifiziert.

Die hier angewandte Methode der chronologischen Einordnung unterscheidet sich vom redaktionsgeschichtlichen Vorgehen Sekines in ihrem Prinzip nicht wesentlich. Sekine geht es zwar in erster Linie um die Verfasserfrage. Er nimmt dazu eine redaktionsgeschichtliche Untersuchung vor, in welcher Jes 60–62 von vornherein als ein von Tritoje-

---

[30] Diese Erkenntnis wird im allgemeinen von den Resultaten STECKS und LAUS bestätigt, die aber im einzelnen zu verschieden Schlüssen kommen. Eine Auseinandersetzung mit diesen Autoren findet gelegentlich im Rahmen der Einzelexegese statt. K. ELLIGER hat eine große Anzahl von Beziehungen zwischen den trjes Perikopen identifiziert; dennoch hat er sie durchgehend (abgesehen von einigen Zusätzen) als Beweise für die Einheitlichkeit von TrJes interpretiert.

saja selbst stammender Kern und 56,1–8 + 66,18–24 als eine redaktionelle Klammer
betrachtet werden. Als Kriterium der Zugehörigkeit zu einer bestimmten redaktionellen Schicht dienen Sekine dreizehn ausgewählte theologische Begriffe, unter ihnen auch
der Begriff des Volkes. Sekine beschränkt sich dennoch hier auf eine semantische Analyse
der Vokabeln עם und גוי, wobei er Plural und Singular getrennt behandelt.[31] Die Auswertung der Aussagen vollzieht sich nach dem Schema „negativ", „neutral" bzw. „positiv" (positiv = gerettet; negativ = bestraft). Diese Analyse ist nicht ohne weiters befriedigend: Die Unzuverlässigkeit des bei Sekine wichtigen Begriffs des „Universalismus"
macht u.a. die Studie Schramms klar.[32] Sekines Kriterium „Verständnis des Volkes"
taugt auch nicht zur Unterscheidung zwischen „textbezogenen" und „wirklichkeitsbezo-
genen" Aussagen.[33]

In den Arbeiten von O.H. Steck wird die eruierte Sicht des Gottesvolkes und
der Völkerwelt zu einem der wichtigsten chronologischen bzw. redaktionsgeschichtlichen Merkmale der untersuchten Texte erhoben. Somit spielt die Sicht
des Gottesvolkes und der Völker nicht nur eine wichtige Rolle bei der Bestimmung der redaktionellen Schichten, sondern auch bei der Überführung der relativen in eine absolute Chronologie.[34] Steck geht es in erster Linie um die Redaktionsgeschichte des Jesajabuches, TrJes kommt als Teil dieses Buches ins Blickfeld. Als Resultat kommt Steck zu sehr umfassenden Schichten, in welchen das
Spezifische der kleineren Perikopen unterzugehen droht. Bezogen auf die Got-
tesvolk- und die Völkeraussagen ergeben sich unterschiedliche Resultate, je
nachdem, ob diese Aussagen im größeren oder kleineren literarischen Rahmen
exegesiert werden. M.E. lassen sich wichtige Differenzen in der Auffassung des
Gottesvolkes innerhalb der einzelnen Schichten von Steck feststellen, was mich
zur Annahme kleinerer Fortschreibungsstücke veranlasst.

Auf die Fragen der historischen Ansetzung werde ich erst im letzten Kapitel
dieser Arbeit eingehen. Dort werden einige Punkte erörtert, die sich aus der vorliegenden Untersuchung ergeben und die eventuell Rückschlüsse in Bezug auf
die Datierungsfrage zulassen. Im Rahmen dieser Arbeit muss es aber bei diesen
Impulsen bleiben.

Die angenommene Arbeitshypothese, die in den Kap. 56–59 und 63–66 eine
Reihe von Reaktionen auf Jes 60–62 sieht, ist zugleich eine Stellungnahme bezüglich der umstrittenen Verfasser- und Einheitsfrage.[35] Dass wir es in Jes 56–66
mit einem mehrstufigen Fortschreibungsprozess zu tun haben, ist in der Tat ein

---

[31] SEKINE, 204.

[32] SCHRAMM weist auf den gemeinsamen Nenner von Jes 56,1–8 und der Politik Esras hin (62;
123). Auch ohne SCHRAMMS Schlussfolgerungen zuzustimmen, muss eingesehen werden, dass der
Begriff „Universalismus" ohne weitere Präzisierung unbrauchbar ist (bei SEKINE ist der Universalismus ein Kennzeichen des Redaktors).

[33] Diese Unterscheidung wird durch die neuen Fragestellungen in der Jesajaforschung wichtig. S. oben Anm. 13.

[34] Z.B., Abschluss, 22–25.

[35] Vgl. dazu z.B. den Überblick über die Forschungsgeschichte bei SEKINE, 3–23.

Bestandteil der angewandten Hypothese. Diese Entscheidung entspringt meiner Überzeugung, dass die Einsichten der Verfechter der Einheit von TrJes und die Erkenntnisse der Vertreter der Mehrverfasserhypothese nicht völlig unvereinbar sind. Sie ergänzen sich bis zu einem gewissen Grad. Die Annahme einer Reihe von Fortschreibungen trägt den vielen Querverbindungen Rechnung, die uns in trjes Perikopen begegnen. Sie erklärt die feststellbaren Züge der Einheitlichkeit als Resultat einer bewussten Bezugnahme auf das frühere Material. In diesem Sinn kann man vielleicht von der „Schriftbezogenheit"[36] der aufeinanderfolgenden Redaktionen reden. Diese Hypothese berücksichtigt aber auch die auffallende Verschiedenartigkeit, die viele Forscher zur Annahme einer mehr oder weniger zufälligen „tritojesajanischen Sammlung"[37] veranlasst hat. Die zum Teil stark voneinander abweichenden Vorstellungen werden auf die Vielfalt der Redaktionen und deren sich verändernde Anliegen zurückgeführt.[38]

Da im Zentrum der Analysen die literarische Reaktion auf Jes 60–62 steht, sieht die vorliegende Arbeit weitgehend davon ab, wie und warum die sich in den Kap. 60–62 niederschlagende Utopie einer endgültigen Friedensepoche selbst entstanden ist. Es wird im folgenden lediglich die Frage nach den Charakteristika von Jes 60–62 gestellt, welche als Auslöser der Fortschreibungsaktivitäten zu betrachten sind. Ansonsten sollen alle trjes Perikopen untersucht werden, obwohl selbstverständlich im Hinblick auf das verfolgte Thema nicht alle gleich ertragreich sein werden und darum nicht allen die gleiche Aufmerksamkeit zukommen wird. Die Exegese der Einzelstellen wird dort vorgenommen, wo dies zum Verständnis des Themas beitragen kann. Ebenfalls wird nur auf die Textprobleme explizit eingegangen, von deren Lösung die Volks- und Gemeindeauffassung in irgend einer Weise abhängig ist.

---

[36] Mit der „Schriftbezogenheit" wird hier auch der Bezug auf „das Schriftliche", nicht nur auf „die Schrift" gemeint.

[37] Diese Tendenz macht sich besonders in der frühen Forschungsgeschichte nach DUHM bemerkbar. Vgl. BUDDE, ABRAMOWSKI, VOLZ. Laut SEKINE besteht die „tritojesajanische Sammlung" dennoch aus einheitlichen redaktionellen Schichten.

[38] Zu den Prämissen der Annahme eines Fortschreibungsprozesses, vgl. STECK, Studien, 9–13; LAU, 1–21 u.a.

II. Jes 60–62: Auslöser einer Kettenreaktion

Wie in der Einleitung vermerkt, wurde in der Forschungsgeschichte bereits die These einer „Enttäuschung" über das Ausbleiben der Verheißungen von DtJes als Anlass für TrJes vertreten.[1] Unter Annahme einer „Tritojesajagestalt" – wie von Duhm vorgeschlagen – und der Einheitlichkeit von TrJes konnte nur eine Auseinandersetzung zwischen DtJes und TrJes in Frage kommen. Die neueren Forschungsergebnisse stimmen beinahe alle überein in der Ablehnung dieser Annahmen. Der Textbefund der vorliegenden Studie muss sie ebenfalls negieren: Verschiedene Auffassungen des Gottesvolkes und der Gemeinde lassen eine Entwicklung und einen längeren Werdegang der trjes Texte vermuten. Damit drängt sich der Versuch auf, TrJes nach Anzeichen einer „inneren" Auseinandersetzung mit Kap. 60–62 zu untersuchen. Dennoch stellt sich die Frage, warum Spuren einer Bewältigung der „kognitiven Dissonanz"[2] vor allem innerhalb von TrJes gesucht werden sollen. Diese Aufgabe legt sich schon dadurch nahe, dass Jes 60–62 innerhalb von TrJes einen Sonderfall bilden. Vieles setzt diese Kapitel vom Rest des TrJes ab. Manchmal wurden sie auch als ein Teil von DtJes betrachtet, aber gewisse Merkmale verbieten es, diese Gedichte auf der gleichen Ebene wie DtJes zu situieren.

Zum anderen spielt der Befund der vielen Querbezüge innerhalb von TrJes eine entscheidende Rolle für die Formulierung dieser Arbeitshypothese. Das Aufweisen dieser Querbezüge ist die Grundlage der bedeutenden Arbeit Elligers, der diese im Sinne der Einheitlichkeit von TrJes interpretiert. In der vorliegenden Studie hingegen werden solche internen Bezüge in den meisten Fällen als Zeichen einer bewussten Fortschreibung interpretiert.

Die enge Anlehnung dieser Textstücke an DtJes kann von niemandem übersehen werden. Jes 60–62 scheint ein aus dtjes Zitaten gewobener Stoff zu sein. Diese Tatsache spricht einerseits für die Abtrennung der Kap. 60–62 von ihren dtjes Bezugstexten, andererseits aber auch für deren Unterscheidung vom Rest des TrJes. Ob Jes 60–62 bereits die Heilsverzögerung zu bewältigen versucht, ob diese Kapitel eine Wiederaufnahme der dtjes Verheißungen oder eine Umkehrung der Klagelieder-Tradition des Psalters und der Klg sind,[3] ist für die Untersuchung der von Jes 60–62 ausgelösten Reaktionen unwichtig. Darum soll im

---

[1] S.o. 16.

[2] Zum Term s.o. 17.

[3] Diese These wird vertreten durch R.D. WELLS.

folgenden nur auf die Merkmale von Jes 60–62 eingegangen werden, welche als Auslöser einer Kettenreaktion gedient haben könnten.

Im besonderen ist es wichtig, die Aussagen von Jes 60–62 unter folgenden Gesichtspunkten zu betrachten:

– Welche Vorstellungen der Zukunft liegen vor?
– Wie sieht das Verhältnis zwischen dem „Gottesvolk" und den „Völkern" aus?

Da diese beiden Fragestellungen eine wichtige Rolle der Kult-Motive in Jes 60–62 an den Tag legen, soll auch auf diese dritte Frage einzeln eingegangen werden:

– Welche Rolle spielen der Kult und die Kult-Vorstellungen?

A. Zukunft in Frieden und ohne Götzendienst

Es sticht ins Auge, dass im Unterschied zu DtJes die Polemik gegen den Göt-zenkult in Jes 60–62 nicht thematisiert wird. Während sich zumindest eine Schicht von DtJes stark mit dem Triumph Jhwhs über die Götzendiener beschäf-tigt,[4] malt Jes 60–62 eine Epoche ungestörter Jhwh-Verehrung aus. Es wird eine Epoche des Friedens sein, in welcher der Sieg über die Völker als endgültig an-gesehen wird, wobei die Bedingungen dieses Friedens eindeutig durch den Sie-ger diktiert werden. Typisch für Jes 60–62 ist auch die Tatsache, dass das Ver-heißene voraussetzungslos eintreffen sollte. Es wird kein Gericht in Aussicht ge-stellt, auf jeden Fall kein Gericht über das Gottesvolk.[5] Der Friede in Kap. 60 ist gekennzeichnet durch ein Leben in Ruhe und Sicherheit. Geschildert wird er anhand von Bildern, die eine Verwandlung der geschichtlichen Zustände in eine außergeschichtliche Idealwelt voraussagen (60,17–21), welche allein durch Jhwh, ohne menschliche Vermittlung, herbeigeführt wird.[6]

---

[4] Vgl. KRATZ, Kyros, 192ff.

[5] Ob ein Gericht über die Völker zur Sicht von Jes 60–62 gehört, ist fraglich. Die Andeutung des Untergangs der dienstunwilligen Völker in 60,12 wird nicht zu einer Gerichtsvision entfaltet. Dieser Vers wird oft als ein Zusatz betrachtet, (vgl. ELLIGER, 1; 20; MUILENBURG, 703; WESTERMANN, 287; STECK, Studien, 42; Abschluss, 197) wofür ich keinen zwingenden Grund sehe: Das Glück des Gottesvolkes wird durch diese Andeutung nicht gestört. Dagegen ist der „Rachetag" in Jes 61,2 mit ZILLESSEN (270f.) und STECK (Studien, 106–118) als eine unter Einfluss von Jes 63,4 entstandene Glosse bzw. als ein Verschreiber zu betrachten.

[6] „In Isaiah 60–62, there is no emphasis upon the implicit call to repentance – the community is only called to respond with joy to future which is the work of God". Zu diesem Schluss kommt R.D. WELLS in seiner Dissertation über Jes 60–62. HANSON wertet dieses Phänomen als Anzeichen einer neuen prophetischen Eschatologie, vgl. 62.

B. Das Volk Jerusalems und die Völker

Mit „Du" ist in den Kap. 60–62 die Stadt bzw. das „Volk der Stadt" gemeint.
Diese Stadt wird personifiziert und angeredet, aber die Metaphorik dreht sich
um das Bild einer realen Stadt mit Toren (60,11), mit Mauern (60,18), mit
(dem dazu gehörigen) Land (60,18) und eben mit einem eigenen Volk (explizit
62,12). Diese Stadt bleibt nicht anonym, sie wird „Stadt Jhwhs", „Zion des Heiligen Israels" (60,14) und „Jerusalem" (62,7) genannt. All das unterscheidet das
„Volk" von Jes 60–62 nicht wesentlich vom „Volk" in den dtjes Belegen. Bei
DtJes ist trotz der häufigen Bezeichnung Jakob/Israel in Wirklichkeit eher an
Juda gedacht.[7] Grundsätzlich fehlen Andeutungen eines „großen Israels".[8] So
können die Verengung des Heilsterrains und die Konzentration auf Zion in Jes
60–62 nicht zu den wichtigen Unterschieden zu DtJes zählen. Dabei fällt jedoch
auf, dass der Name Israel, so häufig er bei DtJes vorkommt, in Jes 60–62 fehlt.
Der Gottestitel „der Heilige Israels" bildet die einzige Ausnahme (60,9.14), die
jedoch ohne größere Bedeutung bleibt, weil es sich hier um eine traditionelle
jesajanische Gottesbezeichnung handelt[9] und nicht um eine Bezeichnung für das
„Volk". Jedenfalls ist die Meidung der Bezeichnung „Israel" eines der Signale,
dass DtJes und Jes 60–62 nicht zusammengehören. Dass beide Textkorpora
trotz der Konzentration auf Zion eine gewisse Bereitschaft aufweisen, die Nicht-
Israeliten in den Heilshorizont einzubeziehen, muss nicht verwundern. Im Gegenteil, die ambivalente Aufgeschlossenheit für die „Außenwelt", so wie sie uns
in DtJes und Jes 60–62 begegnet, wird möglicherweise durch das Motiv der
Unbedeutsamkeit und der geringen Bevölkerungszahl Zions geradezu nahegelegt.[10]
   Sowohl in DtJes wie auch in Jes 60–62 geht es grundsätzlich um die Umkehrung der Rollen von Herrschenden und Beherrschten. Da Israel über eine lange
Zeit den Völkern unterworfen war, soll es jetzt selbst die fremden Völker unter-
werfen. Diese Unterwerfung wird zum Zeichen der Überlegenheit Jhwhs (vgl.
45,14; 60,12). In der Folge sollen die Völker auch eine Rolle bei der Rückführung der Israeliten spielen (49,22). Das Motiv der Sammlung wird in Jes 60,4
aufgenommen, aber die Völker haben keine aktive Rolle mehr. Dagegen erscheint in den Kap. 60–62 ein anderes Motiv: der Reichtum der Völker wird
nach Jerusalem geführt und mindestens teilweise für den Tempel bestimmt
(60,5–7.11). Während in Jes 45,3 dem Kyros Schätze und Reichtümer zugespro-

---

[7] Während „Jakob/Israel" eine große theologische Rolle spielt, scheint der geographische
Horizont eher dem Gebiet Judäas zu entsprechen. Vgl. dazu die Bezeichnung „Jerusalem und die
Städte Judas" Jes 40,19; 44,26; weiter „Jerusalem" allein oder in Verbindung mit „Zion": 40,2;
41,27; 44,28; 51,17; 52,1f.; 52,9.

[8] Wo von „ganz Israel" die Rede ist, wie z.B. in 45,25 כל־זרע ישראל, wird der Begriff ohne
Bestimmung des geographischen Umfangs gebraucht.

[9] 36-mal in Jes, davon in TrJes nur die genannten zwei Texte.

[10] Vgl. z.B. Jes 41,14; 62,4.

chen werden, damit er Jhwh als Gott Israels erkennt, führt in 60,16 das Sich-Bereichern Jerusalems auf Kosten fremder Königtümer das Volk Jerusalems zu einer ähnlichen Gotteserkenntnis. In diesem Sinn fällt in Jes 60 die Kyrosrolle dem Volk Jerusalems zu.[11] Im Vergleich zu der dtjes Kyros-Schicht[12] ist Jes 60–62 nicht nur der Entwurf einer „Demokratie", sondern auch einer wörtlich aufgefassten „Theokratie", in der das Volk direkt von Jhwh regiert wird.

C. Tempel und Kult

Hinsichtlich der kultischen Thematik hat Jes 60–62 ein eigenes, von DtJes unabhängiges Profil. Positive Hinweise oder Andeutungen auf den Kult Jhwhs gibt es in DtJes fast keine. Die Szene ist in diesem Bereich von der Kritik am Götzenkult beherrscht. Rückblickend wird Israel angeklagt, dass es sich geweigert hat, Jhwh Opfer zu bringen (43,23f.). Auch zum Tempel hat DtJes kaum etwas zu sagen.[13] In Jes 60–62 ist die Tempelfrage zwar auch nicht zentral, die Existenz des Tempels wird aber dennoch für die Zukunft vorausgesetzt (60,7 [hier zumindest der Altar]; Jes 60,13 und 62,9 [„die heiligen Vorhöfe" Jhwhs בחצרות קדשי]). Was aber die kultischen Vorstellungen betrifft, scheinen diese eine bedeutende Rolle zu spielen, nicht nur weil der Reichtum der Völker hier für den Kult gebraucht wird, sondern auch wegen der einzigartigen Rollenzuteilung: *Ausländer werden eure Ackerleute und Weingärtner sein und ihr werdet Priester Jhwhs heißen* (61,6). Wahrscheinlich ist dies eine Anspielung auf Ex 19,6 (ממלכת כהנים), mit der Vorstellung eines „Königreiches von Priestern". Das gesamte Verhältnis zwischen dem Gottesvolk und den Völkern wird so kultisch definiert. Dass dieses Volk in 62,12 עם הקדוש genannt wird, ist eine Bestätigung dieser kultischen Auffassung des „Volkes". Durch 62,12 wird auch die Annahme bekräftigt, dass die Theologie von Ex 19,6 (גוי קדוש)[14] den/die Verfasser von Jes 60–62 beschäftigt hat.

---

[11] Eine umgekehrte Abhängigkeit – d.h. die eventuelle Nachträglichkeit der Kyrostexte im Verhältnis zu Jes 60–62 – soll durch diese Feststellung nicht ausgeschlossen werden. Der Werdegang von DtJes und dessen Verhältnis zu Jes 60–62 sind für die hier vertretene Hypothese nicht entscheidend wichtig. Der Einfachheit halber wird davon ausgegangen, dass den trjes* Verfassern DtJes als ganzer vorlag.

[12] KRATZ, 175ff.

[13] Eine Ausnahme könnte nur Jes 44,28 bilden mit dem Auftrag an Kyros, einen היכל (Tempel? Palast?) zu bauen. In 45,13, wo der Auftrag an Kyros wieder zum Thema wird, ist dennoch nur noch der Bau der Stadt und die Freilassung der Gefangenen erwähnt.

[14] Dieser Begriff setzt Reinheit und Tadellosigkeit voraus. In Dtn 26,15, wo עם קדוש begegnet, werden damit eine ganze Reihe konkreter Anforderungen an das Volk zusammengefasst: alle Gebote [Jhwhs] halten, in seinen Wegen wandeln und seine Satzungen, Gebote und Rechte beachten und auf sein Wort hören. Vgl. Ex 19,6 גוי קדוש – ähnlich, aber weniger ausführlich: auf Jhwhs

Fazit

Eine Reihe von Beobachtungen spricht für die Annahme, dass in erster Linie Jes 60–62 zum Auslöser der Fortschreibungsaktivität wurde, die zur Entstehung von TrJes* geführt hat:

1) Im Unterschied zu TrJes* ist in Jes 60–62 kein Aufruf zur Bekehrung hörbar. Die Gemeinde wird bloß zur Freude über Gottes Werk der Erlösung aufgerufen. Die Verwirklichung einer neuen Weltordnung mit Zentrum in Jerusalem und einer Gesellschaft von lauter Gerechten steht nahe, und das Eintreffen dieser Prophetie wird an keinerlei Bedingungen geknüpft.

2) Innerhalb von Jes 60–62 stellt sich die Frage nach dem Gericht nicht. Dies unterscheidet Jes 60–62 von Trjes*, wo Gerichtsaussagen mit Heilsaussagen stark verwoben sind, wie das auch bei DtJes der Fall ist. Dabei fasst aber DtJes lediglich ein Gericht an den Völkern ins Auge; TrJes* spricht hingegen immer wieder vom Gericht am Gottesvolk.

3) Die Kap. 60–62 vertreten eine kultisch gefärbte Sicht der Zukunft, die gegenüber DtJes neu, in TrJes* aber immer wieder maßgebend ist. Durch das Fehlen der Götzenpolemik tönen die Verheißungen von Jes 60–62 absoluter als die in DtJes und der Jhwh-Kult erscheint als endgültig siegreich und unbedroht.

4) Die „theokratische" Unmittelbarkeit des Verhältnisses zu Jhwh wird mit einer „demokratischen" Auffassung des Kultes kombiniert (das Gottesvolk hat keine menschlichen Herrscher; es ist ein Priestervolk). Beide Elemente, das „theokratische" und das „demokratische" verbinden Jes 60–62 eher mit TrJes* als mit DtJes. In DtJes wird immer wieder eine Einzelgestalt ins Zentrum gerückt (der Knecht, Israel, Anrede in 2. Singular). Auch dort, wo diese Gestalt als *corporate personality* aufzufassen ist, bleibt der Sprachgebrauch bezeichnend singularisch. In TrJes* wird der Plural zur Regel (Knechte, Anrede in 2. Plural).

5) In Jes 60–62 wird nicht von „Israel" geredet, ein Phänomen, das auch im restlichen TrJes (=TrJes*) zu beobachten ist und kaum zufällig sein kann. Dies ist eine wichtige Verbindung zwischen Jes 60–62 und TrJes*.

Es fällt auf, dass wichtige Züge von Jes 60–62 stillschweigend und quasi unbemerkt in die trjes* Kapitel eingeflossen sind (Punkte 3–5). Dennoch bleiben die Unterschiede zwischen Jes 60–62 und TrJes* frappant (Punkte 1–2, z.T. 3). Da Jes 60–62 die Zukunft stärker idealisiert als DtJes, wird in TrJes* um die Erfüllung dieser Visionen gerungen. Dabei greift man auf gewisse Aussagen von DtJes zurück und schneidet sie auf die neue Situation zu oder radikalisiert ihren Inhalt. So erscheint z.B. wieder ein Gericht im Blickfeld, diesmal aber als Gericht am Gottesvolk. Die Prophezeiungen von Jes 60–62 werden in den Fortschreibungen von TrJes* grundsätzlich akzeptiert. Es gilt, ihre Aktualität aufrecht zu erhalten, aber gerade darum bedürfen einige von ihnen eines Korrektivs.

Stimme hören und seinen Bund halten. Der Begriff קְדוֹשׁ עַם in Dan 12,7 scheint ein erstarrter Begriff geworden zu sein und wird als Synonym etwa zu „Gottesvolk" gebraucht.

Die trjes* Verfasser konnten in DtJes (bereits autoritative?) Aussagen zu allen Themen der Kap. 60–62 finden. Somit stand ihnen eine breite Auswahl an Texten zur Verfügung, mit welchen sich ihre eigenen Anliegen unterstützen ließen. Dies bedeutete aber kaum eine Rückkehr zum dtjes Sinn dieser Stellen, wie die folgenden Kapitel dieser Arbeit klar machen werden. Überall dort, wo ein Dreiecksverhältnis zwischen einer Aussage aus den Bereichen von TrJes*, Jes 60–62 und DtJes besteht, werden sich die Fragen stellen: wie hängen diese Stellen voneinander ab? Wie hängen sie zusammen? In den meisten Fällen drängte es sich auf, in der trjes Aussage eine Reaktion auf Jes 60–62 zu sehen, womöglich mit Berufung auf eine dtjes Stelle. Dies bedeutete aber kaum eine Rückkehr zum *dtjes Sinn* dieser Stellen und zu den dtjes Anschauungen.[15] TrJes* gibt den Bezugstexten seine eigene Deutung und eine neue Auslegung. Auf den folgenden Seiten werde ich den Weg zu dieser neuen Sichtweise zu rekonstruieren versuchen.

---

[15] Bereits die Studie ZIMMERLIS, Zur Sprache Tritojesajas, stellt viele solche Sinnveränderungen fest. Es ist aber fraglich, ob die Charakterisierung der Sprache von TrJes mit Qualifikationen wie „vergeistlicht", „religiös geheiligte Vokabel", „uneigentliche Bildrede" (65f.) usw. der Eigenart von TrJes gerecht wird. Im folgenden wird diese These ZIMMERLIS wenig Bestätigung finden.

III. Jes 57,14–20: Erste Einleitung zu den Kap. 60–62

A. Zur Perikope

Die Kommentatoren dieser Perikope kommen bezüglich der Sicht des Gottesvolkes zu verschiedenen Ergebnissen. Die Unterschiede hängen mit der Annahme bzw. Ablehnung der literarischen Einheit dieses Stücks und mit dessen Abgrenzung zusammen. Wenn man, wie Sekine oder Koenen, mit der Hypothese eines Tritojesaja und eines Redaktors arbeitet, kommt man in dieser Perikope unausweichlich auf ein Ineinander von Schichten, in welchen Heils- und Unheilsansagen säuberlich getrennt sind und auch die positiven und die kritischen Aussagen zum Gottesvolk auseinander gehalten werden.[1]

Nach Steck gibt es innerhalb der Großeinheit Jes 56,9–59,21 drei Teilstücke, die die Volksführer ins Visier nehmen. Jes 57,14ff. soll einer dieser drei Teile sein,[2] was m.E. nicht zutreffen kann.[3]

Im folgenden wird versucht, die Textpartie 57,14–21 im Rahmen unserer Hypothese verständlich zu machen und in Bezug auf Jes 60–62 zu erklären. Neben den auffallend vielen Bezügen zu DtJes scheint dieses Stück auf eine einzigartige Weise zur Prophetie in Jes 60–62 Stellung zu nehmen, als deren Einleitung und gleichzeitig als Erklärung dazu.

Das Stück beginnt mit der Aufforderung Jhwhs, seinem Volk den Weg zu ebnen und den Anstoß zu entfernen (V. 14). Es folgen drei Begründungen für diese Aufforderung, jeweils beginnend mit כִּי: 1) der in der Höhe wohnt, interessiert sich für die Niedrigen und will sie „beleben"; 2) sein Zorn nimmt ein Ende; 3) er hat ihre „Seelen" geschaffen (V. 15f.).

„Gewaltsame Habgier" war die große Sünde des Volkes in der Vergangenheit. Sie war dafür verantwortlich, dass Gott sein Antlitz verbarg (V. 17). Dennoch nimmt diese Geschichte der Sünde eine Wende: Gott hat die (schlechten) Wege seines Volkes gesehen und kündigt seinen Trauernden „Heilung", „Führung" und „Trost" an (V. 18). Daraufhin macht Gott eine Friedenszusage an

---

[1] Vgl. SEKINE, 112–120; KOENEN, Ethik, 46–58.
[2] Vgl. STECK, Studien, 31.
[3] S.u., 35.

„die Fernen" und „die Nahen" und (V. 19) spricht einen Fluch, bzw. ein Droh-
wort des Unfriedens an die Gottlosen aus (V. 20).[4]

B. Bezüge zu Jes 60–62

Das Stück 57,14–21 beginnt mit einem adaptierten Zitat aus Jes 62,10. Dies
muss ein „Zitat der zweiten Generation" (Ausdruck Zillessens[5]) sein, was auch
von Steck[6] und Lau[7] anerkannt wird. 57,14 bezieht sich auf den in 62,10 zitierten Vers von Jes 40,3. Dennoch bezeichnet Lau Jes 40,3–5 als „Vorlage" und
auch die theologischen Akzente von 57,14 analysiert er auf diesem Hintergrund.
Mir scheint es aber klar, dass sich 57,14ff. nicht direkt auf den dtjes Text bezieht, sondern primär auf 62,10–12. Gemeinsame Motive und zum Teil gemeinsames Vokabular der beiden trjes Texte weisen darauf hin: Das Entfernen eines
Hindernisses aus dem Weg des Volkes ist nur in 62 und 57 erwähnt; auch der
wiederholte Imperativ סלו סלו ist nur dort zu finden. Der Imperativ hi. הרימו
in 57,14 tönt wie ein Echo von 62,10. Als Hauptargument ist anzuführen, dass in
57* gleich wie in 62*, aber im Unterschied zu Jes 40*, der Weg *für das Volk* vorbereitet wird, nicht für Jhwh, wie es in 40,3 heißt.[8]

Das Stück 57,14–21 ist also primär in Anlehnung an 62,10–12 entstanden.[9]
Wenn die Abhängigkeit des Teils 57,14ff. von 62,10–12 akzeptiert wird, müssen
die auftretenden Unterschiede als bewusste Entscheidungen interpretiert werden.
Die Motive aus Jes 62 sind nicht wahllos aufgenommen worden, sondern reflektiert und mit einer interpretativen Absicht. Während z.B. Jes 62,10–12 noch
einen Weg für die „Kommenden aus der Mitte der Völker" bereiten will und
den Einzug der erwarteten Ankömmlinge triumphal als Zeichen des göttlichen
Sieges interpretiert, hängt die Wegbereitung in 57,14ff. mit einem Erbarmungs-
akt Jhwhs zusammen, einem Akt zugunsten derer, die als „Demütige", „Zer-
schlagene" und „Gebeugte" charakterisiert werden. Diese Menschen müssen sich
nicht auf den Weg machen, im Gegenteil, die Notwendigkeit, nach Jerusalem zu
kommen, wird sogar ausdrücklich bestritten: das Heil wird gleichermaßen denen in der Ferne und denen vor Ort zugesprochen (שלום לרחוק וקרוב – V. 19).

---

[4] V. 21 enthält einen zweiten Spruch über die Gottlosen: für sie gibt es keinen Frieden. Dieser
Vers ist wahrscheinlich später hinzugekommen; s.u. 76.

[5] S. 246ff.

[6] Studien, 174.

[7] S. 119.

[8] Weil KOENEN, Ethik, 53f., diese Abhängigkeit verkennt und die Abänderung dem Verfasser
von 57,14 zuschreibt, misst er der Wörtlichkeit ein zu großes Gewicht bei. KOENEN kommt so zum
Schluss, dass sich die Aufforderung in V. 14 an himmlische Wesen richtet und sie folglich auch
keine ethische Deutung haben kann.

[9] Die reichlich ausgearbeitete Version in 57 ist zweifellos sekundär im Verhältnis zur knap-
pen Formulierung von 62.

Die Menschengruppe, an welche in 57,14ff. gedacht wird, muss wahrscheinlich lediglich einen metaphorischen Weg zurücklegen.[10] Nach Jhwhs Willen soll jetzt der „Anstoß" (מכשול) und nicht ein Stein [אבן] wie in Jes 62,10) aus ihrem Weg geschafft werden. Die unterschiedliche Wortwahl zeugt von einer bewussten Absicht. Hinter dem Vertauschen der Worte „Stein" und „Anstoß" steckt wahrscheinlich der Wunsch, einen abstrakten Begriff zu verwenden. מכשול eignet sich möglicherweise besser als אבן, um auf ein nicht-materielles Hindernis hinzuweisen.[11] Wenn das Wort im übertragenen Sinn gebraucht wird, ist seine Bedeutung aus dem Kontext zu bestimmen. Dort ist von דרך im Singular in V. 17 und im Plural in V. 18 die Rede, wobei es sich beide Male um einen schlechten Weg bzw. schlechte („eigene") Wege handelt. So ist das Volk in V. 1 nicht unterwegs zum Zion, sondern kehrt von seinen schlechten Wegen zu Jhwh zurück. Der unmittelbare Textzusammenhang liefert nur einen Hinweis auf die Art der Sünde des Volkes, indem „gewaltsame Habgier"[12] erwähnt wird. Klar scheint, dass das, was aus dem Weg des Gottesvolkes weggeschafft werden muss, die Sünde ist, welche Jhwh angesichts der Demütigung des Volkes vergeben will.

V. 15 scheint sich, was die Bezeichnungen der Menschen angeht,[13] ebenfalls nach Jes 61 zu richten. Die deutlichste Entsprechung besteht zwischen לב נדכאים (57,15) und נשברי לב (61,1), was der parallele Gebrauch dieser Begriffe in Ps 34,19 bestätigt.[14] Dass auch die Bezeichnung שפל רוח nicht weit von 61,1 entfernt ist, kann mittels Spr 16,19 nachgewiesen werden, wo שפל רוח und ענוים in eine Reihe gestellt werden. Die Wendungen דכא [רוח] und רוח כהה (61,3) entsprechen sich ziemlich genau.

Unmissverständlich wird die Trostzusage für die Trauernden in V. 18 auf 61,2 hin formuliert.[15] In 57,18 wird vom „Trösten der Trauernden" geredet, was aus Jes 61,2bβ abgeleitet werden musste. Möglicherweise hat das Motiv

---

[10] Dies hat bereits VOLZ (217) erkannt. Vgl. auch ZIMMERLI, Sprache, 67.

[11] אבן und מכשול stehen in Jes 8,14 in Parallele (Begriffspaar אבן נגף und צור מכשול). Das Objekt ist nach סקלו semantisch und syntaktisch überflüssig, wie es auch aus dem Beispiel von Jes 5,2 hervorgeht (Pi. Bedeutung = „entsteinen"; Qal „steinigen").

[12] בצע– gewaltsamer, unrechtmäßiger Gewinn steht unter den klassischen Hauptanschuldigungen des Volkes. Dass die genannte Sünde zur Strafe führen wird, ist u.a. bei Jer 6,13 und 8,10 deutlich. Jes 33,15 sieht die Ablehnung von בצע als eine der Voraussetzungen für die Heilsteilhabe. In Jes 56,11 führt בצע wieder zur Strafe. Dieser Text wurde m.E. 57,14ff. erst später vorangestellt. In LXX ist βραχύ τι in 57,17 wahrscheinlich eine Harmonisierung mit 54,7; aber die Möglichkeit, dass בצע als eine Abstimmung auf 56,11 das ursprüngliche Wort (ברגע?) verdrängt hat, lässt sich nicht ausschließen.

[13] Die göttlichen Prädikate und die Ambivalenz zwischen „heilig" und „zugänglich" verweisen auf Jes 6,1–5.

[14] Die Begriffe נשברי לב und דכאי רוח werden in Ps 34,19 als Synonyme aufgefasst.

[15] Dies zu verkennen führt zu Fehlschlüssen bezüglich des Volkes. WESTERMANN folgert aus dem Vergleich zwischen dem Trösten des Volkes in Jes 40,1 und dem Trösten der Trauernden in 57,18, „dass das von Tritojesaja angekündigte Heil nicht ohne weiteres das Volk als Ganzes trifft, wenn es auch für das ganze Volk bestimmt ist." (263). Es ist m.E. voreilig, diese Folgerung bereits an dieser Stelle zu ziehen.

„Trösten der Trauernden" zur Verheißung der „Belebung" in 57,15 geführt: das „Beleben" setzt einen Kontrapunkt zum Tod und macht so die Trauer hinfällig. Durch den Bezug auf Jes 61,2bβ erhält der Passus in Jes 57,14–20 den Charakter einer Einleitung. Ohne den Bezug auf 61,2 wären die „Trauernden" in 57,18 als eine Untergruppe im Volk zu verstehen, von dem nur ein mehr oder weniger großer Teil zu den Demütigen und Trauernden zählt. Dafür aber setzt sich Jes 57 zu wenig von Jes 61 ab. M.E. übernimmt Jes 57,14–20 die Bedeutung der „Trauernden" beinahe unverändert von Jes 61, wo mit dieser Bezeichnung das ganze Volk gemeint ist. Die Gottlosen zählen zwar nicht dazu, aber sie beschäftigen den Verfasser auch wenig: sie sind – vermutlich als Folge des ergangenen Gerichts – entweder nicht mehr da, oder sie sind völlig machtlos.

Angesichts der vorangehenden Bezüge zu Kap. 61 und 62 kann vielleicht im Stichwort שלום (57,19) ein Anklang an 60,17 vermutet werden. שלום gehört laut Jes 60,17 zu den Hauptcharakteristika der dargestellten Heilsepoche und fasst vieles von den Verheißungen der Kap. 60–62 zusammen. Ob der Ausdruck לרחוק ולקרוב etwas von der „Öffnung zur Außenwelt hin" von den Kap. 60–62 oder von DtJes aufnimmt, ist unsicher. Diese „polare Ausdrucksweise"[16] kann sich, wie z.B. das häufige מקטן ועד־גדול, auf die Ganzheit des Volkes beziehen (vgl. auch Jes 33,13).

Wie bereits angedeutet, ist der Bezug auf Jes 40,3–5 nicht direkt, sondern über den Versuch vermittelt, Jes 62,10–12 neu zu interpretieren. Nun gilt es zu sehen, welche Rolle die dtjes Vorlage gespielt hat und wie sie für die Interpretation von Jes 60–62 dienstbar gemacht wurde. Zu beachten ist v.a. Jes 40,4:

כל־גיא ינשא וכל־הר וגבעה ישפלו והיה העקב למישור והרכסים לבקעה

[Jedes Tal soll sich heben, und jeder Berg und Hügel soll sich senken, und das Höckerige soll zur Ebene werden und die Höhen zum Talgrund].

Zu den Begriffen „hoch" und „tief", welche in Jes 40,4 Teil des Bildes eines Weges in der Wüste sind, wird in Jes 57,15 midraschähnlich eine Lehre über die Vorliebe Jhwhs für „den Niedrigen" entwickelt. Auch hier ist der Gegensatz zwischen „hoch" und „tief" entscheidend: auf der einen Seite steht מרום וקדוש, auf der anderen שפל־רוח. Der erhabene Gott, wie er nicht zuletzt in der jesajanischen Tradition dargestellt wurde,[17] ist präsent in der „Tiefe" – eine Aussage, die nun in Jes 57,15 Gottes Heilswillen zugunsten der „Niedrigen" bekräftigt und eine symbolische Erklärung für Jes 62,10–12 bietet: Gott hat sich den Weg gebahnt, indem er das Hohe erniedrigt hat (ein vergangenes Gericht). Aber Gottes Werk ist damit noch nicht zu Ende. In Jes 57,15 beginnt die Wiederaufrichtung der Zerschlagenen. Unter dem Motto „Wiederaufrichtung" stehen auch die Kap. 60–62, die so in 57,15 vorbereitet werden.

---

16 KOENEN, Ethik, 55, Anm. 281.
17 Vgl. Jes 6,1–5.

C. Das Bild des Volkes

Viele Autoren vertreten die Meinung, dass die Aussage zum Gottesvolk in Jes 57,14ff. durch die Zufügung von V. 20 und 21 wesentlich verändert wird.[18] V. 21 kann zwar in der Tat sekundär sein, aber V. 20 ist es wahrscheinlich nicht. Jes 57,14–19 setzt ein bereits über das Volk ergangenes Gericht voraus und bezieht sich dabei vermutlich auf die dtjes Verkündigung der Vergebung. Das Bild eines nach der Strafe gedemütigten Volkes hat mit dem Ergehen des umfassenden Gerichts von Jes 66 noch nichts zu tun, und die am Rand des Kapitels stehende Verfluchung der Gottlosen in 57,20[f.] ist mit der Spaltung quer durch das Volk (so Kap. 65 und 66) nicht gleichzusetzen. Dort trifft die Strafe nur die Gottlosen und scheidet sie vom Volk. Hier hat die Strafe das ganze Volk getroffen und die einen (wohl die meisten) zur Umkehr gebracht, die anderen nicht. Die V. 20 und 21 bereiten die Szene für die Kap. 60–62 vor, deren Weltbild von den unbekehrten Gottlosen frei ist. In 57,14ff. hängt ein ähnliches Weltbild mit der Annahme zusammen, dass sich vergangene Ereignisse auf das Volk Jhwhs wie ein Läuterungsgericht ausgewirkt haben. Ein neues Gericht wird hier nicht in Aussicht gestellt. Die Perspektive ist diejenige von Jes 54,7f., einer Stelle, die die Formulierung von Jes 57,16f. beeinflusst haben wird.

Nach der in 57,14ff. bereits vollendeten Strafe ist der Wille Jhwhs zum Beleben und zum Vergeben vorbehaltlos. Das Volk wird als zerschlagen geschildert und offensichtlich als bekehrt angesehen – nur so kann man sich den bedingungslosen Heilswillen Jhwhs erklären. Allein der Aufruf, das Hindernis (מכשול) aus dem Weg des Volkes zu räumen, kann für Unsicherheit bezüglich der genannten Bedingungslosigkeit sorgen. M.E. ist aber dieser Ruf nicht als eine Bedingung zu verstehen, sondern er manifestiert die Nähe des Heils: da das Heil unmittelbar bevorsteht, soll jedes Heilshindernis entfernt werden.

Es stellt sich nun die Frage, was Jes 57,14–19 über das Gottesvolk sagt, wenn der Bezug dieses Textes zu Kap. 60–62 mitbedacht wird. Diese Perikope muss m.E. in erster Linie als Hinführung zu Jes 60–62 und Bestätigung von deren Verheißungen verstanden werden. Die Einlösung der Heilsverheißungen wird zwar von der Bekehrung des Volkes abhängig gemacht, aber diese Bedingung hat sich für den Verfasser bereits erfüllt: das Volk wurde durch die Bestrafung zur Umkehr geführt. So eignet sich dieses Stück trotzdem als Einleitung zu den Texten von Jes 60–62, die die Verheißungen bedingungslos formulieren. Die Verheißungen von Jes 57,14ff. sind nicht als „unbedingt" im absoluten Sinn zu verstehen, sondern als Prophetien, die die Umkehr infolge des Gerichts voraussetzen – eines Gerichtsgeschehens, das bereits vollendet worden ist.

---

[18] So ELLIGER, 13; WESTERMANN, 263; HANSON, 79; LAU, 125. Auch STECK (Studien, 40; Heimkehr, 75) entscheidet sich, wenn auch mit Zögern, gegen die Ursprünglichkeit von V. 20f., weil er darin den „Aspekt definitiver Scheidung in Israel" sieht und dieser das Erscheinungsbild der Schicht *56–59;63,1–6 stören würde. Der genannte Aspekt ist aber in V. 20f. m.E. nicht vorhanden.

D. Position von Jes 57,14–20

Die Analyse des Inhalts von 57,14–20 ergibt keinen zwingenden Grund, die Texte 56,9–57,13 als bereits vorhanden vorauszusetzen. Die Verbindungslinien zwischen dem Stück 57,14–21 und dem Teil 56,9–57,13 können alle sekundär sein und ein Resultat der Anpassung an das bereits existierende Stück 57,14–20 darstellen. Auch von der Auffassung des Volkes her betrachtet dürfte dieses Stück zu den ersten Reaktionen auf Jes 60–62 gehören.

Es sollte nicht übersehen werden, dass der signifikante Doppelbezug auf Jes 62,10–12 und 40,3–5 dieses Stück zu einem gut durchdachten Anfang des einstigen „TrJes" profiliert. Jes 40,3 steht am Anfang von DtJes, und Jes 62,12 schließt den bisherigen TrJes ab.[19]. Somit kann 57,14ff. als ein Neuanfang fungieren und den Text von 57,14 bis 62,12 klammerartig zusammenhalten. Die Rolle eines Neuanfangs wird durch die bereits von Westermann[20] gemachte Beobachtung einer Anspielung von 57,15 auf die Berufungsvision in Jes 6 vielleicht noch verdeutlicht.

Eine auffällige Rolle hat bei der Formulierung von 57,16f. die Vorlage Jes 54,7f. gespielt. Von dort stammt die Vorstellung einer nach der Strafe anbrechenden Heilszeit. Die Art und Weise dieser Bezugnahme wurde durch Westermann herausgearbeitet.[21]

Die in 57,14ff. vermittelte Botschaft, dass Jhwh sich der Armen annimmt und sich ihrer erbarmt, hat zum Anschluss des Stücks Jes 58* geführt. Die in 57,17aα angedeutete Sünde der Vergangenheit hat deutlich eine soziale Dimension, was die Komposition von 58* möglicherweise beeinflusst hat.

Fazit

Jes 57,14ff. vor Jes 60–62 plaziert, verweist vorbereitend auf diese frühesten trjes Kapitel. Die Perikope 57,14–20 legt den Grundstein für eine Erklärung der Heilsverzögerung, weil hier die Bekehrung des gedemütigten Volkes vorausgesetzt zu sein scheint und weil der Aufruf, das Hindernis zu entfernen, nachträglich (in der weiteren Entwicklung von TrJes) wohl im Sinne einer „Heilsbedingung" verstanden worden ist. Ob diese Verzögerung bereits den Verfasser von 57,14ff. beschäftigt, bleibt unklar. V. 15 suggeriert dies allerdings, weil er hier

---

[19] Zur These, dass Jes 62,10–12 einst als Abschluss von Jes* fungiert hat, siehe STECK, Studien, 20ff.; 143–166.

[20] S. 262.

[21] WESTERMANN, 262. Die Ähnlichkeit dieser Stellen wurde durch den LXX-Übersetzer richtig erkannt, was ihn aber zu einer Harmonisierung veranlasst hat: durch βραχύ τι als Wiedergabe von בצע wurden die Aussagen der beiden Stellen weiter angeglichen.

bestrebt ist, die Distanz von Gott zum Menschen theologisch zu verringern.[22] Somit könnte V. 15 der Skepsis bezüglich der Heilsverheißungen ähnlich wie später 59,1 begegnen (in 57,15: Jhwh ist da, um die Demütigen zu beleben; in 59,1: „Jhwhs Hand ist nicht zu kurz zum Helfen...“). V. 16 kündigt das Ende des Zorns Gottes an, und diese Aussage kann auch als eine Verzögerungserklärung fungieren.[23]

Von seiner Position und seinem Inhalt her nimmt die Perikope 57,14–20 die Rolle einer Hinführung zu den Kap. 60–62 an. Diese Hinführung schlägt eine strukturelle und eine thematische Brücke zwischen DtJes und Jes 60–62.

---

[22] Dieses Unterfangen fällt weniger radikal aus, wenn man mit WESTERMANN in V. 15bα das Verb ראה nach Ps 113 ergänzt – was gute Gründe für sich hat. Die Grundbedeutung dieses Verses bleibt in jedem Fall erhalten.

[23] Vgl. CARROLL, 153.

IV. Jes 58,1–12: Eine pragmatische Interpretation der Heilserwartung

A. Zur Perikope

Diese Perikope ist von der vorhergehenden deutlich zu trennen, weil die Lage des Volkes, wie sie in 57,14ff. dargestellt wird – trotz gewisser Parallelen – mit der Beschreibung von Jes 58,1–12 inkompatibel ist: Dem durch die Gottesstrafe zerschlagenen Volk in 57,14–20 werden keine Bedingungen für die Heilsteilhabe gestellt; in 58,1–12 muss dagegen das Volk erst noch zur Bekehrung geführt werden, und zwar durch die prophetische Anklage. Obwohl sich beide Texte auf Jes 61,1–4 beziehen, verläuft die Neuinterpretation ganz verschieden: in Jes 57,14ff. ist mit den „Armen" das ganze Volk gemeint, in 58,1–12 hingegen sind die Armen diejenigen, die vom Volk vernachlässigt und ausgebeutet werden. Der Vorschlag Stecks, Jes 56,9–59,21 als literarisch einheitliche Fortschreibung zu verstehen, stößt hier auf große Schwierigkeiten. Ebenfalls kann sich der Standpunkt, welcher in 57,14ff. eine Gottesrede an die Volksführer sieht,[1] nur auf positionelle Argumente berufen; vom Inhalt des Stücks erhält er jedoch keine Stütze.

Der Inhalt von Jes 58,1–12 lässt sich so zusammenfassen:

In V. 1 erhält der Prophet den Auftrag, dem Gottesvolk seine Sünde vorzuhalten. In V.2 wird das Volk zweifelhafter Frömmigkeit angeklagt. Die Gescholtenen reagieren mit einer Klage: Gott beachte ihr Fasten nicht (V. 3a). Dies führt zur zweiten Anklage: das Fasten des Volkes gehe Hand in Hand mit Unterdrückung und Streit (V. 3b). Diese Art des Fastens sei unsinnig und lächerlich (V. 5). Rechtes Fasten heißt: Befreiung der Unterdrückten (V. 6) und Sättigung, Empfang und Bekleiden der Bedürftigen (V. 7). In V. 8–9a werden die Konsequenzen des rechten Handelns geschildert: Licht, Heilung, Gerechtigkeit, Herrlichkeit Jhwhs und in der Not sofortige Antwort Jhwhs. Diese Verheißungen werden aber nochmals an eine Bedingung geknüpft: das Joch entfernen, nicht ruchlos reden, die Hungrigen sättigen (V. 9b–10a). Bei Erfüllung der Bedingung wird reicher Segen versprochen (bedingte Segensverheißung): Licht, Leitung und

---

[1] Studien, 31.

Sättigung der Seele durch Gott, Stärkung des Leibes (Metapher von Garten und Wasserquelle) (V. 10b–11). Darauf folgt noch eine weitere Verheißung: der Wiederaufbau der Trümmer (V. 12).

Diese Perikope wird ohne die V.13f. analysiert, welche als spätere Ergänzung ausgeschieden werden. Dass sie nicht ursprünglich zu dieser Perikope gehören, wird von den meisten Exegeten anerkannt.[2]

> Es ist deutlich, dass V. 13 ein Neuanfang ist und die Struktur der bedingten Verheißung wiederholt. Die Sabbatfeier ersetzt die Fastenfeier, und die dazugehörigen Anweisungen werden dort kurzerhand für den neuen Festtag übernommen.[3] In 58,3 wird das „Suchen des [eigenen] Gefallens" (חפץ) am Fasttag kritisiert; 58,13f. macht das Verzichten auf eigenes חפץ zur Erfolgsbedingung. Dabei ist aber nicht klar, warum das Fehlverhalten *am Fasttag* durch das korrekte Verhalten *am Sabbat* ersetzt werden soll. In V. 13f. wird zusätzlich die Verbindung mit der sozialen Gerechtigkeit aufgelöst,[4] und das empfohlene Verhalten wird allein auf Gott bezogen. Es ist schwer zu sagen, ob das חפץ in V. 13 einen materiellen Aspekt hat, ob es z.B. um Geldgeschäfte geht, zu welchen Feiertage eine günstige Gelegenheit bieten. Am Sabbat sei aber dennoch das חפץ von Jhwh zu verfolgen, nicht das eigene.[5]

Zu Vorschlägen der Forschung, den Text von Jes 58,1–12 literarkritisch als uneinheitlich zu betrachten und von den „Zusätzen" zu befreien, vergleiche man Koenen.[6] Es besteht kein zwingender Grund, aus diesem Text etwas auszuscheiden; gegen Koenen können auch V. 1–2 als zur Einheit gehörend betrachtet werden, weil sie eine Strukturähnlichkeit mit Jes 1,10–20 aufweisen. Auf diese Ähnlichkeit von Jes 58,1–12 mit Jes 1,10–20 hat Vermeylen aufmerksam gemacht und darum gefordert, dass zur ursprünglichen Einheit auch V. 14aβ („der Mund Jhwhs hat gesprochen" = Jes 1,20bβ) gezählt wird.[7] Es wird auch immer öfter die Meinung vertreten, dass die Exegese dieses Stücks ohne die Analysen seiner Querverbindungen nicht vollständig sein kann.[8] Meine These ist, dass die Beziehung zu Jes 60–62 entscheidend ist für die Bestimmung der Aussage dieser Perikope. Einiges deutet darauf hin, dass sich der Verfasser von Jes 58* mit dem Problem der Heilsverzögerung befasst und eine nüchtern pragmatische Antwort bereitstellt. Er nimmt dazu Aussagen aus PrJes und DtJes zu Hilfe.

---

2   So bereits DUHM, 410; ELLIGER, 125; MORGENSTERN, Two Prophecies, 68–70; anders dagegen VOLZ, 228f., SCHRAMM, 136f.

3   Vgl. Sach 8,19: „Das Fasten [...] soll dem Hause Juda [...] zu fröhlichen Festen werden."

4   Außer wenn es hier um einen Bezug auf das Sabbatjahr, das Jahr der Sorge um die Armen und des Schulderlasses (Dtn 15,1–3.9; Ex 23,10f.) geht. In diesem Fall müsste der Ausdruck „an meinem heiligen Tage" als Glosse gelten.

5   Dieser Gedanke verbindet Jes 58,13 stichwortartig mit 56,4. In seiner Aussage setzt er sich aber davon ab.

6   Ethik, 96ff.

7   VERMEYLEN, Du prophète, 464.

8   STECK, Studien, 177; LAU, 240ff.

B. Verhältnis zu Jes 60–62

Die Perikope Jes 58,1–12 weist zahlreiche Bezüge zum Bereich Jes 60–62 auf. Den Details dieser Bezüge muss jetzt einzeln nachgegangen werden.

1. Jes 58,1

Der erste Berührungspunkt besteht zwischen den Stellen 58,1 und 61,1. In beiden Texten wird ein prophetischer Auftrag erteilt: in Jes 61 ist es der Auftrag, den *Elenden* (עניים) die frohe Botschaft zu bringen, in Jes 58, dem *Volk* (parallel עמי und בית יעקב)[9] seine Sünden vorzuhalten. Die Adressaten der beiden prophetischen Botschaften scheinen also verschieden zu sein und der Inhalt der jeweiligen Mitteilungen sogar gegensätzlich.[10] Dennoch bleibt die Verbindung zu Jes 61 in 58* erhalten. Gerade durch die Scheltrede an die Adresse des Volkes bringt der in 58* beauftragte Prophet den Elenden eine frohe Botschaft, weil er sich für die soziale Gerechtigkeit einsetzt. Wie Jes 61 kann auch Jes 58* als eine Heilsansage für das *ganze* Volk verstanden werden, mit lediglich einem großen Unterschied, dass die Heilsansage in 58* eine bedingte und die in 61 eine voraussetzungslose ist.

Beide Texte haben wohl als Adressaten das gesamte Gottesvolk im Blick. Die עניים von 61,1 sind im dtjes Sinn zu verstehen. Sie sind das Jhwh-Volk in Bedrängnis (z.B. Jes 41,17). Der Verfasser von Jes 58,1–12 sieht sich in Anlehnung an DtJes als einen unmittelbar von Jhwh beauftragten Propheten.

Es ist fraglich, ob Jes 58 ein eschatologischer Text ist, so wie das Lau und andere sehen möchten. Der Beauftragte in 58,1 soll seine Stimme כשופר, wie ein Schofarhorn, erheben – wie ein Instrument also, das eschatologische und militärische Assoziationen wecken kann. In Wirklichkeit könnte sich der Vergleich auch nur auf die Lautstärke der Verkündigung beziehen.[11] Dass hier an den „eschatologischen Bedeutungshintergrund der Verwendung eines Schofarhorns angeknüpft" wird, behauptet Lau aufgrund des weiteren Textzusammenhangs, in welchem es um ein „von Jahwe gebotenes eschatologisches Handeln" gehe.[12] Dem kann man aber nicht ohne weiteres zustimmen, weil der eschatologische Gedanke nicht einfach aus anderen Texten mit dem Vorkommen von שופר in Jes 58 hineingelesen werden darf. Im folgenden wird die These vertreten, dass Jes 58* eine Alternative zur eschatologischen Prägung von Jes 60–62 bietet.

---

[9] Diese Parallelität ist in Jes 2,6 bezeugt.

[10] Wenn also KOENEN, Ethik, 95, aus diesem „Widerspruch" auf verschiedene Schichten (58,1 gegenüber 61,1–4) schließt, kann ihm in diesem Punkt nur zugestimmt werden.

[11] So LAU (242) mit Verweis auf DELITZSCH.

[12] Beide Zitate aus LAU, 242.

2. Jes 58,5–7

Durch die Wendung יום רצון ליהוה (58,5bδ) wird Jes 61,2 aufgegriffen, eine
Stelle, die ihrerseits durch eine Aufnahme von Jes 49,8 entstanden ist. Die fast
wörtliche Wiedergabe des Wortlauts von 61,2aα macht es wahrscheinlich, dass
in erster Linie diese Stelle in 58* verarbeitet wird; der Text von 49,8 bleibt aber
dennoch im Spiel. Aus der Quelle Jes 61,1 wird das Wort „Jahr" mit „Tag" er-
setzt. Die Annahme Laus, dass sich diese Ersetzung mit der eschatologischen
Ungeduld des Verfassers erklären lässt und dass ein Bezug auf die „Tag-Jahwes-
Tradition" beabsichtigt wird, scheint mir recht unwahrscheinlich. Es ist vom
„Tag des Wohlgefallens für Jhwh" die Rede, der als Gegenpol zum Fasttag fun-
giert. Da die Vorlage Jes 61,2 „Tag" und „Jahr" parallel setzt und somit das
Vertauschen dieser Begriffe nahe legt, ist die Differenz zwischen „Tag" und
„Jahr" theologisch nicht sehr bedeutsam.

Dass bei der Formulierung von Jes 58,5bδ auch Jes 49,8 mitschwingt, ist
nicht auszuschließen, da sich dort עת רצון auf die Zeit der Erhörung der Gebete
und der Hilfe Gottes bezieht. Diese Stelle entspricht also dem Anliegen der Fastenden in Jes 58, die sich mit dem Fasten bei Gott Gehör verschaffen wollen.

Dennoch scheint es mir wahrscheinlich, dass der Verfasser von Jes 58* mit
den V. 5f. einen „Vorverweis" auf Jes 61,2 geben wollte: Die Wendung
יום רצון ליהוה steht in 58,5 parallel zu צום. Durch diese Parallele erfährt das
Fasten ein Stück weit eine Neudefinition: צום wird mit יום רצון ליהוה gleichgesetzt und dadurch wird ein Übergang von 58,5 zu 58,6 geschaffen. V. 6 beginnt
nämlich mit der Frage: הלוא זה צום אבחרהו, gefolgt von einer Aufzählung der
Befreiungstaten, die mit dem „wahren Fasten" in Verbindung gebracht werden
und Jhwh gefallen: Öffnen der Fesseln, Lösen der Stricke des Joches, etc. Was
der Verfasser von 58* durch die Neudefinition von צום erreicht, ist mehr oder
weniger eine Entwertung des Fastens im wörtlichen Sinn. Nun entspricht aber
der „Tag des Wohlgefallens für Jhwh" (58,5) strukturell dem „Jahr des Wohlgefallens für Jhwh" in 61,2, welches auch mit Ausdrücken der Befreiung umschrie-
ben ist: Dieses Jahr bringt den Gefangenen Befreiung und den Gebundenen Lösung der Bande (61,1).

Die Anspielung von Jes 58,6 auf 61,1 ist bedeutsam, obwohl diese Bezugnahme keine zitatartigen Wortlautwiederholungen aufweist. Die Parallele zwischen dem göttlichen Auftrag in Jes 61,1 und dem Thema des gottgefälligen
Fastens in Jes 58,6 ist deutlich: in beiden Fällen geht es um die Befreiung und
das Schenken der Freiheit. Dass Befreien so gut wie nichts mit Fasten zu tun hat,
ist vielen Kommentatoren dieser Stelle aufgefallen.[13] Dabei suggeriert die Frage,
beginnend mit הלוא, dass das andersartige Fasten nicht erst hier proklamiert
wird, sondern den Fastenden bereits bekannt sein sollte. Es drängt sich auf, besonders angesichts der anderen erkennbaren Bezüge zwischen Jes 58 und Jes

---

[13] Z.B. WESTERMANN, 268.

60–62, die Befreiungsbotschaft für die Armen (עניום) von Jes 61,1 als das „Vorgegebene" zu betrachten. Zwar wird in Jes 61 das Fasten nicht genannt, aber aufgrund des Zusammenhangs zwischen Trauerriten und Fasten nahegelegt.[14] Das Trauern wird nach Jes 61,2b–3 ein Ende haben. Die Kombination der drei folgenden Motive in Jes 58 und Jes 61 ist einmalig und spricht darum dafür, dass der Verfasser von Jes 58 bewusst auf Jes 61 Bezug nimmt:

1) Befreiungsbotschaft bzw. Befreiungsforderung (61,1; 58,6);
2) Parteinahme für die Armen (mit einem Wortkontakt עניום [עניים], 61,1; 58,7);
3) Aufhebung der Trauer- und Fastenriten (61,2b–3; 58,5f.).

Trotz der Ähnlichkeit der Themen weist Jes 58* keine genauen Wortbezüge zu Jes 61* auf. Dies erklärt sich m.E. unter anderem dadurch, dass die *Relecture* von Jes 61 in einer veränderten historischen Situation stattfindet, in welcher nicht mehr die Befreiung der Gefangenen im Vordergrund steht (61,1), sondern es um die Befreiung der Unterdrückten geht. Dadurch werden auch die „Armen", עניום, anders aufgefasst. Während die עניום in Jes 61,1 vermutlich ein theologisches Stichwort sind, in welchem die materielle Armut nur indirekt mitgemeint ist, tritt in Jes 58 die konkrete soziale Bedeutung der Armut in den Vordergrund. Dies wird durch die Beschreibung der Benachteiligten in Jes 58,7 deutlich: zu ihnen zählen Hungrige (רעב), Arme, Umherirrende (עניים מרודים), Nackte (ערם), welche alle unter die Kategorie בשרך fallen.[15] Für Jes 58* kann man nicht von einer *Relecture* mit lediglich schriftgelehrtem Interesse ausgehen. Sollte Lau Recht haben mit der Behauptung, dass die sozialen Randgruppen (Bedrückte, Hungrige, Nackte) nur aus der Tradition heraus Erwähnung finden,[16] bliebe die Frage ungelöst, warum ausgerechnet diese Begriffe aus der Überlieferung herausgegriffen worden sind. Das Problem des Wirklichkeitsbezugs lässt sich durch die Annahme der traditionellen Ausdrucksweise zwar verschieben, aber nicht lösen. Ich sehe keinen Grund zu glauben, dass der Schreiber von Jes 58* lediglich das Jes-Buch zu gestalten beabsichtigte, ohne sich wirklich für die Bedürftigen zu engagieren. Abgesehen davon, ob man das in Jes 58* verlangte Tun eschatologisch versteht oder nicht, ist der Verfasser dieser Verse ein sozialkritisch engagierter Schreiber mit dem Anspruch, die Wirklichkeit um sich herum zu verändern. Diese Wirklichkeit soll sich nach den Visionen von Jes 60–62 richten. Somit ist der Beitrag dieses Verfassers zu TrJes* unter die Schriften zu subsumieren, welche die Dissonanz zwischen Jes 60–62 und der erlebten Wirklichkeit nicht alleine durch Umdeutungstechniken, sondern auch durch eine

---

[14] In diesem Zusammenhang vgl. 1.Sam 31,13; 2.Sam 1,12; 3,35; 12,21; vgl. Sach 8,19.

[15] Einige Bezeichnungen von Jes 58 kommen auch in Hi 22,6–9 vor: Hungrige, Nackte. „Deine Brüder" entsprechen בשרך. Anstelle von „Armen" spricht Hi 22,9 von „Witwen und Waisen", was mit dem dtn/dtr Sprachgebrauch übereinstimmt. Auch Ez 18 steht unserem Text nahe, aber in auffallendem Unterschied dazu beschränkt sich Jes 58 streng auf sozialethische Forderungen, während in Ez 18,6 auch kultische Verbote genannt werden.

[16] LAU, 245.

sozialpolitische Stellungnahme zu verringern versuchten. Er geht anscheinend davon aus, dass die sozialen Umstände sich noch verändern und beeinflussen lassen.

3. Jes 58,8.10a

Eine vielsagende Anknüpfung an Jes 60–62 wird durch die Aufnahme der Licht-Finsternis-Symbolik erreicht. In V. 8 und 10 wird das Erscheinen des Lichtes an die Umsetzung der prophetischen Mahnungen gebunden und als Konsequenz des gerechten Wandels angesehen. Somit gehört die Symbolik des Lichtes, anders als in Jes 60,1–3.19f. und 62,1–2, einer bedingten Verheißung an. In Jes 60,1–3 wird das Licht in prophetischer Weise bereits als gegenwärtig betrachtet, als Strahlen der Herrlichkeit Jhwhs, wobei Zion dieses Licht widerspiegelt (vgl. V. 1aα „werde Licht" und 1b „die Herrlichkeit Jhwhs ist über dir aufgestrahlt"). Jes 62,1f. lässt durchblicken, dass das Kommen der lichtvollen Epoche immer noch ein Zukunftsereignis bleibt. Diese Zukunft scheint aber nahe zu sein – sie kann herbeigeführt werden, indem Jhwh an seine Stadt und seine Verheißung erinnert wird (Jes 62,6).

Die Texte Jes 58,8.10 und die genannten Stellen von Kap. 60 und 62 haben viel gemeinsames Vokabular: אור, כבד יהוה, חשׁך, זרח, und צדקה (v.a. 58,8 versus 62,1f. und die Koppelung von אור mit זרח in 58,10b und 61,1). Auch die Verbindung von Licht und Gerechtigkeit ist den Kap. 58 und 60.62 gemeinsam. Die konkreten Verwendungen des Bildes lassen aber wesentliche Differenzen erkennen. In Jes 60,19f. werden die Verheißung des „ewigen Lichtes" und die einer Gesellschaft aus lauter Gerechten (V. 21) aneinandergefügt. In 58,10b ist das gerechte Handeln die Bedingung für das Erscheinen des Lichtes. Licht und Gerechtigkeit, welche in Jes 62,1–2 als Synonyme verwendet (כנגה צדקה) und von Gott als Geschenk erwartet werden, kommen in Jes 58 getrennt vor: Die „Gerechtigkeit" ist die Bedingung der Erfüllung, das „Licht" die Konsequenz. Bildhaft wird dies in 58,8 dargestellt: והלך לפניך צדקך כבוד יהוה יאספך [*deine Gerechtigkeit wird vor dir hergehen, und die Herrlichkeit Jhwhs wird deinen Zug schließen.*]. Die Gerechtigkeit hat die Rolle einer „Vorgängerin" und „Vorbotin" der Herrlichkeit Jhwhs und der Licht-Epoche. Diese Stelle ist ein interpretatives Zitat aus DtJes, auf welches nun eingegangen werden muss.

Der Halbvers Jes 58,8b (והלך לפניך צדקך כבוד יהוה יאספך) spielt deutlich auf 52,12b an, dessen Wortlaut er weitgehend übernimmt: כי־הלך לפניכם יהוה ומאספכם אלהי ישראל. Er ist aber trotz der strikten Anlehnung an DtJes[17] ein Beispiel für die Dreiecksbeziehung zwischen TrJes*, Jes 60–62 und DtJes. Die dtjes Aussage wird ganz dem Anliegen von Jes 58* angepasst und gleichzeitig auf die Kap. 60–62 abgestimmt.

---

[17] Das Fasten wird in DtJes nicht thematisiert. Die Lichtsymbolik hingegen ist beliebt (z.B. 42,16; 49,9; 51,4), wird aber nirgends im Zusammenhang mit einer bedingten Verheißung verwendet.

Jes 58,8b nimmt formal Jes 52,12b auf und gestaltet dessen Aussage neu. Oben haben wir gesehen, dass Jes 58,8 in engem Verhältnis zu Jes 60–62 steht (Lichtsymbolik, כבוד יהוה, etc.). In ihrer Unbedingtheit stehen die Aussagen von Jes 60–62 noch sehr nahe bei DtJes. Um nun aber die Aussage von Jes 60–62 zu aktualisieren bzw. sogar zu korrigieren, greift 58* auf DtJes zurück. Folgende Änderungen an der Vorlage werden vorgenommen:

- Anstelle von הלך לפניכם steht והלך לפניך. Die Veränderung des Suffixes von 2. Plural in 2. Singular ist belanglos, weil sie nur eine Anpassung an die singularische Anrede in 58 (bereits ab V. 5) darstellt. Dagegen unterstreicht das Waw-Perfekt והלך gegenüber dem Partizip der Vorlage die Zukunftbezogenheit der Aussage (und im weiteren Zusammenhang ihre Bedingtheit).
- Dass צדקך Jhwh als Subjekt ersetzt, ist nicht nur im Verhältnis zu Jes 52,12 einzigartig, sondern auch im Vergleich zu der Exodus- und Landnahmetradition, aus welcher die Wendung הלך לפני stammt, und auf welche sich DtJes stützt.
- Weiter tritt כבוד יהוה an die Stelle von אלהי ישראל, wodurch eine Anknüpfung an Jes 60,1–2 erreicht wird. Das Meiden des Begriffs „Israel" macht den Ausdruck von 58* zusätzlich mit dem Sprachgebrauch von Jes 60–62 kompatibel.
- Imperf. Qal יאספך ersetzt das Partizip Piel ומאספכם, was mit der Abänderung von הלך zusammenhängt. Der von E. Jenni eruierte Unterschied zwischen diesen beiden Formen fügt sich gut ins Gesamtbild ein. Jenni bezeichnet die von Jhwh in 52,12 eingenommene Rolle als „professionelle Tätigkeit im Partizip Piel." Der Ausdruck in DtJes lässt sich wiedergeben als „der Gott Israels ist euer Sammler" (als Nachhut der Marschkolonne). Im Unterschied dazu steht bei TrJes „das verheißende Imperfekt ‚die Herrlichkeit Jahwes wird dich sammeln'". Es geht um eine „in actu vorgestellte Tätigkeit", die dem zukunftsorientierten und bedingten Charakter von Jes 58,8 entspricht.[18]

Das Paradoxe der Aufnahme von Jes 52,12 besteht darin, dass ausgerechnet das, was der Verfasser von Jes 58 mit Hilfe von DtJes beweisen wollte, bei DtJes nicht zu finden ist, nämlich die Behauptung, dass das Heil nur bedingt eintreffen werde. Der Verfasser von Jes 58 übernimmt nur soviel vom Wortlaut der anerkannten Autorität, dass die Berufung auf seine Quelle unmissverständlich klar wird. Das Übernommene gestaltet er aber frei, so dass es seinen Zwecken dienlich ist. In dieser Weise wird Jes 52,12b gebraucht. Dort werden die Exilierten aufgefordert, sich auf den Weg zu machen und aus der Mitte der Völker wegzuziehen (52,11). Daraufhin wird ihnen zugesagt, dass sie nicht „in angstvoller Hast" auszuziehen brauchen (wahrscheinlich wird mit diesem Ausdruck eine Überbietung des Exodus angestrebt[19]), sondern – wie 52,12b sagt – „Jhwh zieht vor euch her, und der Gott Israels schließt euren Zug." Diese Verheißung ist an

---

[18] JENNI, 159f.
[19] Vgl. Ex 12,11 und Dtn 16,3 mit dem gleichen Ausdruck בחפזון; vgl. auch Ex 12,33.

keinerlei Bedingungen gebunden, sie ist vielmehr als Gottesprädikation formuliert.[20] Diese folgt einfach auf die Aufforderung, das Exil zu verlassen. In Jes 58 hingegen wird das Bild des Auszugs im übertragenen Sinn gebraucht und folgt auf die Aufforderung zur (sozialen) Gerechtigkeit. So nimmt die Gerechtigkeit (im Kontext als „gerechtes Tun" aufzufassen) den Platz des „Verlassens der Unreinheit der Völker" ein (vgl. 52,11). Anders gesagt: in Jes 52* ist das „Ausziehen" die Vorbedingung für die Verheißung von V. 12b (das Volk kann nicht erfahren, dass Jhwh unterwegs seine Vor- und Nachhut ist, wenn es sich nicht auf den Weg macht); in 58 wird die Sorge um die Armen zur Vorbedingung für eine ähnlich lautende Verheißung. Da es „deine Gerechtigkeit" ist, die den Marsch eröffnet (die Vorhut), liegt es nahe, diese im Zusammenhang mit den vorangehenden Versen 1–8a[21] als eine wirkliche Bedingung zu verstehen, die durch das Bild von 58,8b allgemein gültig wird. Die Betonung liegt jetzt auf der Reihenfolge: zuerst Gerechtigkeit, dann כבוד יהוה[22]. In Jes 52 kam der Reihenfolge noch kein Interesse zu; da aber in Jes 58* die Heilsverzögerung erklärt werden sollte, konnte dies mit der Hervorhebung der Abfolge von menschlichem Tun vor göttlichem Handeln erreicht werden.

Verständlicherweise wurden angesichts der theologischen Aussage von Jes 58,8 Bedenken angemeldet, und es wurde von der werkgerechten Gesinnung des Verfassers gesprochen.[23] Lau postuliert Zurückhaltung bezüglich der soteriologischen Interpretation dieses Textes und gelangt zu folgender Umschreibung der Verfasserintention: „das eschatologische Handeln der Gemeinde [setzt] einen soteriologischen Prozess in Gang […], den Jahwe mit heilvollem Tun begleiten wird".[24] Diese Sichtweise ist differenzierter als die Rede von der „Werkgerechtigkeit". M.E. braucht aber Jes 58 nicht verteidigt zu werden, da sich die Polemik dieses Textes gegen den Vorrang des Ritus und eine damit zusammenhängende Untätigkeit im sozialen Bereich richtet.

---

[20] So LAU, 252. Dies ist auch im Sinn der Analyse von JENNI, s.o.

[21] Was der Prophet vom Volk verlangt, nennt er nicht explizit צדקה, aber der Kontext fordert dieses Verständnis: Jes 58,2 stellt ironisch das „Fragen nach משפטי־צדק" dem „Tun der Gerechtigkeit" gegenüber. Die Angeklagten tun nur so, als ob sie Gerechtigkeit praktizierten (כגוי אשר־צדקה עשה ומשפט אלהיו לא עזב). Die ganze Perikope ist darauf ausgerichtet, das עשה צדקה zu erläutern. Typischerweise verbinden drei Stellen in Ez, in welchen עשה צדקה vorkommt, das Tun der Gerechtigkeit mit einer Sozialethik in der Art von Jes 58: Ez,18,19; 33,16; 45,9. Die Verbindung von צדקה mit משפט betrachtet R. RENDTORFF als einen programmatischen Rückbezug auf PrJes, vgl. RENDTORFF, Jesaja 56,1 als Schlüssel, 174.

[22] Dieser Ausdruck ist ein deutlicher Rückverweis auf die Verheißungen von Jes 60–62, welche mit der zweifachen Erwähnung der Herrlichkeit Jhwhs in Jes 60,1–2 beginnen.

[23] Z.B. DUHM, 408.

[24] LAU, 252.

4. Jes 58,12

In Jes 58,12 (dem ursprünglichen Schlussvers der Perikope) wird beinahe wörtlich der Inhalt von Jes 61,4 übernommen.

58,12: ובנו ממך חרבות עולם מוסדי דור־ודור תקומם

וקרא לך גדר פרץ משבב נתיבות לשבת

Die Trümmer der Vorzeit werden wieder von dir aufgebaut[25], und die Fundamente früherer Geschlechter wirst du aufrichten. Da wirst du genannt werden „Der Risse-Vermaurer, der Niedergerissenes[26] wiederherstellt zum Wohnen".

Vgl. Jes 61,4: ובנו חרבות עולם שממות ראשנים יקוממו

וחדשו ערי חרב שממות דור ודור

Da werden sie die Trümmer der Vorzeit wieder bauen und die Ruinen der Altvordern aufrichten, erneuern die Städte, die verwüstet liegen, die Ruinen von Geschlecht und Geschlecht.

Der Anfang von 61,4 wird in 58,12 wörtlich aufgenommen, aber das ממך ist neu. Lau bemerkt zu Recht, dass das in 58,12 fehlende grammatikalische Subjekt von בנו in Jes 61,4 zu suchen ist. Ebenfalls sei in dem „ungeschickten" ממך eine Spur der Vorlage von 61,4 zu erkennen.[27] Zusätzlich stammt auch der Ausdruck דור ודור und jeweils eine entsprechende Polel-Form vom Verb קום aus der Vorlage. Es lassen sich keine einleuchtenden Gründe für das Ersetzen von שממות durch מוסדי anführen.

Der allgemeine Sinn beider Texte ist ähnlich. An beiden Stellen geht es um das Wiederaufrichten der Trümmer. Das einzig Auffällige ist die direkte Anrede, die in 58,12 durch die 2.Sing. ausgedrückt wird. Hier ist der Wiederaufbau der Ruinen nicht mehr die Aufgabe der Fremden, sondern die der Angesprochenen. Der Wiederaufbau der Trümmer steht in 58* in einer Reihe mit metaphorischen Bildern, welche die Erneuerung als Konsequenz des gerechten Handelns darstellen. Ein solches Handeln gibt Anrecht auf den Ehrentitel: „Der Rissevermaurer, der Niedergerissenes wieder wohnlich macht". Zwar nicht der Titel selbst, aber der Akt der Namensgebung lässt sich am besten als ein Bezug auf den Textbereich Jes 60–62 verstehen (61,3; 62,2.12). Obgleich die metaphorische Bedeutung des Wiederaufbaus im Kontext von 58,12 nicht zu übersehen ist, schließt sie auch eine konkrete Bedeutung (soziale Solidarität) mit ein. Ein Zusammenhang zwischen dem Fasten und dem materiellen Wiederaufbau liegt aufgrund von Sach 7,1–5; 8,19 nahe.[28] Die innere Erneuerung soll der äußeren nun vorausgehen. So kann die Verheißung von 61,4 in Erfüllung gehen.

---

[25] Gelesen niph. ונבנו.

[26] m „Wege". Hier mit WESTERMANN נתיצות, „Niedergerissenes", gelesen. Die Kritiker, die „Wege" behalten, kommen in der Regel nicht umhin, das letzte Wort zu streichen (vgl. EHRLICH, 209; LAU, 257).

[27] S. 255.

[28] Besonders das Fasten im fünften Monat muss einen Bezug zur traumatischen Zerstörung „am siebenten Tage des fünften Monats im neuzehnten Jahr Nebukadnezzars" haben (2.Kön 25,8).

Bezüglich des Ausdrucks משבב נתיבות לשבת hat Lau einen bestechenden Vorschlag un-
terbreitet, der ganz im Sinne der vorliegenden These wäre, dafür aber m.E. gegen Laus
eigene eschatologische Interpretation von Jes 58,1–12 spricht.[29] Lau betrachtet לשבת als
Glosse, übersetzt die Wendung משבב נתיבות als „Straßenarbeiter" (שוב im Sinn von
Wiederherstellen, Ausbessern) und schlägt eine Deutung dieses Titels vor, die diesem
Text grundsätzlich eine eschatologische Sichtweise abspricht: „Mit der Bezeichnung
‚Straßenarbeiter' scheint der Verfasser das Bild vom neuen Exodus bei DtJes nun endgültig in den sozialen Kontext überführen zu wollen. Nicht Jahwe bringt das Volk auf
der von ihm geebneten Straße durch die Wüste zur Heimat, sondern die Gemeinde
selbst wird ganz real die kümmerlichen Pfade der Gegenwart ausbessern und zukünftig
also – keineswegs geringschätzig – als ‚Straßenarbeiter' betitelt werden" (257). Der Vorschlag ist interessant, aber leider philologisch unsicher.

Was den auch von Lau hervorgehobenen Bezug auf Am 9,11 angeht, kann dieser bei der
Formulierung von 58,12b eine Rolle gespielt haben; גדר mit פרץ ist nur noch dort zu
finden, und das Wiederherstellen der Ruinen wird mit synonymen Wendungen ausgedrückt. In dieser Schlusspassage von Am (9,11–15) wird aber der Wiederaufbau und das
erneute Heil mit der Wiederherstellung der Daviddynastie in Verbindung gebracht –
ein Gedanke, der nicht nur in Jes 58, sondern auffälligerweise im ganzen TrJes fehlt.

Fazit

In Jes 58,1–12 werden Texte aus Jes 60–62 aufgegriffen, neu interpretiert und
aktualisiert.[30] Die Heilsverzögerung wird durch Jes 58* einsichtig gemacht und
ein konkreter Weg zur Überwindung der Hindernisse aufgezeigt: Die versprochene Gerechtigkeit soll nicht passiv erwartet werden, sondern muss in die Tat
umgesetzt werden.

In Jes 58* sind Verheißungen, welche sich an Kap. 61 anlehnen, an die Bedingung geknüpft, dass das Volk sich um die Benachteiligten kümmert. Diese Bedingung ist als pragmatisch zu bezeichnen: sie zeigt unmissverständlich den Weg
zur Erfüllung der Prophetie von Jes 60–62. Die ausbleibende Erfüllung der Verheißung von 61 kann „bewirkt", aber nicht durch das Fasten herbeigeführt werden. Die Aussage von 58* richtet sich gegen das bloße Ritual, aber auch gegen
eine eschatologische Passivität. In diesem Sinn ist diese Aussage antieschatolo-
gisch.[31]

MEYERS/MEYERS (433) denken, dass alle in Sach 8,19 aufgezählten Fastentage mit den Ereignissen
um den Fall Jerusalems 587 zusammenhängen.

[29] Vgl. unten, nächster Abschnitt.

[30] Vgl. dazu die These Morgensterns, dass Jes 58 eine Versöhnungstagspredigt aus dem 4. Jh.
darstellt, (MORGENSTERN, Two Prophecies, 21–39; 63). Den Hintergrund des Jom Kippur und die
Datierung ins 4. Jh. halte ich für möglich. Sollte dieser Text als eine Predigt entstanden sein, müsste
dies m.E. eine Predigt zu Jes 60–62 gewesen sein.

[31] LAU besteht unter Verweis auf die „antiritualistische Grundhaltung des Propheten", auf den
Begriff „Tag des Wohlgefallens Jahwes" und auf die „Lichtmetaphorik" darauf, dass 58,1–12 „ein
eschatologischer Text ist" (240ff.). Demgegenüber ist festzuhalten, dass „antiritualistisch" nicht
automatisch „eschatologisch" bedeutet. Es ist unbegründet, den יום רצון ליהוה als einen eschatolo-

Eine Akzentverschiebung gegenüber Jes 60–62 ist in Jes 58* unbestreitbar. Jes 58* nivelliert die ursprünglich eschatologischen Aussagen der Visionen von Jes 60–62 und verleiht ihnen einen neuen, pragmatischen Sinn. Das Ergebnis dieser *Relecture* ist m.E. eine weitgehende Enteschatologisierung von Jes 60–62.

Wurde die Reinterpretation von Jes 60–62 durch schriftgelehrte oder durch gesellschaftliche Anliegen ausgelöst? Das, was im Text als interpretativer Vorgang fassbar ist, muss nicht von vornherein als rein gedanklicher Umgang mit Jes 60–62 verstanden werden. Eine Kombination von exegetischen und „politischen" Anliegen trägt der Eigenart dieses Textes wohl am besten Rechnung. Obwohl der historische Hintergrund auch für Jes 58 schwer zu bestimmen ist, muss die Frage nach dem Bild des Volkes und nach dem, was ihm an Konkretem abzugewinnen ist, gestellt werden.

C. Das Jhwh-Volk

Durch Jes 58,1 wird das ganze Stück 58,1–12 zu einer prophetischen Mahnrede an Jhwhs Volk stilisiert. Der Auftrag an den Propheten nennt parallel עמי und בית יעקב, wobei mit diesen Bezeichnungen die Allgemeinheit des Volkes gemeint sein wird. Parallel kommen die zwei Begriffe noch in Jes 2,6 vor. Dort wie hier ist mit dem doppelten Ausdruck das ganze Volk gemeint. Steck hat sicher Recht, dass mit dieser Begrifflichkeit nicht die „Bewohner oder Nachkommenschaft des ehemaligen Nordreichs" gemeint sind, sondern das „auf Zion (60,16bβ) bezogene Gottesvolk (58,1) im ganzen".[32] Was in den Augen des Verfassers für die Verwendung des Titels בית יעקב als Synonym für das Gottesvolk spricht, kann nur vermutet werden. Möglicherweise ist בית יעקב einfach diejenige Bezeichnung für das *ganze* Volk, die בית ישׂראל am nächsten liegt, nachdem für TrJes der Titel ישׂראל oder בית ישׂראל aus ungeklärten Gründen nicht in Frage kommt.

Die Adressaten in 58* werden allein durch die Kritik an ihrem Handeln charakterisiert. Dieser Kritik ist zu entnehmen, dass sie Gott täglich suchen (ידרשׁון), wünschen, die Wege Jhwhs zu wissen (ודעת דרכי יחפצון), nach Satzungen der Gerechtigkeit fragen (ישׁאלוני משׁפטי־צדק) und sich das Nahen Gottes[33] wünschen (קרבת אלהים יחפצון) [V. 2]. In V. 1 geht es um das Volk Jhwhs (עמי), parallel dazu ist in V. 2 von *einem* Volk (גוי) die Rede. Die geschilderten Handlungen könnten auf eine priesterliche Gruppierung hinweisen. So argumen-

---

gischen Zeitpunkt zu betrachten (wegen der Ähnlichkeit mit יום יהוה), da er vielmehr auf einen Festtag hindeutet. Zur Funktion der Lichtmetaphorik siehe S. 40.

[32] STECK, Studien, 181 Anm. 53; 190 Anm. 19.

[33] Das Verständnis des Status constructus קרבת אלהים entweder als gen. obj. oder subj. ist kontextabhängig und kann darum nicht als Argument für das Verständnis des Kontextes gebraucht werden (gegen. LAU, 243).

tiert Hanson[34], weil er „Erkenntnis der Wege Jhwh", „suchen" (דרש) und „sich Jhwh nähern" als *termini technici* der Kulthandlungen betrachtet, was aber keineswegs zwingend ist. Es gibt Belege dafür, dass diese Redewendungen auch Laien einschließen:

> Die Erkenntnis der Wege Jhwhs (...דעת דרכ) begegnet noch in Hi 21,14 und Ps 67,3. In Hi[35] geht es an der genannten Stelle generell um die Gottlosen, die die Erkenntnis der Wege Gottes ablehnen. In Ps 67 sollen die ganze Erde und alle Völker zu dieser Erkenntnis kommen. Der Ausdruck „Satzungen der Gerechtigkeit" (משפטי צדק) begegnet nur noch in Ps 119 [4-mal], wo Gott jedoch nicht befragt wird. In Verbindung mit שאל kommt der Begriff sonst nicht vor. Der Ausdruck קרבת אלהים ist außer in Jes 58,2 nur noch in Ps 73,28 belegt, wo ähnlich wie in Jes 58 das „Nahen Gottes" begehrt und gewünscht wird. Es besteht auch hier kein Grund, im Beter einen Priester zu sehen. Die Wendung „Suchen Jhwhs" (דרש) scheint nicht für das Kultpersonal reserviert zu sein. Der Begriff דרש, bezogen auf die Suche nach Jhwh, spielt in PrJes und DtJes eine bedeutende Rolle. Vor allem dort ist der Hintergrund für sein Vorkommen in 58,2 zu suchen: Jes 9,12 redet von dem Volk, das *nicht* nach dem Jhwh der Heerscharen fragt (דרש). Unter „Volk" wird dort die ganze Nation verstanden, die von zwei Seiten angegriffen wird, von den Syrern und von den Philistern. Auch 31,1 äußert Kritik an all denen, die in einer Kriegssituation Jhwh nicht suchen (=befragen). Schließlich beinhaltet Jes 55,6 die Aufforderung, Jhwh zu suchen, „solange er nahe ist". Auch sie scheint sich an die Allgemeinheit zu richten.

Aufgrund von Jes 58,2 haben wir es mit Menschen zu tun, die einer Volkselite angehören und sich für die Jhwh-Religion einsetzen. V. 3, mit der Frage nach dem rechten Fasten, bestätigt diese Erkenntnis. Aus V. 3–7 geht hervor, dass die Angesprochenen auch sozial eine bedeutende Stellung in der Gesellschaft haben. Sie sind Arbeitgeber und Sklavenhalter; sie sind in der Lage, den Armen Obdach und Brot zu bieten. V. 9 deutet noch zusätzlich auf den Einfluss hin, den diese Gruppe durch ihr Reden ausüben kann. Dennoch fehlen in diesem Text jegliche Anzeichen für eine parteiartige Spaltung in Reich und Arm. Vielmehr steht hier diese Elite für die Allgemeinheit und vertritt sie.

> Eine weitere Bestätigung der These, dass die Adressaten der prophetischen Kritik als „ganzes Volk" aufzufassen sind, kommt aus dem Vergleich mit den traditionellen opferkritischen Aussagen. Jes 58* knüpft dem Stil nach an Jes 1,10–20, die Opferkritik von Hos 6,6 und von Ps 50 an. Dabei fällt aber auf, dass das Fasten nur in Jes 58 zum alleinigen Thema wird. In Jer 14,12 werden hingegen das „Fasten und Flehen" (רנה) samt der „Brandopfer und Gaben" von Jhwh verworfen. Auch dies muss gegen Hanson betont werden, weil die These, dass es in Jes 58 um eine Priesterkritik geht (s.o.), damit noch unwahrscheinlicher wird.
>
> Für eine reine „Fastenkritik" ist Sach 7 zu vergleichen. In Sach 8,18f. haben wir möglicherweise die ursprüngliche Antwort auf die Frage nach dem Fasten im fünften Monat. Die paränethischen Stücke 7,4–8,16 muten als Erweiterungen an, und doch schaffen ge-

---

[34] HANSON, 109.
[35] Hi weist viele Parallelen zu Jes 58 auf: vgl. Hi 11,13–19; 14,15; 22,6–11.

rade sie den mit Jes 58 vergleichbaren Gegensatz: Fasten – soziale Gerechtigkeit. In Sach 7 werden zunächst „die Priester und die Propheten" (V. 3) als die zuständige Instanz in der Frage des Fastens angesehen. Die Antwort aber kommt von Jhwh durch den Propheten Sacharja, und die Priester spielen bei deren Übermittlung keine Rolle; sie gehören zu den Empfängern der prophetischen Anordnung. Der Prophet wendet sich an „alles Volk des Landes und an die Priester" (V. 4). Somit sind die Fastengebote in Sach 7f. nicht für die Priester allein gedacht, sondern für einen breiteren Kreis des Volkes. Auch dies spricht gegen die Einschränkung des Adressatenkreises von Jes 58 auf die Priester.

Fazit

Das Volk in Jes 58* bildet ein Ganzes. Die angesprochene Elite steht in diesem Text für das ganze Volk Jhwhs. Das fortgesetzte oder wieder aufgenommene Fasten ist ein Zeichen, dass die von Jes 60–62 geschilderte Ära noch nicht eingetreten ist – die Fastenden setzen sich zum Ziel, die Aufmerksamkeit Jhwhs zu wecken und ihn für ihr Anliegen zu gewinnen. Ihre Absicht kann vielleicht auf dem Hintergrund von Jes 62,6b–7 verstanden werden: *Die ihr Jhwh erinnert, bleibt nicht ruhig und lasst ihm keine Ruhe, bis er Jerusalem aufrichtet, und bis er es macht zum Ruhme auf Erden.* Das Fasten ist ein Ausdruck der Buße, aber auch des Ringens um eine Intervention Gottes.[36] Das Fasten soll Gott unter Druck setzen, damit er das Versprochene herbeiführt. Die Verheißungen von Jes 60–62 sind ein Bild für die ersehnten gesellschaftlichen Veränderungen.[37] Dennoch stellt die prophetische Antwort keinen Eingriff Gottes in Aussicht, sondern verlangt von den Menschen, dass sie handeln und beginnen, das „Erwartete" durch Werke der (sozialen) Gerechtigkeit in die Tat umzusetzen.

---

[36] Vgl. David in 2.Sam 12,21–23.

[37] Dazu gehören u.a. die Rückkehr aus der Vertreibung, die Unterwerfung der Feinde, Frieden und Gerechtigkeit als „Wache" über das Land (60,17), ein Volk von lauter Gerechten (60,21). In Jes 61,1–3 wird versprochen: den Elenden frohe Botschaft, denen die „gebrochenen Herzens" sind, Heilung, den Gefangenen Befreiung, den Trauernden Trost. Ferner werden dem ganzen Volk Reichtümer der fremden Völker und eine überlegene Rolle gegenüber den Ausländern zugesagt.

V. Jes 63,1–6: Das Gericht über die Völker

Jes 63,1–6 besteht aus einer doppelten Abfolge von Frage und Antwort. Die in dieser Passage vorausgesetzte Redeform wurde von Westermann[1] als „Erkundigung des Wächters" oder „Postenfrage" bestimmt. Der Ankömmling ist ein Einzelner und ist Sieger über Edom. Er kehrt vom Schlachtfeld zurück und gibt sich als Jhwh zu erkennen.

Verhältnis zu Jes 60–62

M.E. lässt sich das Stück 63,1–6 am besten als eine Ergänzung von Kap. 60–62 verstehen. Es vertritt zwar eine von Jes 60–62 abweichende Vision der Völkerwelt (in Jes 60–62 wird trotz der Unterwerfung der Fremden deren Fortbestehen und eine friedliche Existenz geweissagt) und stammt kaum von der gleichen Hand,[2] aber die Grundpolarität von Jes 60–62 bleibt die gleiche: Heil für Jhwhs Volk und Unterwerfung der Völker. Unter der Überschrift „Sieg über die fremden Mächte" können in der Prophetie des Alten Testaments sowohl Visionen friedlichen Zusammenlebens als auch Prophezeiungen blutiger Rache an den Völkern stehen. Das erstere entspricht der Optik von Jes 60–62, das letztere der von 63,1–6.

Wenn Jes 63,1–6 als eine Ergänzung zu Jes 60–62 gedacht wurde, muss man nach der Absicht des Ergänzers fragen. Die Möglichkeit, dass der Verfasser von 63,1–6 die Vernichtung Edoms als eine Erfüllung der Prophetie von Jes 60–62 darstellen wollte, liegt nahe. Dabei bietet 60,12 den nötigen Anknüpfungspunkt, weil dort den dienstunwilligen Völkern der Untergang prophezeit wurde. Die ursprüngliche Prophetie Jes 60–62 wird dadurch „aktualisiert", bzw. „erfüllt", dass der Feind ausgerottet wird. Somit liefert 63,1–6 eine erste nachträgliche Erklärung, wie die Idealwelt von Jes 60–62 zustande kommen soll: das Heil Israels kann ohne Vernichtung des Feindes nicht kommen. Dass diese Vernichtung durch Jhwh allein vollzogen wird, verdient Beachtung, weil es sich vermutlich um eine Stimme in der Debatte um das „Wie" des Eintreffens von Jes 60–62 han-

---

[1] S. 302.

[2] Gegen HOLMGREN, 133–148. 148. Der Beitrag HOLMGRENS überbrückt die oft angenommene Kluft zwischen Jes 60–62 und 63,1–6 und ist für die weitgehenden literarischen und theologischen Übereinstimmungen zwischen diesen Textteilen zu konsultieren. M.E. trägt dennoch die Annahme einer nachträglichen Ergänzung zu Jes 60–62 den Ähnlichkeiten und den Differenzen besser Rechnung als HOLMGRENS These der gemeinsamen Verfasserschaft.

delt. Es muss betont werden, dass diese Stimme, welche das alleinige Werk Jhwhs betont, im Einklang mit der Sicht von Kap. 60–62 bleibt.

Die Bezugnahmen von Jes 63,1–6 auf 60–62 sind nicht gerade offensichtlich – ein Grund, warum Lau das Stück den „Einzelüberlieferungen" zurechnet und kommentiert: „Inhaltlich haben TrJes 60–62* und Jes 63,1–6 nichts miteinander zu tun".[3] Demgegenüber findet Koenen mehrere Aufnahmen von Stichwörtern und Themen aus Jes 60–62, insbesondere aus Kap. 62: Aus Jes 62,10–12 wird in 63,1 ישע entwickelt; „Mit להושיע und צדקה wird in 63,1–6 der die Kap. 60–62 beherrschende Gedanke vom eschatologischen Heil Jerusalems aufgenommen"; eine Anknüpfung an 62,12 (גאולי יהוה) wird in 63,4 festgestellt.[4] Gegen die von Koenen angeführten Argumente ist nichts einzuwenden, außer dass die Stichwortverbindung zu Jes 61,2 (יום נקם), wie Steck aufzeigt, nicht als ursprünglich angenommen werden kann. Vielmehr ist sie das Resultat einer nachträglichen Abstimmung von Jes 61 auf das bereits angeschlossene Stück 63,1–6.[5] Aber dadurch ist die Entsprechung zwischen der Perspektive von Jes 61 (keine Feinde im Blick) und der von 63,1–6 (die Feinde sind vernichtet) nicht weniger groß. Der Folgerung Koenens kann ich nur zustimmen: „All diese Aufnahmen von Jes 60–62 deuten darauf, dass Jes 63,1–6 im Hinblick auf Kap. 60–62 verfasst wurde".[6] Es gibt noch einen weiteren wichtigen Grund, einen Bezug von 63,1–6 auf Jes 60–62 anzunehmen: Im Gedicht Jes 63,1–6 fehlt eine positive Entsprechung zum Gerichtshandeln Gottes völlig.[7] Wäre dieser Text unabhängig von Jes 60–62 geschrieben worden, wäre seine Einseitigkeit beispiellos in TrJes. Wenn das Heil für Jhwhs Volk im Gedicht 63,1–6 mitgemeint ist, wird dieser Gedanke nur aufgrund der Nachbarschaft zu Kap. 60–62 verständlich.[8]

Schließlich muss vermerkt werden, dass sich in 63,1–6 keine Verbindungen zu anderen Teilen von TrJes* feststellen lassen, außer zu Kap. 59. Die Verbindungen zwischen Jes 63,1–6 und Jes 59,15b–20 sind bedeutsam und wurden oft kommentiert.[9] Aus typologischen Gründen ist dennoch Jes 63,1–6 vor 59* zu plazieren. Dies wird nach der Besprechung von Kap. 59 deutlich.

---

[3] LAU, 281.

[4] Vgl. KOENEN, Ethik, 82–83; vgl. dort noch weitere mögliche Entsprechungen zwischen Jes 62 und 63,1–6.

[5] STECK, Studien, 116–118.

[6] Ethik, 83.

[7] Das Fehlen der positiven Seite betont WESTERMANN (303), auch angesichts von V. 1b.

[8] Die Behauptung, dass Jes 63,1–6 im Hinblick auf Jes 60–62 entstanden ist, schließt die oft hervorgehobenen Bezüge zu Jes 34 nicht aus. Zum Bezug auf Jes 34 vgl. VERMEYLEN, Du prophète, 490; STECK, Heimkehr, 50ff.

[9] Für ein Résumé der diesbezüglichen Diskussion s. KOENEN, Ethik, 83.

Das Volk nur implizit erwähnt

„Typologisch" betrachtet ist die in Jes 63,1–6 vorausgesetzte Auffassung des
„Gottesvolkes" archaisch.[10] Man kann hier nur von einer vorausgesetzten Auffassung reden, weil, wie vermerkt, die positive Seite in Jes 63,1–6 fehlt und das
Jhwh-Volk nicht in Erscheinung tritt. Ist das Volk durch den Fragestellenden
verkörpert? Sofern die Szene eine „Postenfrage"[11] schildert, kommt Jhwh an das
Stadttor, und folgerichtig ist an das „Volk der Stadt" und seine Wächter zu
denken, was wieder mit Jes 62,6 harmoniert (*Über deine Mauern, Jerusalem,
habe ich Wächter bestellt*).

Die Vorstellung der Völkerwelt in 63,1–6 lässt sich von DtJes kaum unterscheiden, besonders in den Texten, die den Triumph Jhwhs schildern (vgl. z.B.
Jes 47: Babels Fall). Auch 49,25f. (Rache an den früheren Peinigern Israels) hat
eine ähnliche Aussage wie 63,1–6. Da Jes 49 das wichtigste Vorbild für Jes
60–62 ist, entspricht der Standort des kleinen Zusatzes (49,25f.) der Position
von 63,1–6. Dieser Zusatz könnte die Idee für 63,1–6 gegeben haben. Weitere
Bezüge zu DtJes fehlen, abgesehen davon, dass im Wortlaut von Jes 63,5
(ואבּיט אין עזר ואשתומם ואין סומך)   Jes 41,28a   (וארא ואין איש ומאלה ואין יועץ)
anklingt.[12]

Die Benennung des Feindes lässt an die klassischen Völkerorakel denken,
welche sich jeweils gegen konkrete Feinde Israels richten. Dies bleibt bedeu-
tungsvoll, auch wenn wir es wahrscheinlich nicht mehr mit einem typischen Völkerorakel zu tun haben. In Jes 63,1–6 steht der Ausspruch gegen Edom isoliert,
und die Strafe wird nicht begründet, sondern lediglich geschildert. Außerdem
nennt V. 6 nicht mehr Edom als das bestrafte Land, sondern spricht in der
Mehrzahl von den „Völkern" (עמים). Diese Inkonsequenz deutet darauf hin,
dass „Edom" in V. 1 synekdochisch oder exemplarisch gebraucht wird. De
Lagarde hat beobachtet, dass die Konsonanten der Wörter „Edom" und „Bosra"
im Zusammenhang von Jes 63,1 auch einen anderen Sinn ergeben als durch die
masoretische Tradition festgelegt. De Lagarde fühlt sich durch seine Entdek-
kung zu einer Korrektur von 𝔐 veranlasst, was nicht ohne weiteres akzeptiert
werden muss.[13] Die Ähnlichkeit von אֱדוֹם (Edom) mit אָדֵם (rot) und בְּצָרָה

---

[10] WESTERMANN macht auf mythische Züge und Vorstellungen dieses Gedichts aufmerksam,
304.

[11] S.o. 48.

[12] Zu Jes 63,1–6 als einem nachexilischen Ausdruck der „Damn-Edom theology" vgl.
CRESSON, 140.

[13] Die „geniale Korrektur" von DE LAGARDE (Ausdruck WESTERMANNS) vermag nicht zu
überzeugen: DE LAGARDE las מְאָדָם statt מֵאֱדוֹם (𝔐) und מִבָּצֵר statt מִבְּצָרָה (𝔐) und übersetzte:
„Wer ist's, der da kommt gerötet, röter die Kleider als ein Winzer?" Diese Korrektur lässt die
Namen von Edom und Bosra als sekundär verschwinden, was Angesichts der wichtigen Parallelen
nicht zwingend ist (Jes 34,6; Jer 49,13.22; Am 1,12: überall zusammen mit „Edom", überall wird
Bosra bestraft und zerstört). Aus verschiedenen Gründen wird der Vorschlag DE LAGARDES von den

(Bosra) mit בֹּצֵר (Winzer) bleibt dennoch beeindruckend, weil jeweils beide Teile der Entsprechung im Zusammenhang von Jes 63,1–6 wörtlich (rot) oder sinngemäß (Winzer) vertreten sind. Dies ist kaum das Resultat eines Zufalls. Vielmehr ist es ein bewusst eingesetztes Stilmittel der Zweideutigkeit, das die Gültigkeit des Gedichts über eine Abrechnung mit einem der Erzfeinde hinaus erweitert, weil der Name „Edom" und der seiner Hauptstadt Bosra zu einer Chiffre für das blutige Gericht an den Völkern (Weinernte) wird.

Wenn es in Jes 63,1–6 nicht spezifisch um Edom geht, stellt sich gleichwohl die Frage, warum Edom überhaupt genannt wird. Diese Tatsache kann als Zeichen dafür gedeutet werden, dass das Völkergericht, das alle Völker bzw. alle Feinde *en bloc* trifft, literarisch noch nicht etabliert ist.

Fazit

Der Sinn und Zweck der Ergänzung von Jes 60–62 mit dem Stück 63,1–6 ist deutlich: Der Idealismus und der Pazifismus der Zukunftsvisionen erhalten hier einen Kontrapunkt. Es wird quasi am Rand vermerkt, wie das ausführlich geschilderte Glück des Gottesvolkes realisierbar werden kann. Der „Realismus" dieses Verfassers verlangt, dass das Gericht über die Feinde des Gottesvolkes nicht verschwiegen wird. Vermutlich ergreift er das Wort, weil er sich durch die Verzögerung des erwarteten Heils genötigt fühlt, eine Erklärung für diesen Stand der Dinge zu liefern. Wenn dem so ist, ist seine Erklärung unmissverständlich klar: Die Heilsprophetie für Jerusalem wird sich erst erfüllen, wenn seine Feinde besiegt sind.

Anders als Jes 58*, das auch eine Verzögerungserklärung gibt, sieht Jes 63,1–6 die Ursache des Übels außerhalb des Gottesvolkes und den Handlungsbedarf allein bei Jhwh. In beiden Punkten hat der Verfasser von Jes 58* eine andere Meinung.[14]

---

meisten Exegeten abgelehnt. Vgl. CHEYNE, (352), VOLZ (261), WESTERMANN (303), SEKINE (146), KOENEN (78), LAU (280), WATTS (316).

[14] Bezüglich der Entstehungsreihenfolge 58* → 63* oder 63* → 58* wird hier kein Urteil gefällt. Beide Möglichkeiten scheinen mir plausibel.

VI. Jes 63,7–64,11:
Das Gottesvolk: eine Fiktion der Einheit?

A. Zur Perikope

Dieser lange Textpassus stellt im wesentlichen eine einheitliche Komposition dar. Die Versuche, innerhalb dieses Klageliedes mehrere redaktionelle Schichten zu eruieren, haben nicht zu überzeugenden Resultaten geführt. Die vierschichtige Struktur von Pauritsch wurde durch I. Fischer einleuchtend kritisiert.[1] Der Vorschlag einer Zäsur zwischen Jes 63,14 und 15[2] muss ebenfalls mit Fischer abgelehnt werden.[3] Das „Klagelied" 63,7–64,11 lässt sich dennoch in folgende Sinneinheiten unterteilen:[4]

63,7–14: Der Sprecher denkt an die Ruhmestaten Jhwhs zugunsten seines Volkes, des Hauses Israel und preist Gott (V. 7). Rettung und Erlösung waren allein Jhwhs Werk (8f.). Es folgte die Zeit der Rebellion und als Konsequenz die Strafe (V. 10). Die Strafe rief die Erinnerung an Mose und die Taten Jhwhs an dessen Seite wach (V. 10–14).

63,15–16: Der Sprecher wendet sich direkt an Gott und bittet ihn um seine Zuwendung und um rasches Eingreifen (V. 15). Die Feststellung des Beters „Du bist unser Vater" gewinnt ihr ganzes Gewicht dadurch, dass er gleichzeitig die Bedeutung der Urväter für die Gegenwart des Volkes in Frage stellt: „Abraham weiß ja nichts von uns, und Israel kennt uns nicht."

63,17–64,4a: Der Beter klagt über das Schicksal seines Volkes und macht Jhwh für die Fehler des Volkes und die Konsequenzen dieser Fehler verantwortlich. Er bittet Jhwh, wieder gegen die Völker aufzutreten. Die Feinde Jhwhs setzt er dabei mit den Völkern gleich (64,1).

64,4b–7: Es folgt ein Sündenbekenntnis, abgelegt in der „Wir-Form", im Namen aller.

---

1 FISCHER, 69, 74.
2 Gegen MORGENSTERN, Isaiah 63.7–14, 197; PAURITSCH, 170f. KUNZMANN, 25f.
3 FISCHER, 47–57; 73ff.; 205–251.
4 Für eine Zusammenstellung anderer Gliederungsvorschläge s. SEKINE, 149.

64,7–11: Der letzte Teil beginnt mit einem erneuten Bekenntnis zu Gott als Vater und Schöpfer des Volkes und mit dem Flehen um die Umkehrung des Zorns. Eine Schilderung der tristen Lage in Juda mündet in der rhetorischen Frage an Gott, ob er all das Geschilderte dulden wolle. Mit dieser unbeantworteten Frage endet das Gebet.

B. Verhältnis zu Jes 63,1–6

Zweifellos muss 63,7ff. von 63,1–6 abgesetzt werden. Dies lässt sich vor allem an der Tatsache erkennen, dass die zwei Stücke von unvereinbaren Voraussetzungen ausgehen. Während 63,1–6 über die Vernichtung von Edom[5] und der Völker berichtet, ist 63,7ff. im wesentlichen eine Bitte um Befreiung von den Feinden. Der gemeinsame Nenner „Befreiung von den Feinden" ist zwar ersichtlich, aber der Anschluss an 63,1–6 (Triumph Jhwhs über den Feind, gefolgt von der Bitte um Befreiung von den Feinden) ist schwer verständlich. Auch die Position des Gebets 63,7ff. nach der Prophetie von Jes 60–62 bereitet Schwierigkeiten. Es muss deshalb nach Gründen für diese Abfolge gefragt werden.

Gegen Lau, der zwischen 63,7–64,11 und 63,1–6 „überhaupt keine einleuchtende Beziehung" sieht,[6] zieht sich neben dem Thema der „Befreiung von den Feinden" ein zweiter roter Faden durch alle Textteile von 63,1 bis 64,11 hindurch, nämlich das Motiv «Jhwh allein»:[7]
- 63,3: Jhwh hat die Kelter allein (לבדי) getreten, und von den Völkern stand ihm niemand bei (אין איש אתי).
- 63,5: Jhwh hat keinen Helfer gehabt (ואביט אין עזר ואשתומם ואין סומך).
- 63,9: Jhwh hat sein Volk nicht durch einen Boten oder Engel gerettet, sondern persönlich (פניו הושיעם). In seiner Liebe und seinem Erbarmen erlöste er die Seinen.

Dieser Vers ist textkritisch schwierig. Hier wurde zugunsten des nach ⑥ gelesenen Ketib entschieden: οὐ πρέσβυς οὐδὲ ἄγγελος, ἀλλ᾽αὐτὸς κύριος ἔσωσεν αὐτούς. Barthélemy betrachtet diese Lesart als weniger wahrscheinlich als das masoretische Qere (mit לו anstelle von לא), aber die „anthropopathische Aussage",[8] die daraus resultiert, scheint mir schlechter dem Zusammenhang zu entsprechen als die von ⑥. Sollte dennoch mit Barthélemy der Lesart des masoretischen Qere Vorrang gegeben werden, wäre die Betonung der „alleinigen Zuständigkeit Jhwhs für sein Volk" weniger stark, aber die

---

5　Dieses Land steht dort wahrscheinlich stellvertretend für alle Feinde Israels, s.o. 50.

6　LAU lässt dabei „die banale Tatsache […], dass in beiden Texten vom Gericht Jahwes die Rede ist", bewusst beiseite (286). Ob diese Tatsache nun banal ist oder nicht – sie ist anscheinend augenfällig. Welche Rolle sie im Redaktionsprozess gespielt hat, muss sich noch erweisen.

7　Das Motiv «Jhwh allein» erscheint wieder in Kap. 59 (V. 16) und ist dort als Bezugnahme auf 63,1–6 zu verstehen.

8　BARTHÉLEMYS (437) Wiedergabe des Qere: „En toutes leurs afflictions c'est lui qui était affligé, et l'ange de sa face les a sauvés."

Aussage über das höchstpersönliche Engagement Jhwhs (bis hin zum Mitleiden mit seinem Volk) bliebe unberührt. Dies ist besonders angesichts des Darauffolgenden in V. 9b deutlich.

- 63,9b: Er hob sie empor und trug sie alle Tage der Vorzeit.
- 63,10: Jhwh selbst hat wider sein Volk gestritten.
- 63,14: Summarisch: Jhwh hat sein Volk geleitet.
- 63,16: Jhwh allein ist Vater – die Urväter Abraham und Israel sind es nicht!
- 63,17: Jhwh ist derjenige, der auch für die Irrwege seines Volkes und das Verhärten von dessen Herzen verantwortlich ist (ein radikaler Monotheismus).
- 64,3b: Jhwh ist der einzige unter den Göttern, der sich selber der Seinen annimmt (was ein klares Bekenntnis zum Prinzip „Jhwh allein" ist: עין לא־ראתה אלהים זולתך יעשׂה למחכה־לו).
- 64,6bβ· Jhwh hat das Volk der Macht seiner Schuld übergeben.
- 64,7: Gott wird erneut „unser Vater" genannt, hier nicht im Gegensatz zu den Urvätern, sondern im Zusammenhang mit der Vorstellung eines „Bildners" (ואתה יצרנו); das Volk ist „Ton" und „Werk" seiner Hand.

Zwar erfordert dieses Bild an und für sich keine Ausschließlichkeit des Schöpfergottes; es ist aber in DtJes (bes. Jes 44f.) und Jer 18,1–17 in der Götzenpolemik zu Hause und legt die Assoziation mit der „monotheistischen Apologetik" nahe.

Wie aus dieser Zusammenstellung hervorgeht, ist in 63,1–64,11 der Grundsatz „Jhwh allein" durchgehend präsent. Es werden auch Aussagen nicht gescheut, die in der Moderne unausweichlich zu Theodizeeproblemen führen mussten: Jhwh allein wird für das Gute und das Böse, das dem Volk widerfährt, verantwortlich gemacht.[9] Zu bemerken ist auch die bewusste Relativierung – oder sogar Bestreitung – der Rolle menschlicher Heilsvermittler. Dies ist vor allem in Jes 63,16 deutlich, aber auch im Jes 63,11–14 erscheint Mose trotz der Aufnahme der Auszugstraditon nur am Rand.[10] Diese Akzentuierung korrespondiert bestens mit dem Hauptanliegen von 63,1–6.

Reicht dies aber, um eine Abhängigkeit des Gebets von Jes 63,1–6 behaupten zu können? Steck erwägt die Möglichkeit, dass die Position des Gebets 63,7ff. durch die Anlage von Kgl beeinflusst worden ist.[11] Die wichtigste Frage in diesem Zusammenhang muss aber neu gestellt werden: wie lässt sich die Position

---

[9]   Es gibt zu diesen „horrenden" (Ausdruck STECKS) Aussagen keine Parallelen aus der Nationalklagetradition, STECK, Studien, 237f. Anm. 52. Wenn dem so ist, sprechen sie umso deutlicher für die These, dass sie ein Bestandteil des für diese Passage typischen Motivs „Jhwh allein" sind.

[10] Die Erwähnung von Mose in V. 11 ist schon textlich problematisch. 𝔐 (משׂה עמו) ergibt keinen Sinn, und diese zwei Worte fehlen in 𝔊. Die Abänderung zu משׂה עבדו, wie es S tut, „lag in der Luft" (BARTHÉLEMY, 438) und ist nicht überzeugend. Unabhängig von der textkritischen Lösung agiert Mose weder in V. 11 noch in V. 12 – seine Rolle ist in beiden Versen passiv.

[11] Die Aussage gegen Edom Kgl 4,22b entspreche so Jes 63,1–6; die Heilsweissagung für Zion ist in Kgl 4,22a enthalten, Studien, 242.

dieses Gebets nach Jes 63,1–6 und nach Jes 60–62 verstehen? Einem Versuch, diese Frage zu beantworten, muss eine Betrachtung des Verhältnisses zwischen der vorliegenden Volksklage und Jes 60–62 vorangehen.

C. Das Verhältnis zu Jes 60–62

Elliger[12], Bonnard[13], Koenen[14], Fischer[15], Steck[16] u.a. verweisen auf literarische Bezüge zwischen 63,7ff. und Jes 60–62. Zu den wichtigsten gehören folgende Stichwortbezüge:[17]

תהלות ist ein seltenes Wort, das in TrJes nur in 63,7 und 60,6 begegnet.

בית תפארתנו in 64,10 verweist auf 60,7 בית תפארתי; (vgl. 60,13). In beiden Textkomplexen wird der Begriff „Verherrlichung" mit dem Tempel assoziiert, in 63,15 auch mit der himmlischen Wohnung Jhwhs.

Von בית קדשנו (64,10aα) kann ein Bezug auf חצרות קדשי (62,9bβ) bestehen.

עם־קדש (63,18) kommt außer in Dan 12,7 nur noch in 62,12 vor.[18]

מעשה יד verbindet 64,7 mit 60,21.

Das Verb חשה und das Thema des Schweigens verbinden 64,11 und 62,1–7.

Trotz dieser Berührungen sind die Unterschiede zwischen Jes 63,7–64,11 und 60–62 groß. Das Gebet 63,7ff. greift in seinen Vorstellungen weit in die Vergangenheit zurück und drückt die Hoffnung auf eine Erneuerung der Gnadenzeit aus. Aber die Zeit der Gnade wird nicht mit den Farben von Jes 60–62 gemalt. Es ist keine Rede von Reichtum und Wohlstand oder von der Unterwerfung der Feinde durch die Israeliten. Es wird einzig das Eingreifen Gottes erbeten, welches die Aufhebung der gegenwärtigen Misere bewirken kann. Die Hoffnung dieses Textes könnte man mit „back to the past" zusammenfassen, was der Perspektive von Jes 60–62 nicht entspricht. Die Vision von Jes 60–62 geht weit über die herrliche Vergangenheit hinaus, auch wenn bei der Formulierung dieses Zukunftstraums Vorstellungen von der salomonischen Epoche eine Rolle gespielt haben mögen. Für Jes 63*/64 aber ist die ideale Epoche die von Mose, nicht die der Monarchie. Dementsprechend ist in diesem Text nicht der

---

[12] Einheit, 30ff.

[13] S. 444 (Bezüge zu Jes 62).

[14] Ethik, 158.

[15] Wo ist Jahwe?, 102, 262–265.

[16] Studien, 239–241.

[17] Dass LAU all diese Bezüge pauschal als „vermeintliche Querverbindungen" (287) abtut, wiegt insofern nicht schwer, als er selbst keine Erklärung der Position von 63,7ff. geben kann, abgesehen von der, welche er durch das Einordnen dieses Stücks in die Kategorie „Einzelüberlieferungen" liefert.

[18] Dieser Ausdruck ist in Jes 63,18 durch eine Textunsicherheit belastet. In 𝔊 erscheint an der Stelle des „heiligen Volkes" der „heilige Berg". Die Korrektur von 𝔐 ist aber nicht nötig. Vgl. BARTHÉLEMY, 444f.

Wunsch nach Macht und Selbstbehauptung herauszuhören, sondern vielmehr das
Verlangen nach Befreiung und die Sehnsucht nach einem unmittelbaren, unge-
störten Verhältnis zu Jhwh.

Die Verknüpfung dieses Gebetes mit den Kernkapiteln 60–62 scheint deshalb
über 63,1–6 vermittelt zu sein.

D. Die Position von Jes 63,7ff.

Trotz dem bereits vermerkten Widerspruch zwischen dem Siegesbericht über die
Feinde 63,1–6 und der Bitte um Befreiung von den Feinden im darauffolgenden
Abschnitt liefert m.E. gerade das Stück 63,1–6 das nötige Bindeglied für den
Anschluss des Klagegebets an die Vision Jes 60–62. Wenn dem Verfasser der
Klage 63,7ff. die Stücke Jes 60–62 und 63,1–6 bereits vereinigt vorlagen, gehörte
das Edom-Orakel (63,1–6) zur Vision der glorreichen Zukunft und interpretier-
te diese in einer bestimmten Perspektive. Die Fortschreibung „im Hinblick auf
Jes 60–62", die ich als Arbeitshypothese für die Entstehung von TrJes* angenommen habe, erstreckt sich im Fall von 63,7ff. deutlich auf 63,1–6 und konzentriert sich vielleicht sogar auf dieses letzte Stück. Es ist Steck zuzustimmen,
dass die Abfassung von 63,7ff. einen außerliterarischen Grund voraussetzt, wahrscheinlich eine traumatische geschichtliche Erfahrung.[19] Bei Steck entspricht die
literarisch schwierige Reihenfolge Jes 60–62; 63,1–6; 63,7ff. im wesentlichen der
Chronologie der Abfassung.[20] Dass diese Reihenfolge mit der Abfassungschro-
nologie übereinstimmt, wird auch in der vorliegenden Studie angenommen.
Zugleich aber wird hier vorgeschlagen, in Jes 63,7ff. eine erste Auseinandersetzung mit Jes 60–62 (+ 63,1–6) zu sehen, weil diese Texte zu gegebener Zeit als
eine *failed prophecy*[21] erscheinen mussten. Das Stück 63,1–6 spielt dabei eine
doppelte Rolle: Einerseits ist es Teil der unerfüllten Prophetie und Quelle der
„kognitiven Dissonanz"[22]. Andererseits bestimmt es weitgehend die Art der
Auseinandersetzung mit Jes 60–62, indem es einen Weg zur Realisierung von Jes
60–62 vorzeigt. Die „Lösung" von 63,1–6 besteht in der Beseitigung der feindli-
chen Völker durch Jhwh allein. Genau das wünscht sich 63,7ff. In diesem Zusammenhang ist noch eine Vermutung zu äußern: Ohne das Bindeglied 63,1–6
hätte das Gebet den Platz nach 60–62 nicht einnehmen können, weil das in ihm
geschilderte Schicksal des Volkes in keinem Verhältnis zu Jes 60–62 gestanden
hätte. So aber hat 63,1–6 ein „Zurückschrauben" der Zukunftserwartungen zur
Folge: von der Unterwerfung der Völkerwelt zur Befreiung von der fremden

---

[19] STECK nimmt an, es handle sich konkret um die Auswirkungen des Feldzugs Ptolemaios I.
im Jahr 302/301; vgl. Studien, 39f.; Abschluss, 29.

[20] Vgl. Abschluss, 196f.

[21] Im Sinne von CARROLL, s.o. 17.

[22] Zu diesem Begriff vgl. oben Einleitung, S. 17.

Macht. Damit kann das Klagegebet redaktionell die Rolle einer Fortsetzung von Jes 60–63,6 übernehmen.

E. Das Volk im Klagegebet

Wenn das Stück 63,7ff. oft als eine *Volks*klage bezeichnet wird, entspricht das der Selbstbezeichnung der Redenden als Jhwh-Volk (64,8). Dabei ist eine Kontinuität zwischen dem Volk der Vergangenheit und dem jetzt klagenden und betenden Volk vorausgesetzt (63,8.14.18; 64,8).[23] In 63,18 wird durch den Titel עַם־קָדְשְׁךָ nicht nur an 60,12 angeknüpft, sondern auch ein Stück Selbstverständnis vermittelt – mit einem diskreten Verweis auf die mosaische Epoche (Ex 19).

Dass bezüglich der zwei Pole von Gottesvolk und Fremdvölkern im Klagegebet 63,7ff. klare Verhältnisse herrschen, ist trotz Hansons These die verbreitetste Meinung.[24] Jhwhs Volk redet als ganzes, und seine Feinde sind zweifelsohne fremde גוים (ausdrücklich in 64,1). Was diese Sicht des Gottesvolkes von der in Jes 60–62 unterscheidet, ist nicht auf Anhieb klar.

Wenn das Volk Jhwhs in 63,7ff. den Anschein einer homogenen Größe erweckt, so liegt dies nicht nur an der traditionellen Begrifflichkeit, sondern vor allem an den expliziten Aussagen zum „Ganz-Sein". Die Schuld hat das ganze Volk auf sich geladen (64,5: „so wurden wir *alle* wie ein Unreiner"; *all* unsere Gerechtigkeit...; wir welkten *alle* hin...; 64,6: „es war *niemand*, der deinen Namen anrief"). Als gleichgestellte Geschöpfe Gottes (64,7 „wir *alle* sind das Werk deiner Hände") beanspruchen die Sprecher dieser Klage, „Jhwhs Volk" zu sein (64,8: „dein Volk sind wir *alle*"). Das dichte Vorkommen des Wörtchens כל (in 63*/64 9-mal) und die dadurch erzielte Betonung der Ungeteiltheit bedarf einer Erklärung.[25] Denn in der Regel wird ja nicht auf das Selbstverständliche der Ton gelegt, und so ist auch hier anzunehmen, dass diese Ungeteiltheit im Gegensatz zu Jes 60–62 nicht mehr vorausgesetzt werden kann, sondern ein angestrebtes Ideal darstellt.

Einen Hinweis auf die historische Gemeindesituation liefert hingegen die bereits weiter oben dargestellte emphatische Hervorhebung des Jhwh-allein-Prinzips. Auch hier ist nach geschichtlichen Motiven zu fragen, welche zur Formulierung dieses Prinzips geführt haben könnten. Da rein literarische Impulse

---

[23] 63,11 hat עמו, ist aber textkritisch sehr unsicher, vgl. oben 54 Anm. 10.

[24] HANSON, 92ff., sieht bereits in Jes 60–62 die ersten Anzeichen einer inneren Spaltung, welche in 63,7–64,11 bereits ein erschreckendes Ausmaß annehmen soll. Die Betonung der „Ganzheit", die in Jes 63,7ff. vorherrscht (dazu s. unten), bleibt dabei von HANSON unbeachtet.

[25] FISCHER hat das Wörtchen כלנו als eines der Leitworte des zweiten Textteils (63,15–19a) bezeichnet, aus dieser Beobachtung jedoch keine Konsequenzen gezogen. Vgl. ihre „Leitwortuntersuchungen", 76ff.

aus Jes 63,1–6 und Jes 60–62 (s.o.) sicher die Abfassung des Klagegebets 63,7ff. nicht ausreichend erklären, werden außertextliche Gründe in Betracht gezogen. Dabei bestehen grundsätzlich zwei denkbare Möglichkeiten:

1) Die Betonung darauf, dass Jhwh alleine handelt, hat eine antisynkretistische Spitze als Reaktion auf praktizierte Riten oder verbreitete Lehren;

2) Die Aussage dieser Textstücke ist „theokratisch" und „demokratisch". Sie ist vermutlich gegen eine Partei gerichtet, die sich als *die* Erbin der nationalen Traditionen und als Trägerin der Vollmacht Jhwhs auf Erden ansieht.

In beiden Fällen wird um die Ausschließlichkeit Jhwhs gerungen, weil jemand dieses Prinzip in Frage stellt. Für die 1. Möglichkeit sprechen die Stellen 64,3.7 („kein Gott außer Dir", „wir sind alle das Werk deiner Hände"), für die zweite vor allem 63,16 (Gott ist Vater, nicht Abraham oder Israel). Die restlichen lassen sich sowohl im Rahmen von 1. wie von 2. gut interpretieren. Für die 2. Möglichkeit spricht auch das andere gemeinsame Thema von 63,1–6 und 63,7–64,11, das der „Befreiung von den Feinden durch Jhwh". Die zwei Möglichkeiten lassen sich auch kombinieren: Überlieferungen aus verschiedenen Epochen stellen synkretistische Praktiken häufig als Treiben der Volksführer und anderer Eliten dar.[26]

So vertritt das Klagegebet 63*/64 das Ideal „eines ganzen Volkes mit einem einzigen Gott", allerdings aus einer Situation heraus, in welcher beides auf dem Spiel steht. Der Dichter des Klagegebets ist bestrebt, das nationale und religiöse Bewusstsein wieder wach zu rufen. Dieser Text steht theologisch voll zum Ideal des ungeteilten Volkes (und unterscheidet sich dadurch von einigen anderen trjes Perikopen), obwohl sich die Gefahr, der dieses Ideal ausgesetzt ist, bereits erahnen lässt. So weit wie Hanson darf man aber nicht gehen und den innerisraelitischen Konflikt bereits als voll ausgebrochen in dieses Kapitel hineinlesen.[27] Sollte Hanson recht haben, würde das bedeuten, dass die ausgegrenzte Minderheit mit der Betonung der „Ganzheit" nur sich selbst meint und sich als die einzige Erbin der Auszugsgeschichte versteht, was eine sehr unwahrscheinliche Annahme ist.

Wenn die obige Analyse zutrifft, ist Jes 63,7ff. TrJes weniger fremd als oft angenommen wurde, und auch der zeitliche Abstand zu den darauffolgenden Texten muss nicht sehr groß sein. Dies ist Volz[28], Pauritsch[29], Fischer[30] u.a. entgegen zu halten, die für dieses Stück ein exilisches Datum annehmen. Dagegen ist hier auf einige Indizien hinzuweisen, welche für einen engen historischen Zusammenhang zwischen TrJes* (im wesentlichen sicher nachexilisch) und 63,7ff. sprechen.

---

[26] Zu „assimilationistischen" Tendenzen in den regierenden Klassen vgl. M. SMITH, Palestinian Parties, *passim*.

[27] Vgl. oben 57 Anm. 24.

[28] S. 200.

[29] S. 219–226.

[30] S. 256; 282.

Die Betonung der Einheit des Volkes lässt auf eine Bedrohung schließen, die das „Zusammenhalten" notwendig macht. Diese Bedrohung kann verschieden aufgefasst werden: als ein nationales Problem (Gefahr der Spaltungen im Volk) oder als ein religiöses Problem (Synkretismus). Beide Probleme haben in TrJes eine Nachgeschichte.

Als Anzeichen einer tieferen Übereinstimmung (obwohl nicht im Sinne eines Querbezugs) mit den Anliegen des restlichen TrJes* kann die Sehnsucht von 63,11–14 nach der Zeit Mosis betrachtet werden. Eine solche Sehnsucht ist dort verständlich, wo die Last einer fremden Herrschaft unerträglich wird, aber auch dort, wo die Quelle des Übels mit den herrschenden Machtverhältnissen identifiziert wird. Die vormonarchische Epoche mit ihren provisorischen Kulteinrichtungen kann vielleicht ein Urbild für die israelitische „Demokratie" darstellen. Die Anliegen der Volkseinheit und Jhwhs Ausschließlichkeit finden sich in diesem Urbild vertreten.

In die gleiche Richtung weist die rätselhafte Distanzierung von Abraham und Israel in 63,16, also von der genealogischen Abstammung und Vaterschaft. Dieses Moment ist wichtig für das Jhwh-allein-Prinzip und fügt sich in die spätere trjes* Auseinandersetzung außergewöhnlich gut ein. Eine radikale Infragestellung der Genealogie und der physischen Vaterschaft kommt in Jes 66 und vor allem in 56,1–8 zum Ausdruck. Es wird weiter unten in dieser Arbeit gezeigt, dass diese Infragestellung eines der wichtigsten Anliegen von TrJes darstellt.[31]

---

[31] Demgegenüber zeugt die Gegenüberstellung von „(Gottes)Knechten" und „Feinden" (63,17f.), die vor allem für Kap. 65 typisch ist und erst dort mit Nachdruck ausformuliert wird, nicht von einer historischen oder ideologischen Gemeinsamkeit, sondern geradezu von einem radikalen Bruch.

VII. Jes 59:
Gericht über die Völker als Strafe für die Sünden des Gottesvolkes?

A. Zur Perikope

Dieser Perikope werden hier alle 21 Verse zugerechnet. Für die ansonsten oft in Frage gestellte Ursprünglichkeit von V. 5–8 hat Westermann ausreichende Argumente dargelegt.[1] V. 21 hebt sich von den V. 1–20 deutlich ab und bildet unmissverständlich eine Überleitung zu Jes 60–62. V. 21 als sekundär abzutrennen ist gerechtfertigt, aber nur, wenn auch das ganze Stück 59,1–20 nicht an seinem ursprünglichen Ort vor Jes 60–62 steht.[2] Auf die Frage nach der Position von Jes 59 wird unten eingegangen. Deutlich muss jedoch eine Zäsur nach V. 15a abgelehnt werden, weil das Sündenbekenntnis ohne Reaktion Jhwhs unvollständig wäre und auch das Stück 15b–20 nicht isoliert gedacht werden kann. Auch hier liefert Westermann traditionsgeschichtliche Argumente gegen die Trennung: Volksklage und Epiphanie gehören demnach auch in Ps 60 und in Jes 64,1–3 zusammen.[3]

Der Inhalt der Perikope sieht folgendermaßen aus: Die Rede setzt in V. 1 mit der Abwehr eines (vorausgesetzten) Zweifels am Heilswillen Jhwhs an. Wer diesen Zweifel hegt und warum, ist an diesem Punkt nicht klar. V. 2 erklärt die Ursache der Abwesenheit Gottes: die Sünde des angesprochen Volkes. In V. 3–4a wird die Anklage (in 2. Plural) konkreter formuliert. Zu den Anklagepunkten gehören: Blutvergießen, Unrecht, Lüge. Ab V. 4b bis V. 8 folgt eine metaphorische Schilderung des Frevels und der Frevler (in 3. Plural). In V. 9–11

---

[1] Vgl. 276. Dennoch verwundert MCKENZIES Meinung über die Einheitlichkeit von 59,1–20: „this poem, except for vs. 21, forms an obvious unity". Diese Selbstverständlichkeit wird weder durch die Materie selbst noch durch die Forschungsresultate vermittelt. 59,1–20 wird z.B. von ELLIGER, MUILENBURG, FOHRER und STECK als Einheit betrachtet; sie wird aber von VOLZ, VERMEYLEN, Du Prophète, KOENEN,Ethik, LAU und SEKINE abgelehnt.

[2] Vgl. den Vorschlag WESTERMANNS (280; 338), V. 21 nicht nur literarkritisch von 59,1–20 zu unterscheiden und ihn an den Schluss des Buches zu verschieben.

[3] S. 278.

kommen die Angeklagten zu Wort und beschreiben in einer „Wir-Aussage" die Konsequenzen des eigenen Frevels für ihr Leben. Dies führt die Redenden zu einem Sündenbekenntnis (V. 12–13), das sie in 1. Plural vor Gott ablegen. V. 14–15a schildern nochmals die Konsequenzen der Sünde. Darauf folgt ein Bericht über die Reaktion Gottes: Eine gewaltige Epiphanie Gottes und seine Vergeltung führen zur Wiederherstellung der Gottesfurcht. Für Zion bedeutet Gottes Erscheinung das Ankommen seines Erlösers (V. 20). V. 21 ist die Erklärung eines Bundesschlusses zwischen Gott und den hier nicht näher bestimmten Menschen.

B. Bezüge zu Jes 60–62

Inwiefern Kap. 59 im Hinblick auf 60–62 geschrieben worden ist und welche Funktion es in Bezug auf die Kernkapitel hat, muss zuerst anhand der einzelnen Bezüge untersucht werden.

Jes 59 ist durchwoben mit Zitaten und Wortbezügen, wobei Jes 60–62 nicht als die wichtigste Quelle für die Wortwahl und die Formulierungen erscheint. Trotzdem lassen sich in Jes 59 mehrere Verweise auf Kap. 60–62 erkennen.

Ein wichtiger Bezug besteht zwischen Jes 59,7 und 60,18. Die relativ enge Übereinstimmung im Wortlaut signalisiert eine literarische Abhängigkeit, aber inhaltlich sticht, wie in den meisten weiteren Verweisen auf Jes 60–62, der Kontrast zwischen der Verheißung und der aktuellen Lage ins Auge. Während 60,18 voraussagt: „*Man wird in deinem Lande nicht mehr hören von Gewalttat, von Sturz und Zerstörung in deinen Grenzen*" (שד ושבר בגבוליך), werden in 59,6 Gewalttat (חמס) und in 59,7 Zerstörung und Sturz (שד ושבר במסלותם) beklagt.

Ähnliches lässt sich anhand der Begriffe שלום und צדקה feststellen. Da Jes 59,8 den Angeklagten Unkenntnis des שלום vorwirft, ist ein Bezug auf 60,17 naheliegend. Der Kontrast zwischen denen, die שלום erlangen und denjenigen, die שלום nicht kennen, kann sich auch auf 57,19.21 stützen, was aber die Vermutung eines Bezugs von 59,8 auf 61,17 nicht schwächt. Den gleichen Kontrast zwischen Jes 59 und Jes 60–62 könnte man auch anhand des Begriffes צדקה verfolgen, wobei aber das in Jes 59 wichtige Wortpaar משפט וצדקה in Jes 60–62 nicht vorkommt.[4]

Die Lichtsymbolik in 59,9 ist durch die Termini אור חשך und נגהה mit 60,1f.; 60,3; 60,19 und 62,1 verbunden. Das Licht ist in 59,9 die Realität, die erwartet und zugleich vermisst wird. Die Aussage von Kap. 59 steht vor Jes 60–62 und ergibt positionell einen guten Sinn. Sie scheint auf 60,1–3. 19f. und 62,1 vorzuverweisen. Es lassen sich zwar keine Zitate, sondern nur Wortbezüge erkennen, aber die Klage „wir harren auf das Licht, und siehe da Finsternis…"

---

4 Dieses Wortpaar ist im Bereich PrJes wichtig; in DtJes und Jes 60–62 fehlt es. In TrJes finden wir es in 56,1; 58,2; 59,9.14.

setzt eine Verheißung des Lichtes voraus. Nach der fraglichen Verheißung muss in erster Linie in der „literarischen Umgebung" von Kap. 59 gesucht werden, also vor allem in Jes. Die für 59,9 typische Kombination von אור und נגה kommt zwar in Jes 9,1 vor, nicht aber in DtJes; dafür erscheint sie in 60,3.19 zweimal. Dass auf die Licht-Verheißung des vorangehenden Kap. 58 Bezug genommen wird, ist unwahrscheinlich. Dort ist die Verheißung bedingt formuliert, und die Klagenden in 59,9 werden nicht als solche geschildert, die den gestellten Bedingungen Genüge tun. In 59 liegt es wohl am nächsten, sich das Warten auf das Licht auf dem Hintergrund einer unbedingten Verheißung vorzustellen, so wie sie in der Zukunftsvision in Jes 60–62 formuliert ist.

Das Stichwort כבוד in Jes 59,19 (hier wahrscheinlich eine wortspielerische Aufnahme von כבודה aus V. 1) taucht im Bereich Jes 60–62 5-mal auf (60,1f.13; 61,6; 62,2), aber mit 59,19, wo es um die Herrlichkeit Jhwhs geht, sind nur die zwei Vorkommen in 60,1f. vergleichbar. Die in 60,1f. versprochene Erscheinung der Herrlichkeit Jhwhs zeigt ihre Kehrseite in 59,19 in einer Schrecken verbreitenden Herrlichkeit. Dass diese Theophanie vom Sonnenuntergang bis zum Aufgang sichtbar sein wird, nimmt vielleicht auch etwas vom breiten geographischen Blickwinkel von Kap. 60 auf.

Der Begriff רוח יהוה verbindet Jes 59,19 zuerst einmal antithetisch mit 60,1. Ähnlich wie כבוד bringt diese Wendung in 59,19 die bedrohliche und gewaltsame Seite der Gegenwart Gottes zum Ausdruck. 59,21 redet hingegen vom Geist Jhwhs als von einem prophetischen Attribut und steht dadurch in einem direkten Verhältnis zu 61,1.

Mit der Vorhersage eines גואל für die „Bekehrten in Jakob" nimmt 59,20 umdeutend die Verheißung von 60,16 auf, in welcher Jhwh als גואל auftritt, als derjenige, der seinem Volk Völker und Könige unterworfen und seine Macht als אביר יעקב erwiesen hat. In 59,20 ist der גואל erst dabei, die Bekehrten in Jakob vor dem umfassenden Gericht zu schützen.[5] Im Anschluss an diesen Vers ist die Prophetie von Jes 60–62, bereits umgedeutet, als eine für die „Bekehrten in Jakob" zu verstehen. Somit entgegnet V. 20 auf die in V. 1 vorausgesetzten Zweifel konkret: Jhwhs Hand ist nicht zu kurz um zu retten.

In 59,21 ist das Stichwort רוח entscheidend. Mit Hilfe dieses Begriffes wird eine Überleitung von 59,19 zu 61,1 erzielt. Der Wechsel innerhalb von V. 21 von der 3. Plural zur 2. Singular ist bezeichnend für diese Überleitung, die zuerst die grammatikalische Person von 59,20, dann aber die von 60,1 anwendet. Es kann kein Zweifel bestehen, dass Kap. 60 hier eine vorgegebene Größe darstellt und

---

[5] Gegen die von DUHM bevorzugte Lesart der LXX „Und kommen wird der Erlöser, zu entfernen den Abfall aus Jakob" (416) Vgl. auch SEKINE, 133–135. Die LXX (καὶ ἥξει ἕνεκεν Σιων ὁ ῥυόμενος καὶ ἀποστρέψει ἀσεβείας ἀπὸ Ιακωβ) vertritt eindeutig eine lectio facilior, weil die Erwähnung des Abfalls in der LXX „einen besseren Anschluss an die vorhergehenden Verse" hat (vgl. SEKINE, 134, der mit dieser Feststellung einen gegenteiligen Schluss begründet). Die LXX-Lesart gleicht möglicherweise an Jes 66,6 an („Getöse von der Stadt und vom Tempel her"), wodurch aber der ursprüngliche Bezug auf Jes 60–62 nicht berücksichtigt wird.

sich Kap. 59 (mittels V. 21) diesem Text anzupassen versucht. Die von V. 21 geschaffene Verbindung zu den Kap. 60–62 mag ungeschickt wirken; dennoch gibt es keinen eindeutigen Grund, den letzten Vers als einen *späteren* Zusatz von Kap. 59 zu trennen: dieser Vers zeugt lediglich von einer Abstimmung auf Jes 60–62, die aber nicht später als der Rest von Jes 59 entstehen musste.

Den wichtigsten Bezug zu den Verheißungen von Jes 60–62 bergen wahrscheinlich die V. 59,1f. in sich, welche jedoch keine Wortbezüge zu 60–62 aufweisen. Gleichwohl sind es diese Verse, die von vornherein das ganze Stück zu einer Verzögerungserklärung machen. Hier wird am deutlichsten ausgesagt, dass auf dem Weg des Volkes zum Heil ein Hindernis liegt. Von dieser Erklärung, *warum* Jhwh verborgen und taub bleibt, findet der Autor von Jes 59 durch zur Theophanie, in welcher sich Jhwh zeigt. Das Problem der Verzögerung erhält hier nicht nur eine Erklärung, sondern auch eine Lösung. Bevor wir auf diese Lösung eingehen, müssen wir aber das Vorgehen des Autors im Umgang mit DtJes und Jer klären.

C. Aufnahme von Motiven aus DtJes und Jer

Die Schilderungen des Frevels verbinden Jes 59 mit vielen Texten in Jes und außerhalb von Jes, aber die genaue Quelle dieser Schilderungen ist schwer zu bestimmen, weil sie ein Stück weit gedankliches Allgemeingut zu sein scheinen.

Für die dem Kap. 59 eigene Auffassung des Volkes scheint es wichtig, den Bezug zu Jes 50,2 und Jer 14 zu erforschen.

1. Jes 50,2

Ein Abschnitt von Kap. 59 lehnt sich stark an Jes 50,2 an. Die Formulierung von 59,1–2 lautet:

Siehe, die Hand Jhwhs ist nicht zu kurz, um zu helfen, und sein Ohr nicht zu schwer, um zu hören, (2) sondern eure Schulden scheiden zwischen euch und zwischen eurem Gott, und eure Sünden verbergen sein Angesicht vor euch, dass er nicht hört.

50,1b–2a lautet: *Siehe, um eurer Verschuldungen willen seid ihr verkauft, und um eurer Sünden willen ist eure Mutter verstoßen. (2) Warum war niemand da, als ich kam, gab niemand Antwort, als ich rief? Ist etwa meine Hand zu kurz zum Befreien? Oder ist in mir keine Kraft, zu erlösen?*

V. 1–2 von Kap. 59 setzen eine Volksklage voraus. Eine Klage muss vorgebracht worden sein, die aber allem Anschein nach wirkungslos blieb. Jhwh tritt der Klage entgegen („mein Ohr ist nicht taub…"). Diese vorausgesetzte Klage rückt indirekt die Adressaten der Rede ins Blickfeld: sie erhalten jetzt eine Antwort auf ihre Klage. Dies erfordert eine Veränderung gegenüber der Vorlage Jes 50,2. Dort stellt Jhwh die Frage „Warum war niemand da, als ich rief?". Diese

Frage wird jetzt weggelassen, weil hier nicht Jhwh der Rufende ist, sondern die Klagenden selbst rufen.

Das freie Zitat aus Jes 50,2 in 59,1 dient einerseits als eine Anknüpfung an das vorhergehende Kap. 58,[6] andererseits nimmt es den Ausgang von Jes 59 vorweg, indem das Thema „Intervention Jhwhs" bereits angedeutet wird. Der Sinn von 59,1–2 ist also im Zusammenhang mit der Volksklage von 59,9b–11 und dem Eingriff Jhwhs (15b–20) zu bestimmen. Die einleitenden zwei Verse bereiten die Sündenbeschreibung und das Sündenbekenntnis vor. Durch die Aufnahme des dtjes Zitats wird das angesprochene Problem der Heilsverzöge-rung und die Behauptung, dass diese nichts mit Jhwhs Ohnmacht zu tun hat, theologisch auf eine breitere Basis gestellt.

2. Jer 14,19ff.

Als aufschlussreich erweist sich ein Vergleich zwischen Jes 59,9–12 und Jer 14,19c–20:

Jer 14,19c קוה לשלום ואין טוב ולעת מרפא והנה בעתה
Wir harren auf Glück, doch es kommt nichts Gutes,
auf eine Zeit der Heilung, aber siehe da, Schrecken!
Jes 59,9b נקוה לאור והנה־חשך לנגהות באפלות נהלך
Wir harren auf das Licht, und siehe da Finsternis,
auf den hellen Tag, und wir wandeln im Dunkel.

Jer 14,20 ידענו יהוה רשענו עון אבותינו כי חטאנו לך
Wir erkennen, o Jhwh, unseren Frevel
die Schuld unserer Väter, ja, wir haben an dir gesündigt.
Jes 59,12b כי־פשעינו אתנו ועונתינו ידענום
ja, unsere Vergehen sind uns bewusst,
und wir kennen unsere Schuld.

Die zwei Texte stehen nicht nur im Wortlaut sehr nahe beieinander, sondern sind auch in eine ähnliche Grundstruktur eingebettet: das verzweifelte Warten auf die Wandlung der eigenen tristen Lage führt zur Klage und zum Sündenbe-kenntnis (Jer 14,19–22; Jes 59,12f.). Auf das Sündenbekenntnis folgt dann eine Verurteilung/Vergeltung durch Jhwh (Jer 15,1–4; Jes 59,15b–19)[7], was recht untypisch ist[8].

---

[6] Die in Jes 59,1 vorausgesetzte Klage bildet vielleicht einen Anschluss an 58,3, wo eine Klage über das Desinteresse Gottes ausgesprochen wird. Dies ist ein Zeichen, dass Kap. 58* dem Verfasser von Jes 59 vorlag. Zur Beziehung zwischen Jes 59 und 58 s. u. S. 68.

[7] Die literarische Einheitlichkeit von Jer 14,19–15,4 braucht uns nicht zu beschäftigen, sofern dieser Text dem Verfasser von Jes 59 bereits als Einheit vorlag. Dennoch besteht kein zwingender Grund, zwischen Jer 14,22 und 15,1 zu trennen. 15,1ff. scheint im Anschluss an das Klagegedicht

Da im Fall von Jes 59,9ff. die Anlehnung an Jer 14 recht stark ist, sind die Abweichungen vom Schema von Bedeutung. Wir finden hier mindestens zwei Abweichungen, die durch eine bestimmte Absicht diktiert wurden: die eine besteht in der Ersetzung des Begriffspaars „*Schalom*" und „Zeit der Heilung" durch das Paar „Licht" und „Glanz". Die zweite ersetzt die Strafe an den Israeliten (Jer 15,1–4) durch die an den Feinden Gottes (Jes 59,18).

Für die erste Änderung gibt es wohl keine bessere Erklärung als die Absicht, die hier vorliegende Volksklage auf Jes 60–62 abzustimmen. Dies konnte durch die Begriffe אור und נגהות bestens erreicht werden, weil beide Begriffe in den Kap. 60–62 eine wichtige Rolle spielen.[9] Zwar verwendet in einem ähnlichen Zusammenhang auch Jer 13,16 eine Lichtmetapher, was Lau dazu veranlasst, in Jer 13,16 eine inhaltlich nahestehende Parallele zu Jes 59,9 zu sehen.[10] Bei Jes 59,9 kann es sich jedoch, wenn man die Vers- und Kontextstruktur beachtet, trotzdem im besten Fall um ein Mischzitat aus beiden Jer-Stellen handeln. In diesem Fall bleibt die „Mischung" zu erklären, und diese Erklärung ist m.E. unter Verweis auf die Wortbezüge auf Jes 60 zu geben.[11]

Die zweite Abweichung von Jer 14 besteht in einer Umdeutung der Reaktion Jhwhs auf das Sündenbekenntnis des Volkes. In beiden Fällen wird die unmittelbar anschließende Reaktion Jhwhs als eine Strafe dargestellt. In Jer 14f. wird das Volk bestraft; in Jes 59 ist von einem Vergeltungsakt Jhwhs die Rede, wobei sich dieser Akt wider Erwarten gegen äußere Feinde zu richten scheint. Auf die äußeren Feinde in Jes 59,15b–19 weisen folgende Elemente hin: die Epiphanie-Bildsprache mit der Krieger-Metaphorik, die Erwähnung der Inseln und die Reichweite der Intervention vom Niedergang bis zum Aufgang der Sonne.[12] Steck hat gezeigt, dass, wenn man M stehen lässt, die Kategorie „Jhwhs Feinde"

---

eine ähnliche Ablehnung der Fürbitte des Propheten, des Fastens und der Opfer des Volkes von 14,11 zu enthalten; vgl. SEYBOLD, Jeremia, 133.

[8] Zu vergleichen sind z.B. 2.Sam 12,13; Ps 32; 51, wo sich Jhwh durch das Sündenbekenntnis versöhnen lässt.

[9] אור 8-mal in Jes 56–66: 58,8.10; 59,9; 60,1.3.19.20; נגהה erscheint zwar nur in 59,9, aber das verwandte נגה 3-mal in TrJes: 60,3.19; 62,1. Gemeinsam findet man אור und נגה nur noch in Jes 60,3.19 (im restlichen AT 7-mal, darunter in Jes 9,1).

[10] S. 214.

[11] Durch die Umwandlung der Friedens- und Heilungsmetaphorik in die Lichtmetapher bei der Entstehung von Jes 59,9 wurde auch der Grund gelegt, um an diesen Vers noch V. 10 anzuhängen. Dieser bildet eine Variation zu Dtn 28,29 und basiert auch auf einer Lichtmetapher (durch das Gegenteil des Lichtes: Blindheit, Finsternis). Dieses weitere Zitat weckt die Assoziation mit den Flüchen über den Ungehorsam des Volkes (Dtn 28,15ff.). Es ist bezeichnend, dass von der langen Liste der Flüche in Dtn 28 hier gerade an den angespielt wird, der sich der Lichtsymbolik bedient und samt V. 9 eine Brücke zu Jes 60–62 schlägt.

[12] Dies ist die einzige Stelle im AT, in der der מערב [Niedergang] vor dem מזרח [Aufgang] erwähnt wird. Diese Tatsache bedarf einer Erklärung: Spielt hier der Westen eine besondere Rolle (Erwähnung der Inseln)? Wird dadurch an die Strafe angespielt, die vor allem die Völker und nur am Rand Israel trifft? Für eine plausible Ableitung dieses Ausdrucks aus der Lichtsymbolik siehe LAU, 224.

in 59 gleichzeitig die Völker und die Israeliten umschließen muss.[13] Das Unerwartete besteht dennoch darin, dass im ganzen Kapitel nicht von der Schuld der Völker, sondern nur von den Vergehen des Gottesvolkes die Rede war. In diesem Zusammenhang ist nicht klar, ob die Vergeltungsepiphanie V. 15b–19 als Erhörung oder als Ablehnung der Klage und des Sündenbekenntnisses verstanden werden muss. Angesichts der Wort- und Gattungsparallelen zu Jer 14f. muss man die Möglichkeit offen halten, dass auch 59,16ff. einer Ablehnung der Volksklage gleichkommt.

Ein Widerspruch zwischen der Frevelsschilderung in Kap. 59 und der Vergeltung an den Völkern, welche aus 𝔐 hervorgeht, ist kaum zu übersehen. Ausgehend von 𝔊 sehen viele Kommentatoren in 59,17–20 nur eine Strafe für Israel und in den Hinweisen auf die Völker Überlieferungsfehler oder bewusste Manipulation des 𝔐, was sie zu entsprechenden Korrekturen veranlasst. Da durch diese Korrekturen die Unebenheiten und Widersprüchlichkeit von Kap. 59 geglättet werden,[14] sollen hier lediglich zwei alternative – von 𝔐 ausgehende – Erklärungen für den genannten Widerspruch in Betracht gezogen werden.

Für Westermann liegt der Grund der Widersprüchlichkeit im Erstarren der prophetischen Gattungen, welche verwendet würden, ohne der „Wirklichkeit des Volkes" zu entsprechen. Das ganze Stück V. 15b–20 sei eine Epiphanieschilderung, die von Haus aus „das Herbeikommen Gottes zum Vernichten der Feinde Israels und zur Rettung Israels" bedeute,[15] und welche hier nur in den zwei Halbversen 15bβ und 20b auf die vorangehende Anklage und die Schilderung der Frevler bezogen wäre.[16] Der Teil 15b–20 kann also laut Westermann nur als uneigentliche Rede verstanden werden: „Er spricht vom Herbeikommen Gottes zur Errettung seines Volkes, wie in vergangenen Zeiten davon gesprochen wurde; dieser Sprache entspricht die gegenwärtige Situation nicht mehr."[17] Somit wären mit den „Völkern" die Frevler in Israel gemeint, und das Befreien Israels würde sich nur auf die Frommen in Israel beziehen.

Stecks Argumentation aufgrund der Querbezüge zu PrJes macht hingegen die Annahme plausibel, dass die Völker in Jes 59 nicht nur eine Chiffre für die Frevler in Israel sind, sondern dass die fremden Völker tatsächlich gemeint sind. Dass die Israeliten zu den „gerichtsverfallenen Feinden" in Jes 59 gehören, ist laut Steck „eher nur angedeutet", was ihn zur Frage nach dem „Warum" dieses Sachverhalts führt.[18] Steck gibt darauf zwei Antworten, welche „beide mit einer umfassenden Sicht der Redaktionsgeschichte des ganzen Jesajabuches einschließlich seiner tritojesajanischen Passagen" zusammenhängen.[19] In einer Ant-

---

13 STECK, Studien, 190.
14 Zu diesen Korrekturversuchen vgl. STECK, Studien, 187.
15 S. 278 mit Verweis auf Ri 5; Ps 18.
16 S. 280.
17 S. 278.
18 Studien, 189f.
19 Studien, 190.

wort verweist Steck auf den Charakter seiner Schicht Jes 56,9–59, welche offen hält, „dass noch das ganze, sündige Gottesvolk [...] zu einer Wende seines Verhaltens findet; infolgedessen werden Israeliten durch 59,20a nur kurz und indirekt in die Reichweite von 59,18 gebracht". In der zweiten Antwort wird die redaktionelle Zusammengehörigkeit von 56,9–59 und 1,27f(f.) angesprochen, in deren Perspektive das Gericht von allen Israeliten abgewendet werden soll.[20] An diesem Vorschlag Stecks ist der Zusammenhang mit den anderen Texten innerhalb von 56,9–59 problematisch, aber die Zweideutigkeit von Jes 59 wird zu Recht anerkannt.

Gegenüber Westermann kann unter Verweis auf die Parallele in Jer 14f. die Stringenz des Schemas „Volksklage – Epiphanie zugunsten des Volkes" in Frage gestellt werden: die Epiphanie muss nicht zugunsten der Klagenden geschehen. Im Gefolge Westermanns betrachte ich es aber als möglich, die „Widersprüchlichkeit" von Jes 59 mit einer Spannung zwischen dem literarischen Aspekt der Aussage und der historischen Wirklichkeit zu erklären. Den literarischen Aspekt sehe ich allerdings nicht in den Schranken einer prophetischen Gattung, sondern in der Verpflichtung gegenüber den Heilsaussagen von Jes 60–62.[21] Denn Westermanns Interpretation kann nicht erklären, warum gerade auf die Gattung „Epiphanieschilderung" zurückgegriffen worden ist, wenn die Wirklichkeit dieser Schilderung widerspricht.

So ist Steck mit der Feststellung, dass Jes 59 auch von den Völkern redet, sicher im Recht.[22] Aber ob Jes 59 zur gleichen redaktionellen Fortschreibung gehören kann wie die Schicht, welche das Gericht von allen Israeliten abgewendet haben will, ist dennoch fraglich. Jes 59 überlässt einen Teil von den Israeliten dem Gericht, und die Annahme einer „warnenden Funktion" ändert an diesem Sachverhalt nichts.[23]

Wenn sich in Jes 59 die sichtbare Anstrengung, Jes 60–62 gerecht zu werden, in Widersprüchen niederschlägt, ist dies ein Merkmal, das diesen Text von allen anderen im Bereich 56,9–58 absetzt. Diese Widersprüche sind ein Charakteristikum der in Jes 59 betriebenen Exegese von Jes 60–62, und sie spiegeln wahrscheinlich die Erfahrungswelt des Verfassers wider. Dieser letzte Punkt muss jedoch eine Vermutung bleiben wegen der Schwierigkeit, durch diesen Text hindurch zu seiner historischen Realität durchzudringen.

Fazit

Das Abwälzen der Strafe auf die „äußeren Feinde" kann als Resultat literarischer und theologischer Skrupel verstanden werden. Dass solche Skrupel entstehen

---

[20] Studien, 190.

[21] Der Bezug auf Jes 60–62 wird von STECK auch angenommen und im Anschluss an seine zwei Antworten (s.o.) angedeutet, 190.

[22] Studien, 187ff.

[23] Gegen STECK, Studien, 190.

konnten, ist unschwer verständlich, wenn Kap. 59 auf 60–62 hin geschrieben worden ist. Angesichts von Jes 60–62 erscheint dem Verfasser/Redaktor von Jes 59 der logische Schluss – eine Strafe für das Gottesvolk – als unannehmbar. Eine solche Aussage käme einer Verleugnung der darauffolgenden Verheißungen von Jes 60–62 gleich. Um diesen Schluss nicht zuzulassen, macht der Verfasser einen Umweg und spricht zunächst von einem universalen Gericht über alle Völker. In Bezug auf Israel redet er von einem Heilsakt („Erlöser für die Bekehrten in Jakob"). So entsteht der Eindruck, dass alles beim Alten bleibt: Strafe für die Völker, Heil für Jakob. Mit dieser Aussage stellt sich der Verfasser sicher nicht gegen die Kap. 60–62, welche bereits mit der ergänzenden Auslegung von 63,1–6 versehen sind.[24]

D. Verhältnis zum Vorangehenden

Oben wurde argumentiert, dass 59,1–21 als Reaktion auf Jes 60–62 entstanden ist. Analogien besonders zu 58 und 63,1–6 drängen sich auf. 58* ist ähnlich wie 59 eine Rationalisierung des Nicht-Eintreffens der Verheißungen von Jes 60–62. Jes 63,1–6 und 59 sehen beide ein Völkergericht vor. Zahlreiche Querverbindungen könnten nahelegen, dass wir es in Jes 58* und 59 mit einer literarisch einheitlichen Fortschreibung von Jes 60–62 zu tun haben. Dazu muss das Verhältnis zwischen diesen Teilen von TrJes* geprüft werden.

1. Verhältnis zu Jes 58*

Die Frage der Fastenden (58,3a) und die in 59,1 (vgl. 59,11) vorausgesetzte Frage der Klagenden bezüglich Jhwhs Ohnmacht entsprechen einander weitgehend. So werden beide Kapitel als eine Antwort auf die jeweils einleitende Frage nach dem Ausbleiben des Heils konzipiert, und beide zeigen einen Weg zur Lösung des Problems auf.[25] Spricht diese strukturelle Verdoppelung für die Einheitlichkeit von Jes 58* und 59 oder gegen sie? Diese Frage lässt sich auf der strukturellen Ebene nicht beantworten, ohne die jeweiligen Inhalte zu vergleichen.

Das Warten auf das „Licht" (59,9), welches von den herrschenden Missständen aufgehalten wird, ist ein gemeinsames Motiv von 58 und 59. In Kap. 59 ist die Ursache der „Licht-Verzögerung" nicht nur dem Propheten (V. 1–8: 2. Plural und 3. Plural), sondern auch den „Wartenden" bekannt – deshalb legen

---

24 Das Verhältnis dieser Perikope zu Jes 63,1–6 wird unten auf S. 70 thematisiert.

25 Das Heil in Jes 59 ist nur insofern menschlich beeinflussbar, als es mit der Volksklage zusammenhängt und die Bekehrung zur Voraussetzung hat. Sekines Zusammenfassung muss als unzutreffend beurteilt werden: „Während es sich in Kap. 58 darum handelt, wie man zum Heil kommt, geht es in Kap. 59 darum, warum man nicht zum Heil kommt" (139). Beide Texte stellen sich beide Fragen; sie beantworten sie nur anders.

sie ein Sündenbekenntnis ab (V. 9–13: 1. Plural). Der Grund für die Verzögerung liegt in beiden Texten auf der Seite der Menschen, welche Unrecht tun
bzw. dulden. Der Unterschied zwischen der Situation in Jes 58* und 59 ist aber
groß. Die Schuld der Angesprochenen in 58 besteht in der Unterdrückung der
Arbeiter, in „Streit und Zank", im Dulden der ungerechten Unterwerfung oder
Gefangennahme, in Gleichgültigkeit gegenüber den von Armut betroffenen
Mitbürgern. In 59 sind es auf der sozialen Ebene brutale, schwerwiegende Ver-
gehen wie Blutvergießen, Gewalttaten, Amtsmissbrauch im Gericht, Lügen und
Intrigen im öffentlichen Leben (V. 3–8). Dazu werden auf der religiösen Ebene
aufgezählt: Verleugnung Gottes, Untreue, Lügenworte und Abfall von Gott
(V. 13). V. 14b–15a nehmen zusammenfassend nochmals die gesellschaftliche
Seite der Ungerechtigkeit auf: Wahrheit und Rechtschaffenheit haben keinen
Platz im öffentlichen Leben.

Sachlich sind Kap. 58 und 59 kaum verwandt. Während in 58 eine Kritik an
den Frommen geäußert wird, richtet sie sich in 59 gegen gewalttätige Frevler,
die von Gott abtrünnig geworden sind. Ein wesentlicher Unterschied betrifft
auch die Hoffnung auf die Wiederherstellung der Gerechtigkeit (צדקה). In 58
wird die צדקה, die der Mensch tun kann, thematisiert, in 59 hingegen wird ein
göttlicher Eingriff erwartet, in welchem Gottes צדקה zur Waffe wird.[26] Geschieht der Umbruch in 59 durch die Gerechtigkeit Gottes, ist in 58 vor allem
die menschliche Gerechtigkeit gefragt. Obwohl vermutlich beide Stücke, 58*
und 59*, mit Blick auf Jes 60–62 ausgearbeitet worden sind (und zusätzlich vermutlich 59 mit Blick auf 58), lassen sich die Resultate dieser Entwicklung schwer
auf einen Nenner bringen. Sollten die Unterschiede in der Beschreibung des
Übels eher auf verschiedene Ausdrucksweisen als auf Sachunterschiede zurückzuführen sein, wären so große rhetorische Unterschiede ein Merkmal, das seiner-
seits einer historischen Erklärung bedürfte.

Hanson nimmt eine historische Kontinuität der Entwicklung von Kap. 58 zu 59 an, was
einerseits die Gemeinsamkeiten zwischen 58* und 59 erklären soll, andererseits aber
auch Unterschiede als zeit- und situationsbedingt rechtfertigen kann. Gegen diese vielseitige Erklärung wäre an sich nichts einzuwenden, wenn diese historische Kontinuität
im konkreten nicht forciert wäre. Dass in 59 zadokidische Priester im Visier des Propheten stehen,[27] lässt sich anhand der von Hanson angeführten Beweisstücke noch weniger

---

[26] WESTERMANN will in dieser Hinsicht zwischen V. 9 und 14 unterscheiden, wonach in 14a
משפט וצדקה vom Handeln der Menschen gesagt wäre. Dies scheint mir unsicher, obwohl ein
Zusammenhang zwischen dem Handeln der Menschen und dem Ausbleiben der משפט וצדקה
unbestreitbar ist. Eine Gleichsetzung dieser Redeweise mit dem Ausdruck עשה צדקה ist in jedem
Fall unmöglich.

[27] Vgl. HANSON, 120ff. Der angebliche *terminus technicus* פנים dient hier als Hauptargument.
HANSON sieht sich gezwungen, zwei Kläger-Gruppen zu unterscheiden: eine sei in 59,1 vorausge-
setzt („the members of that [ineffectual] cult"), 120, und eine andere („minority group"), welche in
V. 9–15a ihre Klage erhebt. Warum z.B. diese Gruppe, die sich so entschieden gegen das korrupte
Kult-Establishment auflehnt, ein in 1.Plur. gesprochenes Sündenbekenntnis abgibt, wird von

vertreten, als dies in Kap. 58 möglich war. Dagegen lässt sich beobachten, dass beide Texte von Kult und Ritual Abstand halten. Dieses fehlende Interesse am Kult steht in Kontrast zu anderen Teilen von TrJes, besonders zu Jes 65f. und 56,1–8.

Schematisch gesehen sind die Differenzen zwischen Jes 58* und 59 so zusammenzufassen: Auf der einen Seite steht eine prophetische Anklage und eine Belehrung, die in eine bedingte Segensverheißung ausmündet (58*), auf der anderen eine prophetische Anklage und ein Sündenbekenntnis, worauf eine Theophanie und die Vergeltung Gottes folgen (erst dadurch ergibt sich dann die Heilsperspektive für die Bekehrten). Das eine Konzept drückt die Hoffnung auf die Wirksamkeit der Verkündigung, das andere auf die Wirksamkeit einer Theophanie aus. Diese zwei Konzepte als eine literarisch einheitliche Fortschreibung von Jes zu verstehen, ist nicht möglich.[28] Die zum Teil starken Parallelen sind nicht als Kennzeichen der gleichen Redaktion zu deuten, sondern als Symptome der Verdoppelung in einem veränderten Szenario. Dieses zweite Szenario führt zu einer anderen Antwort auf dieselbe Frage.

Das Verbindende der zwei Texte liegt im angestrebten Ziel. Beide sind ein Versuch, die Heilsverzögerung zu erklären, und beide sehen deren Ursache im Fehlverhalten der Menschen. Beide Texte lassen auch die Möglichkeit der Bekehrung offen: in Jes 59 geschieht sie jedoch erst in der Folge des Gerichts, während Jes 58 von einem Gericht absieht.

2. Verhältnis zu Jes 63,1–6

Wegen der auffallenden Querverbindungen sind auch die Bezüge zu Jes 63,1–6 zu analysieren. Der Abschnitt 63,1–6 wird in 59,15–20 vorausgesetzt und umgedeutet: Die eindeutig gegen die äußeren (und z.T. mit Namen genannten) Feinde gerichtete Prophetie von 63,1–6 wird in 59,15ff. abstrakter und richtet sich generell gegen die „Feinde Jhwhs". Die Anspielungen an den älteren Text sind aber sprechend genug, um den Rückverweis (positionell gesehen handelt es sich um einen „Vorverweis") unmissverständlich zu machen. Am engsten korrespondiert 59,16 mit 63,5:

[59,16] וירא כי־אין איש וישתומם כי אין מפגיע ותושע לו זרעו וצדקתו היא סמכתהו

[63,5]. ואביט ואין עזר ואשתומם ואין סומך ותושע לי זרעי וחמתי היא סמכתני

An dieser strikten Parallele lässt sich auch die Umdeutungsarbeit am besten aufzeigen. Zum einem geht es m.E. dem Verfasser von 59* nicht mehr ausschließlich um äußere Feinde Israels, zum anderen will er den positiven Ausgang der Intervention Jhwhs andeuten. Zwei Begriffe aus der Vorlage werden zu diesem Zweck in 59 ersetzt: סומך durch מפגיע und חמה durch צדקה. Die erste Änderung muss als Bezugnahme auf DtJes (53,6.12) verstanden werden, wo das Verb פגע hi. das Eintreten für den Angeklagten ausdrückt. In Jes 53 geht es um

---

HANSON mit der folgenden Bemerkung quittiert: „In verses 12–13 the prophetic community moves from lament to confession, *in keeping with the usual order of that genre.*" (123 [Kursiv L.R.]).

[28] Gegen STECK, Studien, 31.

die Schuldigen vor Gott und dem Knecht Jhwhs, der für sie eintritt und sich in diesem Sinn gegen Gott stellt. So ist der „Eintreter" eigentlich das Gegenteil des Unterstützers (סמך). Die Wahrscheinlichkeit, dass diese Umdeutung mit dem dtjes Text im Hinterkopf vorgenommen wird, wird auch dadurch bekräftigt, dass die Wurzel פשע in Jes 59 und in Jes 53 eine wichtige Rolle spielt (in Jes 53,12 wird der Knecht Jhwhs ולפשעים יפגיע). Dagegen haben wir in 63,5 die Vorstellung, dass Jhwh keine menschliche Hilfe für seine Strafaktion erhält. So wird die Vernichtung der Völker zu seinem alleinigen Sieg. Hinter der zweiten in 59,16 vorgenommenen Änderung lässt sich die Absicht erkennen, durch die Wortwahl einen doppelten Ausgang des Gerichts anzudeuten. Während in 63,5 die souveräne Aktion Jhwhs von seinem „Arm" und seinem „Zorn" ausgeht und dabei nur den Racheaspekt zur Sprache bringt, verwendet 59,16 auch einen Ausdruck, der das Positive des Gerichts hervorhebt: Gottes „Gerechtigkeit" (צדקה). Diese Doppelseitigkeit wird im nächsten Vers (17) noch ausgearbeitet. Dort stehen sich je zwei positive und zwei negative Ausdrücke gegenüber: einerseits gehören zur Rüstung Gottes „Gerechtigkeit" (צדקה) und „Heil" (ישועה), andererseits aber „Rache" (נקם) und „Eifer" (קנאה). Der Arm Jhwhs vollzieht die Strafe, und gleichzeitig stellt er die „Gerechtigkeit" wieder her. So wird der doppelte Ausgang von 59* wahrscheinlich bereits in V. 16f. signalisiert.[29] Auch wenn in Jes 63,1–6 der Begriff צדקה sich auf die Vergeltung an den Völkern bezieht (63,1), wird צדקה als Heilsakt zugunsten des Gottesvolkes verstanden, weil nur die Strafaktion an den Völkern, nicht am Gottesvolk, geschildert wird. In Jes 59 wird die vermisste צדקה für die vom Gericht Verschonten wiederhergestellt (es fallen auch einige aus dem Gottesvolk unter das Gericht). Zudem ist die צדקה in 59,9.14 klar Gegenstand der Erwartungen und der Sehnsucht, was ihre positive Bedeutung unterstreicht.

Gewiss ist auch für den Verfasser von Jes 63,1–6 der Ausgang dieses Eingriffs Jhwhs in dem Sinn doppelseitig, dass die Vernichtung der Völker Heil für Israel bedeutet. Aber gerade dies ist in Jes 59 nicht mehr der Fall. In Jes 59 ist die Rede von der Strafe an den Feinden Jhwhs und der Erlösung „der Bekehrten in Jakob". Dies bedeutet, dass sich Nichtbekehrte „aus Jakob" unter den Bestraften befinden. Der Gebrauch von גאל in 59,20 verweist möglicherweise auf 63,4, wo „Tag der Rache" und „Jahr der Erlösung" parallel gebraucht werden.

Die enge Beziehung zwischen dem Ende von Jes 59 und dem Anfang von Jes 63 wird oft herausgestrichen, sowie auch chiastische Entsprechungen anderer Texte in TrJes. Eine Erklärung dieses Phänomens ist nur im Rahmen des Entstehungskonzepts von TrJes möglich. In dieser Frage aber ist unter den Exegeten keine Einigkeit in Sicht. Hier wird vorgeschlagen, die Entstehung von Kap. 59 chronologisch im Anschluss an das bereits existierende, nach 60–62 stehende Stück 63,1–6 zu sehen. Die Entsprechungen erklären sich so durch bewusste Be-

---

[29] צדקה bildet einen wesentlichen Begriff der Verheißungen von 60–62, und er wird als solcher sowohl von 63 (V. 1) als auch von 59 vorausgesetzt und hervorgehoben.

zugnahmen von 59 auf 63,1–6. Und diese Bezüge zeigen, dass 59 von vornherein für den Platz vor Jes 60–62 bestimmt war, was Erwägungen zum sekundären Charakter von 59,21 als einem Überleitungsvers zu den Kernkapiteln hinfällig macht.

E.   Das Gottesvolk – verurteilt oder verschont?

Die Frage nach dem Volk hängt vor allem mit der Exegese von Jes 59,15b–20 zusammen. Was zur literarischen Abstimmung dieser Textpartie auf Jes 60–62 gesagt worden ist, weist auf theologisch-literarische Skrupel hin: Die Bemühungen, der Prophetie von Jes 60–62 nicht zu widersprechen, haben nicht nur einen literarischen, sondern auch einen theologischen Aspekt. Diese Bedenken haben zur kontextwidrigen Verschiebung der Strafe „nach außen", bzw. zu deren Ausweitung auf die ganze Welt geführt. Ein solches Vorgehen lässt m.E. Schlüsse auf die Volksauffassung des Verfassers zu. Durch dieses Vorgehen nimmt er das Gottesvolk gewissermaßen in Schutz und weigert sich, das Gericht am Gottesvolk direkt anzusprechen. Der Folgerung, dass auch Jhwhs Volk von der Vergeltung betroffen ist, kann der Leser/die Leserin seiner Worte in 59,18–20 dennoch nicht ausweichen. Warum erscheint in Jes 59 die Aussage über das harte Schicksal eines Teils des Gottesvolkes wie verschleiert und abgemildert? M.E. hütet sich der Verfasser von Kap. 59 vor allem, der Heilsperspektive von Jes 60–62 zu widersprechen – diesen Kapiteln wird sein Text vorangestellt. Dieser Verfasser glaubt offensichtlich an das Gottesvolk, das verschieden von den „Völkern" ist, und – mit Ausnahme der endgültig Abgefallenen – das Gericht glücklich überstehen wird. Deshalb will er die Verheißungen von Jes 60–62 aufrecht erhalten.

Angesichts der Bezüge zu Jes 63,1–6 ist aber nicht die Ausweitung der Strafe nach außen, sondern der Einbezug der Israeliten unter die zu bestrafenden Menschen verwunderlich. Dies ist wahrscheinlich hier eine neue Entwicklung in TrJes. Diesen Schritt macht der Verfasser von Jes 59 äußerst zögerlich.

Haben wir es in Jes 59 mit zwei Menschengruppen zu tun, mit den Frevlern und den Frommen, wie es Westermann sieht, oder nur mit einer? Trotz dem Wechsel von der 3. zu 1.Plur. ist die Abgrenzung zwischen zwei Gruppen nur schwer auszumachen. Was für eine Rolle weist der Schreiber von Kap. 59 den Wir-Sprechern zu, die u.a. das Sündenbekenntnis sprechen? Es sind Menschen, die keinen Einzelnen und keine Gruppe anschuldigen, sondern nur von der eigenen (kollektiven?) Schuld reden. Der Wir-Teil drückt aus, dass sie alle Schuld auf sich geladen haben. Soll man da an eine fromme Gruppe denken, die im Namen des ganzen Volkes die Schuld bekennt, an der sie selbst nicht beteiligt ist? Vielmehr hat der Verfasser bei den Anklagen und beim Sündenbekenntnis die wirklich Verantwortlichen vor Augen. Sie sind aufgrund der Anklagen am ehesten in der Oberschicht der Gesellschaft und unter den einflussreichsten Bürgern zu suchen. Ähnlich aber wie in 58* werden die Eliten als *das Volk* verstanden. Das Sündenbekenntnis kann als Zeichen der Bekehrung der Mehrheit des Volkes interpretiert werden. Dies könnte ein Grund sein, warum das Gericht doch noch positiv endet.

Dieser Textteil gibt zu verstehen, dass nicht alle endgültig verloren sind. Die Strafe kommt auf alle Feinde Jhwhs, und zu diesen muss der Leser von 59 auch gewisse Glieder des „Gottesvolkes" zählen. Für die Bekehrten in Jakob jedoch kommt ein Erlöser, um sie von dieser Strafe zu erlösen. So wird die Tür zur Scheidung des Volkes geöffnet. In diesem Text wird noch keine Andeutung des Heils für Nicht-Israeliten gemacht. Die Völker fungieren in einem gewissem Maß als Modell der gottfeindlichen Welt und erhalten dadurch eine metaphorische Funktion. So wird der Begriff der fremden Völker ein Stück weit entnationalisiert. Nun teilen auch manche „aus Jakob" Stammende das Schicksal der gottlosen Völker.

Demzufolge ist die von Jes 59 vertretene Volkseinheit eine Fiktion – vielleicht ein Relikt aus früheren Zeiten? Wozu aber benutzte der Verfasser dieses Kapitels die Fiktion der Einheit, eine Fiktion, die hier an die Grenzen ihrer Haltbarkeit stößt? Aus der Beschreibung des Frevels in Jes 59 kann man kaum auf eine Polarisierung zwischen Guten und Bösen innerhalb des Volkes schließen: Das ganze Volk wird als korrupt dargestellt, und das ganze Volk legt ein Sündenbekenntnis ab. Somit erscheint der erwähnte „Erlöser für die Bekehrten" zwar unvermittelt, aber sein Erscheinen ist nicht kontextwidrig. V. 20 will die zukünftige Rettung nicht für eine Partei beanspruchen, sondern lässt dem Kontext entsprechend die Identität der Bekehrten völlig offen. Dies wird in Jes 65f. anders aussehen; dort wird bereits vor dem Gericht eine Spaltung angenommen, und das Gericht sanktioniert diese lediglich. Hier hingegen geschieht die Spaltung in Jakob erst im Theophanie-Gericht, das nur die Bekehrten aus Jakob überstehen werden. V. 20 äußert sich nicht dazu, ob die Geretteten einen kleinen Rest oder die Mehrheit „von Jakob" ausmachen werden, aber vorausgesagt wird ein Triumph des Erlösers, was an eine große Mehrheit denken lässt. Dennoch bleibt der Ausgang der Vergeltungsaktion Jhwhs in Jes 59 unklar, und die Zukunftsvision ist unscharf. Die Konsequenzen dieser Vision sind aber trotzdem deutlich. Bewusst oder unbewusst hat dieser Verfasser zur „Rettung" der Verheißung von Jes 60–62 nicht nur die fremden Völker, sondern auch einen unbestimmten Teil des Volkes „geopfert". Seine Nachfolger haben es verstanden, diesen Gedanken weiterzuführen und sind auf das Konzept eines neu zusammengesetzten Volkes gekommen. Die folgenden Kapitel werden diesen Prozess näher erläutern.

VIII. Jes 56,9–57,2:
Gericht über die Machthaber

A. Zur Perikope

Trotz der in der Forschung wiederholt vorgebrachten Gründe für die Annahme eines einheitlichen Stücks 56,9–57,13[1] kann in der vorliegenden Arbeit nur der Zusammenhang von 56,9–12 mit 57,1–2 akzeptiert werden. Die Verbindung zu 57,3ff. dagegen betrachte ich als sekundär. In Bezug auf 56,9–57,13 redet Vermeylen von einer *unité relative*,[2] und diese vorsichtige Ausdrucksweise ist auch angebracht. „Cette section rassemble plusieurs discours de reproche“, sagt Vermeylen zur Begründung seiner Einschätzung und nennt damit den auffälligsten gemeinsamen Aspekt des Abschnitts 56,9–57,13: *reproche*. Querverbindungen innerhalb von 56,9–57,13 sind auffällig, aber die Einheitlichkeit kann dennoch so nicht bewiesen werden. Diese Querverbindungen erklären sich m.E. besser durch die Annahme von aufeinander folgenden Fortschreibungen.

Als Basis für die Untersuchung der expliziten oder impliziten Auffassung vom Volk muss Jes 56,9–57,2 gesondert analysiert werden, und erst aufgrund der Resultate könnte die Möglichkeit einer literarischen Einheit über 57,2 hinaus wieder erwogen werden.

Auch in Bezug auf das vorliegende Stück 56,9–57,2 muss gefragt werden, wie sich diese Perikope im Blick auf Jes 60–62 verhält und welche Auffassung vom Volk sie vertritt.

Innerhalb von Jes 56,9–57,2 bildet das Stück 56,9–12 eine in sich geschlossene Untereinheit, die von zwei Imperativsätzen („kommt“, אֵתָיוּ) umrahmt ist. An diese Einheit schließen sich die V. 1–2 von Kap. 57 an, mit einer kurzen Betrachtung zum Thema „Schicksal des Gerechten“, die m.E. von vornherein mit 56,9–12 zusammengehört.

Der erste Teil ist eine Komposition, die – wenn sie als Zerrbild der Einladung zum Mahl von Jes 55,1–3 fungiert – unter Aufnahme von Jer 12,9ff. zu einer

---

[1] ELLIGER, 8–12; MUILENBURG, 659f.; HANSON, 186ff.; BEUKEN, Exemple. Bei STECK geht diese Einheit bis einschließlich Kap. 59; vgl. u.a. Studien, 31.

[2] Du Prophète, 458.

Gerichtsankündigung wird. Nur – was sollen die Tiere in der Metapher von Jes 56,9–12 fressen? An dieser Frage entscheidet sich, wo die polemische Spitze dieses Gleichnisses und seine politische Aussage liegen. Nach Westermann[3] sind die Volksführer diejenigen, die durch das Eingreifen Gottes zum Fraß der Tiere werden – eine Aussage also voller Sarkasmus und Ironie (vgl. V. 9 u. 12). Diese Interpretation ist zwar nicht unmöglich, aber von Westermann selbst nur vage begründet mit dem Verweis auf viele (nicht genannte) Parallelen bei den vorexilischen Propheten. Beuken konfrontiert zwei andere Möglichkeiten, V. 9 zu exegesieren, miteinander: Er stellt der Auslegung einiger Kommentatoren, die Tiere sollen die ungeschützte Herde angreifen, sein Textverständnis gegenüber, laut welchem die Tiere sich des Ertrags der Erde und des Landes bemächtigen sollen.[4] Für das Letztere spreche auch die Parallele aus Jer 12,9, „where ‚the beasts of the field' come to eat of the vineyard and the field". Ob dies den Jeremiatext richtig wiedergibt, muss uns hier nicht beschäftigen.[5] Beuken folgert zwar daraus die Absicht des TrJes, einen Kontrast zu 55,1–3 aufzubauen, aber dieser wohl gewollte Gegensatz ist unabhängig davon, was genau die Tiere des Waldes fressen sollen. Der Skandal und möglicherweise ein Widerspruch zu Jes 55,1–3 wird im Bankett der Volksführer gesehen, nicht in dem der wilden Tiere. Um V. 9 exegetisch gerecht zu werden, muss man das Nichtgesagte auf sich beruhen lassen: V. 9 bleibt eine Andeutung der Strafe bzw. der schweren Konsequenzen der Missstände, die in den folgenden Versen beschrieben sind. Der zweite Teil dieser Perikope, 57,1–2, bietet eine Verständnishilfe:

Dass Jes 57,1–2 dazugehört, sieht man vor allem an der durchgehenden Anlehnung des Stücks Jes 56,9–57,2 an das Gedicht in Jer 12,7–13, hier genauer an 12,9–11.12. Nicht nur der Aufruf an die Tiere steht in Jes 56,9 in enger Parallele zu Jer 12,9b, sondern auch eine kritische Aussage über die Hirten in Jer 12,10 hat ihre Entsprechung in Jes 56,11. Und schließlich spiegelt sich die meistens unbeachtete[6] Aussage von Jer 12,11 (niemand nimmt sich die geschehene Verwüstung zu Herzen) in Jes 57,1 wider: אֵין אִישׁ שָׂם עַל לֵב ist ein buchstabengetreues Echo von Jer.

Jes 57,1–2 verallgemeinert die Konsequenzen des Frevels, der Oberhand gewonnen hat. Hier wird die Aussage von 56,9–12 um ein positives Gegenstück zum Thema „des Gerechten" ergänzt. Die Ausdrücke „niemand nimmt es zu Herzen" und „niemand achtet" (57,1) sind Echos der Anschuldigungen von 56,10 („sie wissen nicht..." etc.). Dass die Gerechten umkommen, wird im Zusammenhang mit dem fahrlässigen Verhalten der Volksführer stehen, was für die Annahme spricht, dass in 56,9 die Herde selbst den Raubtieren zum Opfer fällt, nicht nur deren Futter.

---

3 S. 253.
4 BEUKEN, Example, 58.
5 Zu Jer 12,7–13 vgl. SEYBOLD, Jeremia, 130f.
6 LAU anerkennt dennoch die Bedeutung dieser Parallele, 236f.

Der Begriff שלום in Jes 57,2 ist überraschend, weil er hier in Verbindung mit den Aussagen zu einem gewaltsamen Tod steht. Da die Präposition ב vor שלום fehlt, wirkt dieses Wort auch grammatikalisch etwas uneingefügt.[7] Man erwartet, dass das Ausrotten der Gerechten eher dramatisiert und ihr Ende nicht verharmlosend mit dem Wort שלום beschrieben wird. Der Vers ist auch textlich schwierig, aber angesichts der bereits hervorgehobenen Verbindungen zu Jer 12 dürfte auch שלום von Jer 12,12b (אין שלום לכל-בשר) stammen und als *catchword* fungieren. Zusammen mit 57,2 ist in Anlehnung an Jer 12 auch der Vers 57,21 hinzugefügt worden. Dadurch wurde für eine Klammer gesorgt, die die Stücke 56,9–57,2 und 57,14–21 zusammenhält.

B. Verhältnis zum Vorangehenden

Laut unserer relativen Chronologie folgt das vorliegende Stück auf Jes 59. Das Verbindende dieser Textteile liegt vor allem darin, dass beide das Böse im Bereich des „öffentlichen Lebens" suchen. In beiden Perikopen finden die rein religiösen Vergehen fast keine Beachtung.[8] Die Beschreibungen der Sünden „des Volkes" auf der einen Seite und der „der Hirten" auf der anderen Seite sind nicht aufschlussreich genug, um die Möglichkeit auszuschließen, dass beide Texte zu ähnlicher Korruption Stellung nehmen. Was einzig feststeht, ist, dass der eine Text das Volk und der andere die Führer des Volkes unter Anklage stellt. Hat sich zwischen der Abfassung von Jes 59 und 56,9ff. das Übel „verlagert", oder hat der Kritiker seinen Blick geschärft, um innerhalb des Volkes zwischen den Guten und den Bösen zu unterscheiden? Eine definitive Antwort auf diese Frage ist nicht möglich, aber das in Jes 59 Angedeutete scheint hier weiter entwickelt zu werden. Dort erschien es als unvermeidlich, einen Teil des Volkes preiszugeben, und der Schreiber von 56,9ff. greift nun diesen Gedanken auf: Dem Gericht sollen aber hier nicht allgemein die Unbekehrten verfallen, sondern eine konkrete, soziologisch identifizierte Gruppe. In diesem Sinn geht Jes 56,9ff. einen Schritt weiter als Jes 59. Es könnte sein, dass der Sinn von 56,9–12 in der Konkretisierung des Gerichtsurteils von 59,17ff. liegt. Gleichzeitig ist ein wichtiger Unterschied zwischen den beiden Perikopen zu beachten: anders als in 59* wird hier in 56,9ff. keine Bekehrung angenommen. Dadurch rückt dieses Stück bereits in die Nähe von Jes 65f., wo auch an eine soziologische Gruppe gedacht

---

7 Vgl. 2.Kön 22,10; 2.Chr 34,28.

8 Eine Ausnahme bildet Jes 59,13 mit der Erwähnung des Verleugnens und des Abfalls von Gott im Sündenbekenntnis. Die Beschreibungen des Frevels enthalten sonst keine Andeutungen religiöser Vergehen und sind eindeutig vom Entsetzen über die Gewalttaten dominiert. Die Frage, ob mit diesen Sünden Götzendienst gemeint ist, wird verschieden beantwortet: MARTI (378) z.B. verneint sie; BONNARD (390f.) dagegen bejaht sie mit dem Verweis auf die Wendung ונסוג מאחר אלהינו, welche eine Gegenthese zu Jer 2,23 bilde.

wird, die dem Gericht unwiderruflich verfallen ist. Nachdem in 58* die Aussicht auf die Umkehr aller Schuldigen noch gut war und nachdem der Verfasser von 59* doch noch die Hoffnung auf die Bekehrung der Mehrheit des Volkes äußerte, sind von nun an die Fronten zwischen Frommen und Gottlosen festgelegt.

C. Verhältnis zu Jes 60–62 und Fortschreibung

Anders als die bisher besprochenen Perikopen weist Jes 56,9–57,2 keine Stichwortverbindungen zu Jes 60–62 auf. Darum ist es wichtig, auf die Grundunterscheidung zwischen der Fortschreibung eines Textes und der Komposition im Hinblick auf eine Aussage hinzuweisen. Alles, was hier angenommen werden kann, ist, dass Jes 56,9–57,2 dem bereits vorliegenden Text von 57,14 bis 64,11 vorangestellt wurde und dem Vorhandenen Rechnung trägt.

Was aber wird durch 56,9–57,2 bezweckt und wie verändert sich die Aussage des bisherigen TrJes mit dem vorangestellten Stück 56,9ff.? In einigen Punkten sticht ein starker Kontrast zwischen Jes 56,9ff. und 60–62 ins Auge, ohne dass sich eine bewusste Absicht des Verfassers aufdrängen würde. Gleichwohl kann Jes 56,9–12 beinahe als ein Spottbild der in Jes 60–62 verheißenen Zukunft angesehen werden. In Jes 60–62 sind Reichtum und Wohlstand Teil der Heilsperspektive, in 56,9ff. sind sie eine der Korruptionserscheinungen. Beim Thema „Wein" und „Trinken" in 56,12 lässt sich ein ähnlicher Widerspruch zu 62,8f. feststellen: Die Verheißung, dass das Korn und der Wein nicht mehr den Feinden [Israels] zur Beute fallen werden, ist Teil der Zukunftsperspektive. Die, „die das Korn sammeln, die sollen es essen und die, die den Wein einbringen, die sollen ihn trinken". Dem steht in 56,9ff. das Entsetzen des Verfassers über den Lebensstil der Eliten gegenüber, der diese als Ausbeuter des eigenen Volkes darstellt.[9] So spielen sie in diesem Stück genau die Rolle, die in 62* den Feinden zufällt.

Neben der Anknüpfung an Jes 55,1–3 im Sinne Beukens kann wohl auch ein Bezug zu 62,8f. eine Rolle spielen: der krasse Gegensatz zwischen dem „heiligen Weingenuss" in 62,9 und dem „unheiligen" in 56,12 fällt dabei nicht weniger auf als der Kontrast zwischen dem Mahl der Armen (55,1–3) und dem der Volksführer in 56,9ff.

Durch Jes 59,9ff. wird auch die Hoffnung auf eine „Regierung" oder „Wache" des Friedens und der Gerechtigkeit ושמתי פקדתך שלום ונגשיך צדקה (60,17b) in Frage gestellt. Zwar versteht 60,17b „Frieden" und „Gerechtigkeit" als metaphorische Größen, und die Kap. 60–62 sehen überhaupt keine Obrigkeit

---

[9] Vgl. die Ausführungen BEUKENS zur Gegensätzlichkeit von 56,9–12 und Jes 55,1–3. Seine Analyse zeigt, dass der Luxus der Hirten in dieser Schilderung auf Kosten des Volkes geht. BEUKEN, Example, 58–61. Laut BEUKEN hat das Verb לקח in 56,12 die Bedeutung „to take away from others" oder „to appropriate at the expense of others" (ähnlich wie in Jes 49,24f. 52,5).

außer Jhwh selbst vor; hier in 56,9ff. wird aber geradezu auf die Schlussfolgerung
hin gesteuert, dass die Volksführer unnütz sind. Der gemeinsame Nenner dieser
Texte liegt auf der Hand: das Volk hat keine menschliche Führung. Die Kritik
an den Volksführern ist in 56,9ff. so vernichtend, dass sie sich gut als eine Stimme gegen das Prinzip der menschlichen Herrschaft verstehen lässt und somit als
ein Postulat für einen der wichtigsten Aspekte der Idealwelt von Jes 60–62.

Positionell gesehen schafft Jes 56,9–57,2 einen Gegensatz zwischen Führung
und Volk (schematisch: wenn die bösen Wächter und Hirten für die Volksfüh-
rung stehen, stehen der Gerechte und die „Menschen der Treue" (57,1f.) für das
Volk). Dieser Gegensatz verschwindet auf dem Weg zu Kap. 60–62, weil die
Volksführer nach 56,12 nicht mehr explizit thematisiert werden und in Jes
60–62 abwesend sind. Dem Leser wird nahegelegt, dass sie im Gericht von
59,17ff. definitiv eliminiert worden sind.

Jes 56,9–57,2 deutet ein Gericht über einen Teil des Volkes an. Aufgrund
dieses Gerichtswortes ist anzunehmen, dass das Gericht nur wenige trifft (die
Führung der Nation). Die Konsequenz der Position dieses Stückes vor Jes 60–62
ist allerdings unmissverständlich: Der Weg zum Heil führt durch das beschlos-
sene Gericht an den Machthabern – den Hirten.

Dazu kommt noch eine weitere positionelle Überlegung: Wenn die hier vorgeschlagene relative Chronologie der Entstehung von TrJes zutrifft, stand
56,9–57,2 ursprünglich unmittelbar vor 57,14. Durch dieses Nebeneinander
erfuhr der Aufruf in 57,14b, das Hindernis aus dem Weg des Volkes zu schaffen, eine konkrete Deutungsmöglichkeit. Auf die Frage, worin das Hindernis auf
dem Weg des Jhwh-Volkes besteht, gibt Jes 56,9ff. eine Antwort und beschreibt
dieses Hindernis.

D. Die Obrigkeit als Gegenpol zum Volk?

Im Stück 56,9ff. wird das Volk im Rahmen der Metapher als Gegenpartei der
„Hirten" vorausgesetzt. Diese Metapher wird jedoch nur zur Hälfte entfaltet, die
Herde der Hirten wird nicht genannt. Obwohl das explizite Interesse ausschließlich den korrupten Hirten gilt, verrät das Bild der völlig korrupten und
untauglichen Führung, dass eine Alternative zum herrschenden System angestrebt wird. Geht es um Demokratisierung oder um eine wörtlich aufgefasste
Theokratie im Sinn von Jes 60–62? Auf diese Frage liefert das Stück keine Antwort. Literarisch bereitet es die Kap. 60–62 vor, und politische Interessen
schwingen dabei mit.

> Auch in diesem Punkt zwingt Hanson den Textbefund in seine Hypothese hinein. We-
> gen der durchgehenden historischen Verkettung aller Teile von TrJes seien auch in die-
> sem Stück religiöse Führer zu finden. Sie zu identifizieren versucht Hanson, indem er
> zwischen den Wächtern und den Hirten trennt. Da die letzten sogar in Ez keine Prie-

ster sind, unternimmt er den Versuch, die צופים als „religious leaders" zu bestimmen. Laut Hanson sind צופים in den Prophetenbüchern – im Unterschied zu den historischen Büchern – „Israel's religious leaders in their role of warning the people of impending threats (Jer 6:17; Ezek 3:17; 33:3ff; Is 52:8)". Dieser These ist entgegenzuhalten, dass keiner von den angegebenen Belegtexten von צופים als „religious leaders" spricht. Dies ist wahrscheinlich auch Hanson klar, weil er noch eine Zusatzerklärung liefert: „Since the ḥozîm („seers") were prophetic figures, the term ṣôphîm may here designate the priests of the people.[10]

Von großer Bedeutung in 56,9–57,2 ist, dass hier das Thema der Machthaber zur Sprache kommt – was sonst in TrJes nirgends sonst explizit der Fall ist. Auch die Stücke, die eine scharfe Priesterkritik äußern, stellen die Priester nicht in führenden Positionen dar (Unterschied zu Ez, Sach), sondern sie reden nur von ihren kultischen Handlungen, die n.b. als synkretistisch verurteilt werden. Meiner Überzeugung nach birgt allerdings die Perikope 56,1–8 eine Stellungnahme zum Thema der politischen Macht. Sollte sich diese Vermutung erhärten, wird das Nebeneinander von 56,1–8 und 56,9ff. durch einen neuen Aspekt erhellt werden.

---

[10] HANSON, 196.

IX. Jes 65:
Ein entzweites Volk

A. Zur Perikope

Kap. 65 weist drei größere Unterteile auf: In V. 1–7 redet Gott von seinen vergeblichen Bemühungen um das Volk in der Vergangenheit (V. 1f.), verklagt es wegen kultischer Vergehen (V. 3–5) und kündigt ihm Vergeltung an (V. 6f.).

V. 8–16 bilden dann eine gleichzeitige Heils- und Unheilsankündigung. Eingeleitet wird diese zweite Rede Jhwhs mit einem Sprichwort (V. 8). Darauf folgt die erste Heilsankündigung für die Auserwählten und Knechte, formuliert in 3.Plur. (V. 9f.). V. 11f. bilden eine Gerichtsankündigung für „die anderen", welche Götzenopfer dargebracht haben. V. 13–16a werden mit dreimaligem הִנֵּה eingeleitet für jeweils doppelte Urteile: Heilszuspruch (Segenswort) für die Knechte Jhwhs und Verdammnis (Fluch) für die direkt Angesprochenen (V. 13f.); ein vierter Spruch beginnt mit einem Fluch und endet mit einem Segen (V. 15). V. 16b leitet zum nächsten Abschnitt über.

V. 17–25 bilden eine Heilsankündigung (neuer Himmel und neue Erde) und eine Aufforderung zur Freude (V. 17–19a). Anschließend erhält die Heilsepoche eine vielseitige Schilderung: die Arbeit der Menschen ist nicht umsonst; es herrscht ein unmittelbares Verhältnis zwischen Gott und Mensch und perfekte Harmonie in der Tierwelt; das Böse verschwindet vom Berg Jhwhs. Abgeschlossen wird der Abschnitt durch eine Botenformel.

Budde und Volz waren von der literarischen Einheitlichkeit von Kap. 65 überzeugt.[1] Hanson hat es aufgrund der vielen Binneninklusionen gar als „tightly knit unit" bezeichnet. Dass die ersten zwei Teile eine Einheit bilden, wird auch von Westermann angenommen und ausreichend begründet.[2] Die Zugehörigkeit des Teils V. 17–25 zum Vorangehenden wird von Westermann abgelehnt mit dem Verweis auf einen Paradigmenwechsel: während 1–16a vom Gegensatz zwischen Abtrünnigen und Knechten bestimmt sei, beschäftige sich der Teil

---

[1] BUDDE, 713; VOLZ, 281.
[2] WESTERMANN sieht aber eine Zäsur nach V. 16a, nicht wie hier nach V. 16b. Vgl. 320. Für einen Überblick literargeschichtlicher Lösungen vgl. SEKINE, 165f.

16b–25 mit dem Gegensatz zwischen der Not der Vergangenheit und dem zukünftigen Heil. Diese Begründung reicht m.E. nicht aus, um die beiden Teile zu trennen, auch wenn 16b bereits dem zweiten Teil zugerechnet werden sollte (16b vertritt nur die erste Seite des Gegensatzes). Aber bereits V. 15b–16a deuten eine neue Situation an. Die Entfaltung in V. 16b–25 könnte als unabhängig vom Vorhergehenden erscheinen. Dort lässt sich aber einerseits die Aufnahme der Motive aus dem Gebet 63,7ff. verfolgen, andererseits ist auch die Aktualisierung von Jes 60–62 fortgesetzt.

B. Verhältnis zu Jes 63*/64

In seinem Aufsatz „Beobachtungen zur Anlage von Jes 65–66" hat O.H. Steck die weitgehenden Entsprechungen zwischen dem Klagegebet Jes 63,7–64,11 und Kap. 65f. bis hin in die Anlage der Teile aufgezeigt. Dass Jes 65 von vornherein eine Antwort auf Jes 63,7ff. darstellt, steht nach dieser Untersuchung außer Frage.[3] Der zweite Teil von Stecks These ist gleichwohl schwierig zu akzeptieren. Das Einschließen von Kap. 66 in das literarische Unternehmen von Kap. 65 bleibt trotz der angeführten Argumente problematisch. Steck selbst redet in Bezug auf 66,5ff. von einem *erneuten Durchgang* einer Gottesantwort auf das Gebet" [kursiv L.R.], wodurch die vorhandene Schwierigkeit, nämlich eine deutliche Verdoppelung, angedeutet wird. M.E. muss Kap. 66 als eine neue Einheit betrachtet werden.[4]

Kann aber angesichts der Anlehnung von Jes 65 an das Klagegebet 63,7ff. von einer Fortschreibung „im Hinblick auf" Jes 60–62 geredet werden? Dieser Frage muss jetzt nachgegangen werden.

C. Verhältnis zu Jes 60–62

Es fällt auf, dass die Bezüge von Kap. 65 zu Jes 60–62 in der oben genannten Studie Stecks kaum erwähnt werden und dass sie in Laus Untersuchung zu den literarischen Bezügen von Jes 56–66 eine ausgesprochen bescheidene Berücksichtigung finden.[5]
Die Palette möglicher Bezüge zu den Kernkapiteln ist dennoch breit. Sie lässt sich am besten tabellarisch darstellen: Im folgenden werden vorläufig die ge-

---

3   STECK, Studien, 217–228. Durch diese Untersuchung wurde die seit J. LEY oft wiederholte These, Kap. 65 stelle eine Antwort auf die vorhergehende Volksklage dar, ausführlich begründet und um Kap. 66 erweitert (für andere Vertreter dieser These siehe KOENEN, Ethik, 161, Anm. 21).

4   Die Gründe dafür s.u. S. 104.

5   LAU trennt Kap. 65 in drei Perikopen auf, die zwei verschiedenen Tradentenkreisen zugeschrieben werden. Für das gesamte Kap. 65 müssen S. 185–202 und 134–142 konsultiert werden.

meinsamen Themen und Motive beider Textbereiche zusammengestellt, ohne dass dadurch in jedem Fall eine Abhängigkeit behauptet würde.

	Kap. 65	Kap. 60–62
A	65,9b: meine Auserwählten werden [das Land] besitzen und meine Knechte daselbst wohnen;	60,21: sie … werden auf ewig das Land besitzen; 61,7 sie sollen [mein Volk] in ihrem Lande Zwiefältiges besitzen;
B	65,10: Saron und Tal Achor […] ein Lagerplatz der Rinder für mein Volk, das nach mir fragt…	61,5: und Fremde werden dastehen und eure Schafe weiden, und Ausländer werden eure Ackerleute und Weingärtner sein;
C	65,13–14: meine Knechte werden essen, trinken, frohlocken…;	62,8f.: ich will dein Korn nicht mehr deinen Feinden zur Speise geben, noch sollen Fremde deinen Wein trinken… 61,7: ewige Freude soll ihnen werden… 61,10: laut will ich mich freuen des Herrn…
D	65,15b: euren Namen werdet ihr als Fluchwort hinterlassen, aber meine Knechte wird man mit anderem Namen nennen;	62,2: man wird dich nennen mit einem neuen Namen, den der Mund des Herrn bestimmen wird; 62,12: Und man wird sie nennen „Heiliges Volk"…;
E	65,16b: … weil vergessen sind die früheren Drangsale, meinen Augen entschwunden;	62,4: du wirst nicht mehr „Verlassene" heißen […], sondern du wirst heißen „Meine Lust" und dein Land „Vermählt";
F	65,17: Denn siehe, ich schaffe einen neuen Himmel und eine neue Erde;	60,2 Denn siehe, Finsternis bedeckt die Erde… 60,17a: statt des Erzes bringe ich Gold… 60,19: Die Sonne wird nicht mehr dein Licht sein am Tage und der Glanz des Mondes dir nicht mehr leuchten, sondern Jhwh wird dein ewiges Licht sein;
G	65,18b: Ich wandle Jerusalem zu Jubel um und sein Volk zu Frohlocken;	60,15: ich werde dich zur Freude von Geschlechtern machen 61,7: ewige Freude soll ihnen werden…; 61,10: laut will ich mich freuen des Herrn

H	65,19: Ich werde jubeln über Jerusalem und frohlocken über mein Volk…		62,5: Denn wie der Jüngling die Jungfrau freit, so wird dein Erbauer dich freien […], so wird dein Gott sich deiner freuen;
I	65,22: … und was ihre Hände erarbeitet, das sollen meine Erwählten verzehren.		62,8f.: ich will dein Korn nicht mehr deinen Feinden zur Speise geben, noch sollen Fremde deinen Wein trinken, den du erarbeitet hast. Nein, die das Korn sammeln, sollen es essen… Vgl. 61,5 und Fremde werden dastehen und eure Schafe weiden, und Ausländer werden eure Ackerleute und Weingärtner sein;
J	65,23b: sie sind das Geschlecht der Gesegneten des Herrn;		61,9: ihr Geschlecht wird bekannt sein unter den Völkern, alle, die sie sehen, anerkennen, dass sie ein Geschlecht sind, das der Herr gesegnet hat;
K	65,24: ehe sie rufen, werde ich antworten;		62,1: um Zions willen kann ich nicht schweigen… 62,6b: Die ihr Jhwh an Zion erinnert, bleibt nicht ruhig und lasset ihm keine Ruhe, bis er Jerusalem aufrichtet…
L	65,25b: nichts Böses auf meinem heiligen Berg;		60,18–21: man wird in deinem Lande nicht mehr hören von Gewalttat; … deine Bürger sind lauter Gerechte;

Die oben dargestellten Parallelen zwischen Jes 65 und Jes 60–62 sind nicht alle gleicher Natur. Die Bezüge auf Jes 60–62 gehen nicht dem Referenztext entlang, wie das bei Bezügen auf Jes 63,7ff. der Fall ist – ein Zeichen, dass der Bezug auf das Klagegebet 63,7ff. strukturell einen Vorrang hat. Dennoch hat sich Steck zu Recht veranlasst gefühlt, von einer „kritischen" und „korrigierenden" Antwort auf 63,7ff. zu sprechen.[6] Die Aufnahmen der Themen und Motive aus dem Bereich Jes 60–62 dagegen sind viel weniger durch eine korrigierende Absicht gekennzeichnet. Den meisten Entsprechungen zwischen Kap. 65 und Jes 60–62 liegt wohl die Überzeugung zugrunde, dass die Verheißungen ihre Aktualität behalten haben und unweigerlich in Erfüllung gehen werden. Jes 65,17 kann sogar eine Überbietung von 60–62 (Reihe „F") bedeuten. In der Entsprechung „D" (Tabelle) ist die in Kap. 65 neue Einschränkung der Verheißungen auf eine der zwei Parteien sichtbar. Gewiss ist auch in anderen Punkten eine mehr oder weniger deutliche Umdeutung der Prophetie von Jes 60–62 vorgenommen worden, aber nicht das „Korrigieren" der Zukunftsvorstellung steht im Vordergrund, sondern die Behauptung ihrer Aktualität.

---

6 Studien, 221.

Der Verfasser von Jes 65 scheint an den Verheißungen festhalten zu wollen, bestimmt aber gleichzeitig ihre Adressaten anders, als dies in Jes 60–62 der Fall ist. So lassen sich die meisten Umdeutungen als „Umadressierungen" verstehen.

Die Verheißungen in Jes 60–62 beziehen sich auf Jerusalem/Zion und dessen Volk. Die in Jes 60 fast durchgehende und in Jes 62 dominierende Formulierung in 2.Sing. fem. setzt die weibliche Metapher der Stadt voraus. Die Anwendung einer solchen Metapher ist natürlich nur dann möglich, wenn man die Stadt und ihre Bürger/Einwohner als ein untrennbares Ganzes betrachtet. Es wird so die Größe „das Volk Jerusalems" angenommen, und es ist klar, dass dieses Volk seine Feinde (oder ehemaligen Feinde) nur außerhalb dieser Stadt haben kann. Das Gegenüber des Volkes von Jerusalem ist vor allem Jhwh selbst, aber auch der Prophet und die fremden Völker. Das mittlere Stück, Kap. 61, gibt zwar die Anrede in 2.Sing. fem. vorübergehend auf, aber die Größe „Volk Jerusalems" wird beibehalten, ebenso seine Gegenüber. Nun ist aber das in Jes 60–62 vorausgesetzte, in einer unmittelbaren Beziehung zu Jhwh stehende Volk alles andere als selbstverständlich für Jes 65. Hier ist es nicht mehr vorausgesetzt, sondern Gegenstand der Sehnsucht und der Bestrebungen. So versucht 65 aufzuzeigen, wie Gott das von Jes 60–62 Vorgesehene und Versprochene (Abwesenheit des Bösen, die Volkseinheit) herbeiführen wird.

Es muss hier in Kürze auf die einzelnen signalisierten Bezüge eingegangen werden.

(A) Zu den gemeinsamen Motiven von 65,9 und 60,21 zählt das Erben des Landes /„meiner Berge" (jeweils mit dem Verb ירשׁ). Die Auserwählten (65,9b) treten an die Stelle des „Volkes aus lauter Gerechten" (60,21a).

(B) Ein absichtlicher Bezug ist wenig wahrscheinlich, aber die Wandlung der Metaphorik ist trotzdem bezeichnend: der Anspruch auf die fremden Bediensteten als Hirten fällt weg. In 65 ist das Gottesvolk für das Weiden der Tiere selber zuständig.

(C) In Jes 62,8f. gilt die Verheißung von Speise und Trank der ganzen Gemeinde, dem Volk ohne Feinde. In 65,13 wird diese Verheißung auf die Knechte eingeschränkt.[7] Die Freude der Knechte erinnert an 61,7, wo רנן und שׂמח auch gleichzeitig vorkommen.

(D) Kap. 62 ist umrahmt von zwei Namensgebungen und hat wohl 65,15 inspiriert. Aber in Jes 65 wird neben dem positiven Teil, der den Heilsverheißungen entspricht, ein negativer Teil angefügt.

(E) Die Ähnlichkeit ist allgemein: Anbruch der Heilsepoche nach einer Zeit der Bedrängnis. Eine literarische Bezugnahme auf Kap. 65 ist dennoch nicht erkennbar. Auf der Wortlautebene ist für 65,16b Jes 43,18 maßgeblich.[8]

(F) Für 65,17 bleibt Jes 43 (hier V. 19) die Vorlage, aber Lau hat zu Recht auf die stilistische Verbindung zu 60,2 hingewiesen (כי־הנה).[9] Jes 60,17 thema-

---

7 LAU nimmt auch 62,8f. als Vorlage für 65,13 an; vgl. 199.
8 Vgl. SEHMSDORF, 520f.
9 Vgl. S. 136.

tisiert zwar keine neue Schöpfung, aber ein neues Zeitalter erscheint am Horizont. Dafür wird in 60,19 die Veränderung in kosmischen Dimensionen gesehen, und die Idee einer neuen Schöpfung (hier v.a. Auflösung der ersten) schafft eine Verbindung zu 65,17a. Dennoch wäre es zu spekulativ, eine literarische Abhängigkeit zwischen 60,19f. und 65,17a anzunehmen.

(G) Die Motive rund um die Freude Jerusalems stammen vor allem aus Jes 60,15 (משוש)[10], 61,7 und 61,10 (die letzte Stelle mit Wortbezügen zu 65,18: שוש שוש und גיל).

(H) Die Freude Jhwhs über Jerusalem wird auch aufgenommen, und das doppelte שוש von 62,5 findet ein Echo in 65,19. Die Metapher der Verlobung zwischen Jhwh und Jerusalem wird zwar gemieden, aber das Thema der Freude doch in ähnlicher Weise diskret aufgenommen. Dies ist vielleicht ein Zeichen dafür, dass zwischen Kap. 62 und der Formulierung von 65,17ff. Ereignisse liegen, nach welchen man nicht mehr von Jerusalem als einer jungfräulichen Braut reden wollte.

(I) In Jes 65,22 ist ein Bezug auf 62,8f. wahrscheinlich. Dafür sprechen vor allem der Wortkontakt (יגע) und die Formulierungsähnlichkeit. Steck weist zwar auf die verschiedenen Voraussetzungen von 65,22 und 62,8 hin:[11] in 65,22 ist die Langlebigkeit des Volkes das Thema, in 62,8 steht das Ausbleiben des Krieges (und der damit verbundenen Plünderungen) im Hintergrund; aber die zwei Assoziationen dürfen nicht gegeneinander ausgespielt werden, zumal der frühzeitige Tod und auch Plünderungen zum Erscheinungskomplex der Bedrängniszeit gehören.[12]

(J) 65,23b zitiert aus Jes 61,9, aber „der bei TrJes [= Jes 60–62; L.R.] vorhandene Völkerbezug wird ausgeblendet.“[13] Angesichts dieses offenkundigen Zitats scheint es nicht gerechtfertigt, dass Steck in dieser Stelle ausschließlich einen Verweis auf 64,7 (ohne Wortbezüge) sieht.

(K) 65,24 ist in erster Linie durch den Anfang von Kap. 65 bedingt (Stellungnahme zum Heilsverzögerungsproblem), aber die Ähnlichkeit zu Jes 58,9 ist trotzdem auffallend. Diese Ähnlichkeit kann auf eine Abhängigkeit zurückgehen oder durch die gleiche Funktion (Heilsverzögerungserklärung) bedingt sein. Wenn durch diese Aussage von 65,24 ein „Ende der Verzögerung" in Aussicht gestellt wird, ist eine Heilsverheißung vorausgesetzt. Diese ist in Jes 60–62 überliefert. Jes 62,1 oder 62,6b werden hier nicht wörtlich aufgenommen, aber durch 65,24 erübrigt sich ihre Botschaft: Jhwh lässt sich nicht mehr lange bitten und

---

[10] Aus den 15 Vorkommen von משוש im AT ist Jes 60,15 zweifelsohne die nächste Parallele und ein Bezugsvers für 65,18. Vgl. auch KOENEN, Ethik, 176, Anm. 114.

[11] STECK, Studien, 222.

[12] STECK sieht in Jes 65,22 vor allem eine umgekehrte Aufnahme der Todesthematik von Jes 64,5–7. Diese Aufnahme ist sehr wohl möglich, schließt aber einen Bezug auf Jes 62,8 nicht aus. Man sollte nicht übersehen, dass in Jes 64,5–7 selbst die Todesthematik im Zusammenhang mit den durch die Fremden auferlegten Bedrängnissen steht.

[13] LAU, 139.

lässt nicht auf sich warten. Eine Bezugnahme muss dennoch hier nur Vermutung bleiben.

(L) Auch in diesem Punkt lässt sich ein Bezug nicht nachweisen. 65,25b beschreibt aber einen Zukunftszustand, der sich wohl aus 60,18–21 ableiten lässt. Neu sind die kultische Komponente (der Begriff קֹדֶשׁ) und die räumliche Konzentration („Berg" anstatt „Land").

Das Verhältnis zu Jes 60–62 kann jedoch nicht allein aufgrund der Themen- und Wortbezüge bestimmt werden. Der erste Vers von 65 macht bereits deutlich, dass wir eine Stellungnahme zum Thema „Heilsverzögerung" vor uns haben. Die Stellungnahme ist zugleich eine Antwort auf die in 63,7–64,11 geäußerte Volksklage. Damit wird aber der Bezug zu den Heilsverheißungen, die ja durch die Klage vorausgesetzt sind, nicht geschwächt, sondern verdeutlicht. Die nicht wenigen Querverbindungen zu Jes 60–62 veranlassen mich zur Annahme, dass die Heilserwartungen, um die sich in Kap. 65 alles dreht und welche dort vorausgesetzt sind, diejenigen von Jes 60–62 sind. Wenn dem so ist, darf man bei der Einschätzung des Verhältnisses von Jes 65 zu Kap. 60–62 die Tatsache nicht aus den Augen verlieren, dass Kap. 65 die Erhörung des Klagegebets darstellt. Dies bedeutet, dass es eigentlich nicht mehr um eine „Verzögerungserklärung" geht, sondern um eine „Eintreffenserklärung". Natürlich wird durch Kap. 65 das Heilshindernis angesprochen, und dieser Teil spielt auch eine bedeutende Rolle. Das Hindernis soll aber nicht mehr im Wege stehen, weil diejenigen, die für die Verzögerung verantwortlich sind, bei der Heilsankunft umgangen bzw. eliminiert werden. So schreibt Kap. 65 die Prophezeiungen von 60–62 in dem Sinn fort, dass es ihr Eintreffen und dessen zweiseitige Konsequenzen ankündigt.

D. Das Gottesvolk im Gericht

1. Überblick über die Entwicklung

Das Volk wird in Jes 65 zunächst durch seine Ablehnung Jhwhs bestimmt: V.1–2 גוֹי לֹא־קֹרָא בִשְׁמִי und עַם סוֹרֵר. Diese Ablehnung zieht ihrerseits die Ablehnung des Volkes durch Jhwh nach sich, wie V. 6f. deutlich macht. V. 8–12 erläutern dabei, dass vom Volk nur die Auserwählten bestehen bleiben: sie werden zu Jhwhs Knechten. So wird der Begriff „Volk" im ganzen Teil 65,8–16 durch die Bezeichnungen „meine Auserwählten" und „meine Knechte" ersetzt, was so viel bedeutet wie „ein Rest des Volkes". Gleichzeitig bilden nicht die fremden Völker das Gegenüber dieser Auserwählten, sondern die namenlosen Abtrünnigen. So wird hier eine folgenschwere „Umadressierung" der ursprünglichen Heilsverheißungen vorgenommen.

Der Ausdruck „mein Volk" (V. 10) bezieht sich auf den auserwählten Rest, auf diejenigen, die gerade nicht das Volk von 65,1–2 bilden. Dies wird klar aus dem Relativsatz „das nach mir fragt" (עַמִּי אֲשֶׁר דְרָשֻׁונִי). Jes 65,8–16 schildert zwei Läuterungsgerichte. Im ersten (V. 8–12) werden die Abtrünnigen durch das Schwert ausgerottet; im zweiten (V. 13–16) werden die Bösen zwar nicht getötet, sondern systematisch von den Lebensressourcen abgeschnitten: sie leiden Hunger und Durst und geraten in Verzweiflung. Es wird über sie ein Gottesfluch verhängt, der gleich wie im ersten Szenario Eliminierung des verdorbenen Teils des Volkes zur Folge hat.

Mit einem großen Bogen von V. 1 bis V. 16 wird der Grund vorbereitet, um ab V. 17 wieder vom Volk im Sinne der Kap. 60–62 reden zu können. Der Weg für das Eintreffen der großen Verheißungen ist mit der Ausrottung der Bösen wieder frei. Das Bild eines neuen Schöpfungsaktes verrät, dass sich der Verfasser von Jes 65 keine Illusionen macht: das angestrebte Ziel zu erreichen, ist keine Bagatelle. Dennoch verlässt er sich darauf, dass das Versprochene seine Aktualität behalten hat – nur nicht für alle, für die es ursprünglich gemeint war.

2. Abwesenheit der Völker

Der Verfasser von Jes 65 scheint mit der in Jes 60–62 vertretenen Vorstellung der Fremden und ihrer Unterwerfung nichts mehr anfangen zu können. Er selbst entwirft eine Gesellschaft, die als „demokratisch", aber in sich geschlossen erscheint. Die Dominanz der nationalen Anliegen wird sogar im Motiv der neuen Schöpfung nicht zurückgestellt. Dass in V. 17a bei der „eschatologischen Neuschaffung wohl mit ‚Himmel und Erde' begonnen, dann aber einzig auf den Raum Jerusalem/Juda geschaut wird",[14] hat die meisten Exegeten gestört und z.T. zu allzu radikalen literarkritischen Lösungen geführt.[15] Zwar lässt sich V. 17a durch einen Bezug auf 63,19b–64,3 und den Einfluss von DtJes befriedigend erklären,[16] aber die engen Grenzen des Heilsterrains werden dadurch nur bestätigt. Die Fremden bleiben außerhalb des Blickfeldes, ihre Rolle ist auf das „Fernbleiben" beschränkt, so dass der Krieg und seine Grausamkeiten den zukünftigen Generationen erspart werden (vgl. 65,19b–23). So werden die Aussagen von Jes 60–62, die sich mit der Rolle der Völker beschäftigen, grundsätzlich ignoriert oder umgedeutet. Die in 61,5 für die Ausländer vorgesehene Arbeit als Ackerleute und Weingärtner wird in 65,22 von den Erwählten Jhwhs selber übernommen. 65,10 zeigt zusätzlich, dass dieses erwählte Volk sich auch mit Viehzucht beschäftigen wird. Es lässt sich allerdings aufgrund dieser Parallelen kaum behaupten, dass Jes 65 die Rolle der Fremden von 60–62 systematisch auf

---

[14] PAURITSCH, 183.

[15] SEKINE spricht in diesem Zusammenhang von einer „crux interpretum" – was vielleicht die Schwierigkeit überschätzt – und bietet eine Übersicht über die vorgeschlagenen Lösungen. SEKINE selbst (174–177) nimmt Versumstellungen vor und nimmt die Wiederaufnahme des Motivs „Erde" in V. 25 an, und zwar indirekt durch den Bezug auf Jes 11,9b.

[16] Vgl. STECK, Studien, 222.

das eigene Volk überträgt. Vielmehr sind die Aussagen von 65,10.22 symptoma-
tisch für das Desinteresse des Verfassers den fremden Völkern gegenüber.

3. Scheidung quer durch das Volk

Das Ziel von Kap. 65 ist es grundsätzlich, eine Gemeinde zu entwerfen, aus welcher das Böse und die Bösen ausgeschieden sind. Es wird ein Gericht inszeniert,
das die Guten von den Bösen trennen soll (65,8ff.). Dieses Gericht wird in zwei
Sequenzen dargestellt (V. 8–12 und 13–16), die es näher zu betrachten gilt. Auf
die Anklage, die in diesem Gericht vorgebracht wird, werden wir anschließend
eingehen: der Hauptanklagepunkt ist in Kap. 65 die Ausübung fremder Kulte.
Die diesbezüglichen Konkreta werden im Exkurs (unten S. 92) gesondert angesprochen.

1) Erste Sequenz: Jes 65,8–12
V. 8
Nach der Botenformel wird Jhwh ein gängiger Spruch in den Mund gelegt, der
besagt, man solle die Traube mit Saft nicht verderben, wegen des Segens, der
sich in ihrem Inneren befindet. Damit wird möglicherweise auf den Abschnitt
63,1–6 angespielt, in welchem der Vergelter als Kelterer erscheint, der die Trau-
ben (die Völker) tritt und ihren Saft zur Erde rinnen lässt. An seinem eigenen
Volk will Jhwh aber nicht gleich handeln, weil der „Segen" innerhalb des Volkes
zu finden ist. Diese Aussage bezieht sich offenbar auf „den besseren Teil" des
Volkes, der als Träger des Segens gilt.
V. 9
Dieser Vers enthält zwei doppelte Bezeichnungen für die Betroffenen auf der
„positiven" Seite:
Nachwuchs aus Jakob / aus Juda ein Erbe
meine Auserwählten / meine Knechte
Es ist schwer zu sagen, wie die zwei Paare zusammengehören. Grundsätzlich
ist es möglich, eine Beziehung zwischen den Namen der ersten und der zweiten
Zeile zu sehen. Dabei fällt auf, dass in der ersten Zeile im Singular gesprochen
wird, in der zweiten im Plural. Der Grundgedanke, in welchem der Nachwuchs
Jakobs mit den Auserwählten identifiziert wird, kann sich auf Jes 41,18 berufen
(aber ohne das Wort זרע).[17] Dass der Erbe aus Juda stammt, ist ein Gedanke,
der in der zionorientierten Theologie nicht überrascht. „Jakob" wird auch hier
ein Relikt des Paars „Israel/Jakob und Juda" bilden, ohne dass es sich auf das
ehemalige Nordreich beziehen muss. Dagegen ist der Ausdruck „Nachwuchs *aus*
Jakob" (מיעקב זרע) sonst unbekannt. Der normale Ausdruck lautet זרע יעקב –
Jes 45,19; Jer 33,26; Ez 20,5 [זרע בית יעקב], oder gar כל זרע יעקב – Ps 22,24,

---

17 Vgl. auch Ps 105,6 // 1.Chr 16,13; Ps 135,4.

ähnlich Gen 46,6.[18] „Aus Jakob" muss in diesem Zusammenhang einen Teil der „Nachkommen" bezeichnen. Trotz der unterschiedlichen Präposition drängt sich die Parallele zu Jes 59,20 auf: in beiden Texten geht es um einen Teil Jakobs. Ähnlich muss auch „aus Juda" für einen Teil der Judäer stehen oder, geographisch aufgefasst, „aus dem Gebiet Juda Stammende" im Blick haben. Werden die zwei Bezeichnungen als Synonyme verstanden? Ein typisches Paar bilden Israel und Juda (192-mal im AT). Jakob und Juda dagegen treten nur ausnahmsweise als Paar auf (noch 6-mal: Jes 48,1; Jer 5,20; Hos 10,11; 12,3; Mi 1,5; Klg 2,2).

Der Name Israel wird also gemieden und durch Jakob ersetzt. Zudem ist die Bezeichnung „aus Jakob" sowie auch die drei anderen Ausdrücke als jeweils ein Teil des bisherigen Volkes verstanden.

V. 10

Die Landverheißung für Jhwhs Volk wird im Anschluss an V. 9 weitergeführt. Hier wird sie durch die Erwähnung von zwei geographischen Namen konkreter.

Scharon שָׁרוֹן ist der Name der Ebene (Wurzel יָשַׁר?), die sich von Joppe gegen Norden erstreckt, berühmt für ihre üppige Vegetation (Fruchtbarkeit): Jes 33,9; 35,2; Cant 2,1 und als Weideland: 1.Chr 27,29; so auch Jes 65,10.

Das Tal Achor muss westlich oder südwestlich von Jericho liegen. Aus Jos 15,7 geht hervor, dass es an der Grenze von Juda liegt. Manchmal wird es mit el-Buqʻa identifiziert.[19] In Jos 7,24.26 wird der Name mit einer Ätiologie erläutert und vom Verb עכר[20] aus interpretiert. Es ist der Ort des Strafvollzugs an Achan durch Josua. In Hos 2,17 gehört die Erwähnung des Tales Achor zu einer Verheißung, in welcher es symbolisch פתח תקוה [Pforte der Hoffnung] genannt und in Parallele zu den „Weinbergen" gesetzt wird. Assoziiert mit dem Auszug aus Ägypten, steht das Tal Achor für das verheißene, fruchtbare Land, das vom Volk Israel nach der Wüstenwanderung in Besitz genommen wurde. Im Kontext von Hos geht es um die Wiederherstellung des Ehe-Verhältnisses zwischen Jhwh und Israel.

In eine Parallele gebracht sind Scharon und das Tal Achor nur hier in Jes 65,10. Durch diese zwei Orte wird geographisch die Breite des Landes abgesteckt. Das Paradoxe ist, dass das große Vieh (בקר) im Tal Achor weidet, das kleine (צאן) dagegen in Scharon. Dabei ist Scharon nicht nur von Natur aus besser als Weideland für größere Tiere geeignet, sondern wird auch explizit (1.Chr 27,29) in Verbindung mit den Weiden von הבקר genannt. Sind hier beide Viecharten als gleichwertig angesehen? Oder haben wir es mit einer Steigerung zu tun, laut welcher das Tal Achor noch ergiebiger sein soll als die Scharonebene? Bei Scharon überrascht, dass das Weiden der Herde in diesem fruchtbaren Gebiet überhaupt eine Neuigkeit sein sollte. Diese „Neuigkeit" ist aber wahrscheinlich theologischer Art und besteht in einer neuen Anwendung des jesajanischen Motivs

---

[18] Vom Nachwuchs Jakobs wird sonst in der Schwurformel gesprochen, in welcher die Inbesitznahme des Landes den Nachkommen von den drei Patriarchen zugesichert wird (Ex 33,1; Dtn 1,8; 34,4).

[19] Vgl. FRITZ, zu Jos 15,7, 160.

[20] FRITZ, 84: „zurückdrängen" und in einem weiter gefassten Sinn „bedrängen, „schädigen". HALAT: in qal u.a. „ins Unglück bringen"; BDB: „stir up", „disturb", „trouble".

„Scharon" von Jes 33,9 und 35,2. In Jes 33,9 trägt Scharon die schweren Konsequenzen eines Bundesbruchs, in Jes 35,2 ist es der Ort der zukünftigen, wundersamen Erneuerung in der Zeit des Heils. In 33,9 wird Scharon unter drei anderen Ortsbezeichnungen genannt, die das „Verdorren des Landes" anschaulich machen (mit Libanon, Basan und Karmel): „Da wird Scharon der Wüste gleich" (היה השרון כערבה). Der Anfang von Kap. 35 nimmt mit aller Präzision Bezug auf 33,9 und malt so ein Bild der Zukunft mit den gleichen Motiven, aber umgewandelt ins Positive.[21] Hier blüht die Wüste wie eine Narzisse[22]. Es ist die Rede von der Herrlichkeit des Libanon und über die Pracht des Karmel und der Scharonflur. Für den Schreiber von Jes 65 kann Scharon also als ein Ort der natürlichen Üppigkeit stehen, dem das Verdorren nur auf spezielle Anordnung Jhwhs hin droht. Abgesehen davon scheint es normal, dass die Herden im Scharon genug Nahrung finden.

Das Tal Achor hebt sich durch seine geographische Lage, durch Klima und kulturelle Prägung von der Scharonebene ab, teilt aber mit ihr eine ähnliche Legende: Beides sind Orte der Strafe Gottes für die in der Vergangenheit begangene Untreue. Dass Achor, das im Wüstengebiet liegt, zum „Lagerplatz" (רבץ) für die Rinder wird, muss verwundern. Da scheint ein Fluch, der vor unvordenklichen Zeiten über dieses Tal ausgesprochen wurde, aufgehoben zu werden – für diejenigen, die nach Jhwh fragen.[23]

In Jes 65,10 liegt vermutlich eine gut durchdachte, kombinierte Bezugnahme auf Texte (oder Traditionen) wie Jes 33/35 einerseits und auf Jos 7 andererseits vor. Auf dem Hintergrund dieser einmal bestraften Orte wird in starkem Kontrast dazu das Glück der Auserwählten und der Knechte dargestellt. Die werden von den einst fluchbetroffenen Gegenden profitieren können. Dies kann ein Bild dafür sein, dass der Weg zum Segen für die Knechte durch den verhängten Fluch hindurch führt. Die Knechte bestehen im Gericht, aber das Zorngericht wird kommen, und die Knechte werden ihre Ehrenstellung erst nach diesem Gericht einnehmen können.

Nirgends wird deutlicher als in V. 11, worin die Schuld des „Volkes" besteht. Das „Verlassen Jhwhs" und das „Vergessen seines heiligen Berges" (V. 11a) bleibt hier nicht eine allgemeine Anschuldigung. V. 11b erläutert, was mit der Anschuldigung gemeint ist: das Opfern für fremde Gottheiten, deren Namen im Text genannt werden: Gad und Meni. Zwar möchte Hanson auch hier einen symbolischen Vergleich mit heidnischen Riten sehen („the aberrations are again symbolized by pagan abominations"),[24] aber diese metaphorische Auffassung ist m.E. unhaltbar. Im Gegenteil, die oft symbolische Sprache von TrJes wird in den götzenkritischen Passagen außergewöhnlich konkret. Im Vergleich zu Jes 65

---

[21] Dies muss nicht der These O.H. STECKS, Heimkehr (15) widersprechen, dass für die Bildung von Jes 35,1–2 Jes 40,3–5 der dominierende Bezugstext ist. Sachlich sind 35,1–2 und 40,3–5 näher verwandt, weil sie generell dieselbe Stoßrichtung haben, während 33,9 umgekehrt aufgenommen wird. M.E. war aber der Wortlaut von 33,9 grundlegend für 35,1–2. STECK anerkennt am Rand auch eine Bezugnahme auf Jes 33,9 vor allem wegen der Erwähnung Scharons (16).

[22] חבצלת – diese Blume wird in Cant 2,1 mit Scharon assoziiert.

[23] Die Menschenkategorie „die nach Jhwh fragen" ist hier als „mein Volk" (עמי) bezeichnet.

[24] HANSON, 154.

oder 57,3ff. ist die Götzenkultpolemik von DtJes klischeehaft und abstrakt, und historische Hinweise sind ihr kaum abzugewinnen. Hier sind solche Hinweise dagegen zahlreich, auch wenn deren Datierung nicht einfach ist. Weiter unten werden die Hinweise auf fremde Kulte zusammengestellt und besprochen. Für die These dieser Arbeit ist nicht ihre Datierung entscheidend, sondern ihre Konkretheit. M.E. ist in der Auseinandersetzung mit der synkretistischen Praxis der Ausgangspunkt des sogenannten Universalismus von TrJes zu sehen.[25]

In V. 12 wird die Strafe („Schwert") angesagt, was normalerweise auf ein Kriegsszenario hindeutet. Hier ist jedoch unwahrscheinlich, dass das Gericht in Form eines Krieges kommen sollte, weil der Krieg wohl kaum zwischen den „Bösen" und den „Guten" trennen kann. Wurde vielleicht darum der Text 65,13–16 diesem Stück angeschlossen, um die Trennung mit der Theologie von „Segen und Fluch" zu erklären? In den Versen 65,8–12, in denen die Ausführungen zum Thema „nicht das Ganze verderben" stehen, ist nur das theologische Prinzip anders formuliert als in V. 13ff., die Aussage aber bleibt gleich. Auch hier geht es um die Erhaltung eines Restes.

2) Zweite Sequenz: Jes 65,13–16

Es ist berechtigt, mit Hanson in diesem kurzem Abschnitt das Musterbeispiel für „salvation-judgment oracle" zu sehen. Dadurch wird diesem Orakel nicht eine vorschriftliche oder selbständige Existenz zugeschrieben, sondern im Gegenteil kann Jes 65,13ff. zum Argument gegen das Zertrennen von TrJes in Kleineinheiten werden.[26] V. 13–16 sind eine Zusammenfassung von 9f. und 10f., was durch die Wiederholung der Ausdrücke aus V.9b und 11a deutlich wird.[27] Das beide Gruppen umfassende Gerichts- und Heilswort ist der Höhepunkt und Wendepunkt von Jes 65. Die Scheidung quer durch das Volk ist der Wendepunkt, nach welchem nur noch vom Glück Jerusalems die Rede ist. Damit spiegelt der Aufbau dieser Einheit deren Botschaft wider: das Volk wird in zwei geteilt. Die Scheidung wird mit der traditionellen Begrifflichkeit von Segen und Fluch erklärt (V. 15–16). Aber dies kann nicht über eine neue Bestimmung der Adressaten von Segen und Fluch hinwegtäuschen. Die Namensgebung in V. 15 ist Ausdruck dieser „Umadressierung".

Gleichzeitig ist hier ein Bezug von Jes 65,16 auf DtJes festzustellen: Jes 48,1 הנשבעים בשם יהוה ובאלהי ישראל יזכירו [לא באמת ולא בצדקה]. Das Schwören (שבע niph. mit ב) wird an beiden Stellen als Zeichen der Zugehörigkeit verstanden. Der Schwur, einmal auf den Gott Israels (זכר als Synonym zur Wurzel שבע)[28], einmal auf den Gott der Treue (אלהי אמן), scheint im letzteren Fall ein Korrektiv zu enthalten. Die Bezeichnung „Gott Israels" scheint proble-

---

[25] Vgl. unten S. 120 und 124.

[26] Vgl. HANSON, 144.

[27] So auch WESTERMANN, 322.

[28] Dazu vgl. GIESEN, Die Wurzel שבע „schwören", 40.

matisch geworden zu sein (kein Vorkommen im ganzen trjes Bereich, dafür 7-mal in PrJes und 6-mal in DtJes). Der Verfasser von Jes 65* ersetzt sie mit dem Ausdruck „Gott der Treue" (אלהי אמן) und lässt dadurch verstehen, wo die Ursache des Problems liegt: nicht bei Gott – er ist nach wie vor ein Gott der Treue. Was diesem Verfasser Mühe bereitet, liegt auf der Seite „Israels". Darum weigert er sich, vom „Gott Israels" zu reden.

Die oft beobachtete Meidung des Begriffs „Israel" in Jes 56–66 konnte noch nicht befriedigend erklärt werden, obwohl die Vermutung, dass dieser Name von einer Fraktion für sich in Anspruch genommen wurde, vieles für sich hat. Wenn der gemiedene Name „Israel" ein Hinweis auf den zum Fluch gewordenen Namen in V. 15 ist,[29] würde hier der stärkste Protest gegen das herkömmlich verstandene Volk vorliegen. Im Zusammenhang mit der Gegenüberstellung der „Knechte" und der „Nicht-Knechte" (der Angeklagten) wäre ein solcher Protest denkbar: nicht die ethnische Zugehörigkeit, sondern die Qualität des Knechtes ist entscheidend für die Mitgliedschaft in der Gemeinde Jhwhs. Kap. 65 zeigt aber zugleich, dass dieses „unethnische" Verständnis des Volkes nicht automatisch „international" sein muss. Der Ausschluss der Nicht-Knechte führt hier nicht zur Rekrutierung neuer Mitglieder, aus anderen Völkern. Dieser Aspekt macht Kap. 65 zu einem Bindeglied zwischen zwei verschiedenen Entwicklungsetappen des Volksbegriffes in TrJes: in Kap. 65 wird die nationale Komponente mit aller Kraft negiert, ohne aber durch ein internationales Konzept des Gottesvolkes ersetzt zu werden. Diese Zwischenposition verleiht Kap. 65 im Kontext von TrJes ein Stück Eigenständigkeit.

4. Exkurs: Hinweise auf fremde Kulte

Lässt Kap. 65 Schlüsse auf seine Verfasserschaft und die Lebenssituation der Gemeinde zu? Die erträumte Zukunft ohne das Böse und auch ausdrücklich „ohne die Bösen" verrät das Hauptproblem der Verfasser: das Böse und die Übeltäter. Diese Übeltäter versperren dem in Jes 60–62 versprochenen Heil den Weg. Wodurch sie diesem Heil im Weg stehen, geht aus den prophetischen Anklagen und Gerichtsankündigungen hervor: durch abwegige Kult- und Opferpraktiken, wobei das Illegitime in einer synkretistischen Mischung verschiedener Elemente zu bestehen scheint. Folgende Stellen liefern Hinweise auf diese angeprangerten Praktiken.

1) Jes 65,3f.
Die Bezeichnung העם המכעיסים אותי על־פני תמיד („Ein Volk, das mich immer ins Angesicht reizt") deutet in ihrem ersten Teil kultische (fremde bzw.

---

[29] „Euren Namen werdet ihr als Fluchwort hinterlassen meinen Erwählten": Ähnliches wird öfter mit קלל oder אלה anstatt mit שבעה ausgedrückt, jedoch *ohne* das Wort „Namen". Analogien zum Namen als Fluchwort vgl. Jer 26,6 (קללה) und 29,18.22 (אלה; קללה); Num 5,21.27 (אלה); Dan 9,11). שבעה parallel zu אלה in Num 5,21 und Dan 9,11.

synkretistische) Aktivitäten an, insoweit כעס hi. vor allem das „Reizen" Jhwhs durch den Götzendienst bedeutet. Aber auch der zweite Teil hat eine unmissverständlich kultische Prägung: על פני knüpft an die beiden Belege des Gebotes gegen den Kult fremder Götter an (Ex 20,3; Dtn 5,7). על פני תמיד erinnert auch an לפני יהוה תמיד, das in den folgenden Stellen zu finden ist: Lev 24,3f. (immer brennende Lampe); Lev 24,8 (Feueropfer); Ex 28,29 (Namen der Söhne Israels in der Brusttasche Aarons); Ex 30,8 (tägliches Räucherwerk). Das kultische Umfeld ist also deutlich. So kann sich der Ausdruck als ganzer nur auf einen verwerflichen Kult beziehen.

זבחים בגנות ומקטרים על־הלבנים. Die hier enthaltenen Bezeichnungen betreffen kultische Handlungen *par excellence*: das Opfern und das Räuchern. Haben wir es hier mit der Kritik an fremden Kultformen zu tun oder mit Kultkritik an und für sich? Erst im Zusammenhang von V. 4 kann eine Antwort auf diese Frage versucht werden.

Zur Bestimmung des historischen Kontexts finden wir in V. 3 keine eindeutigen Hinweise. Die Ortsbezeichnung בגנות lässt sowohl an kanaanäische Garten-Kulte wie auch an griechische Kultorte denken.

V. 4

הישבים בקברים ובנצורים ילינו
האכלים בשר החזיר ופרק [ומרק] פגלים כליהם

die in Gräbern sitzen und in Höhlen liegen die Nacht durch,
die da Schweinefleisch essen und Greuelbrühe haben in ihren Geschirren.

Die vier Handlungen, für die eine bestimmte Menschengruppe hier angeklagt wird, ergeben m.E. einen religionsgeschichtlich deutbaren Sinn, wenn man den Zusammenhang zwischen der Opposition gegen das Schweinefleischverbot und den chthonischen Kulten sieht. Diesen Zusammenhang hat J. Milgrom einleuchtend aufgezeigt. Die Annahme, dass der entscheidende Grund für das Schweinefleischverbot in Israel in der Abgrenzung zu den chthonischen Kulten begründet ist, liegt demnach nahe.[30] Die Angeklagten in 65,4b–5b scheinen Anhänger chthonischer Kulte zu sein. Sie sitzen in Gräbern und übernachten zwischen Felsen (ובנצורים mit Ehrlich als בין צורים gelesen[31]), was an geheime Rituale für unterirdische Gottheiten erinnert.[32]

In der hethitischen Kultur wurde das Schwein (und der Hund) als unrein betrachtet, jedoch im gleichen Land in magischen Riten den chthonischen Göttern geopfert.[33] Auch in Ägypten und Mesopotamien wurde das Schwein gelegentlich mit unterirdischen Dämonen und bösen Mächten in Verbindung gebracht. Am deutlichsten aber geschah dies bei den Griechen. Bei den aus dem griechischen Raum stammenden Philistern wurden

---

[30] MILGROM, Leviticus 1–16, 650.

[31] EHRLICH, 227.

[32] Solchen Charakter hatten diese Rituale schon in der Bronzezeit in Palästina. Vgl. DE VAUX, 250–65. Schweineknochen wurden in einem unterirdischen Heiligtum in Tell el-Farʿah gefunden [Tirsa].

[33] Vgl. MOYER, 19–38.

Schweine gezüchtet.[34] Ein altes Ritual für Zeus Meilichios (der unterirdische Aspekt des Zeus)[35] war ein Brandopfer von Schweinen. Allgemein wurde das Schwein mit Demeter und der Unterwelt als solcher assoziiert. Pausanias bezeugt ein Ritual für „die Meilichianen" auf Myonia in Locris, wo er keinen Tempel gesehen hat, nur ein Wäldchen und einen Altar. Er berichtet von Opfern, die mitten in der Nacht dargebracht wurden. Das Fleisch musste dann vor Sonnenaufgang verzehrt werden.[36]

Diese Interpretation auf dem Hintergrund der chthonischen Kultpraktiken lässt sich auch durch zwei andere trjes Stellen, in welchen das Schweinefleisch erwähnt wird, bekräftigen: Jes 66,3 und 66,17. Die erste Stelle rechtfertigt die Annahme, dass die „Götzendiener" zugleich als Priester im offiziellen Kult fungierten und bekräftigt die „chthonische Assoziation" durch das Nebeneinander von Schwein und Hund.[37] Die zweite Stelle macht deutlich, dass die Kritiker, die hier zu Wort kommen, sich nicht auf Ez stützen können,[38] wohl aber auf P und Dtn.[39]

2) Jes 65,5

האמרים קרב אליך אל־תגש־בי כי קדשתיך
אלה עשן באפי אש יקדת כל־היום

die da sprechen: „Bleibe mir vom Leibe,
komm mir nicht zu nahe! ich bin zu heilig für dich".
Diese sind ein Rauch in meiner Nase,
ein Feuer, das immerfort lodert.

Die über ein Jahrhundert[40] dauernde Diskussion der Textkritiker um die masoretische Vokalisation der Form קִדַּשְׁתִּיךָ darf inzwischen als abgeschlossen betrachtet werden. Die von J.A. Emerton und D. Barthélemy zusammengefassten Argumente für das Beibehalten des Qal vom 𝔐 sind stichhaltig.[41] Fazit: Das Verbalsuffix ךָ soll hier als eine Entsprechung von לךְ verstanden werden im Sinne von: „ich bin heilig dir gegenüber" oder „ich bin zu heilig für dich"[42].

Unbeschadet der unterschiedlichen Vokalisierung sind sich die meisten Kommentatoren einig, dass hier die Heiligkeit des Trägers als eine Gefahr für Unbefugte dargestellt wird. Für diejenigen, die hinter denselben Konsonanten eine Pielform vermuten, scheint diese Sinnbestimmung besonders nahezuliegen.

---

[34] B. HESSE, Patterns of Palestinian Pork Production, Paper delivered at SBL Conference, 20. Nov. 1988 (nach MILGROM, Leviticus 1–16, 651).

[35] Διός μειλίχιος / χθόνιος.

[36] Vgl. HARRISON, 16.

[37] S.o. 93.

[38] S.u. 96.

[39] Vgl. MILGROM, Leviticus 1–16, 651. 656–659.

[40] 1857 hat A. GEIGER vorgeschlagen, dieses Verb als Piel umzuvokalisieren, Urschrift und Uebersetzungen der Bibel, Breslau.

[41] Vgl. EMERTON, Notes on the Text; BARTHÉLEMY, z.St.

[42] Vgl. BARTHÉLEMY, 459f.

In Übersetzungen wie „ich mache dich heilig" oder „lest I make you taboo" (American Translation) u.ä. spiegelt sich dieses Verständnis wider.[43] Diese Auffassung kann aber m.E. kaum zutreffend sein. Zwar kann nach P ein Kontakt mit den Sancta tödlich enden, dies ist aber nicht mit dem „Heilig-Werden" gleichzusetzen, sondern steht im Gegensatz zu einer solchen Übertragung der Heiligkeit.[44] P ist bestrebt, die Übertragbarkeit der Heiligkeit auf Menschen zu bestreiten. Ez vertritt eine andere Auffassung, wonach das Volk von der priesterlichen Tracht oder den heiligen Speisen „geheiligt" werden kann. Die Verhütung einer Berührung zwischen Priester und Volk wird zur großen Sorge der ezechielischen Priester. Die konkreten Konsequenzen eines solchen physischen Kontakts werden aber nicht genannt (Ez 42,14; 44,19; 46,20). Für die hier aus textkritischen und grammatikalischen Gründen bevorzugte Interpretation der Wendung כי קדשתיך in Jes 65,5 scheint eine Zusammenschau dieser Stelle mit Ez besonders angebracht. Diese Texte beleuchten sich gegenseitig, trotz fehlender Übereinstimmung im Verbalstamm (Ez pi., TrJes qal) und dementsprechend auch verschiedener Bedeutung der Verben (Ez transitiv „heilig machen", TrJes statisch „heilig sein"). An beiden Orten ist es der Heiligkeitsträger, der die Gefahr der Berührung wahrnimmt (bzw. wahrnehmen soll), aber nur in Jes 65,5 macht er sie zur Drohung für den Nicht-Heiligen. Die Drohung heißt dabei bezeichnend „ich bin für dich zu heilig". Die angedeutete Konsequenz ist nicht kultische Heiligkeit, sondern vielmehr eine Strafe für den unberechtigten Übergriff.[45] Das Insistieren auf der Vorsicht der Priester in Ez und die Drohung in Jes 65 können Zweifel daran aufkommen lassen, ob die Furcht vor der ansteckenden Heiligkeit vorhanden ist. Aber sprechen Ez und TrJes von den gleichen Priestern, wie es Hanson postuliert? Diese Frage erfordert zuerst einen Verweis auf die Bezüge zu Ez.

Ez 44,19 ist die einzige Stelle, welche ausdrücklich den priesterlichen Kleidern die Eigenschaft zuschreibt,[46] ihre Heiligkeit zu kommunizieren. In P wird nirgends davor gewarnt, einen Priester zu berühren. Dass diese Stelle im Zusammenhang mit Jes 65,5 betrachtet werden muss, liegt darum nahe. Aus den ausführlichen Analysen von J. Milgrom geht hervor, dass eine „Infektion" mit priesterlichen Gewändern ein Proprium von Ez ist. In Ex 30,26–30 werden die geweihten Priester deutlich ausgeklammert aus den Objekten, die dem Prinzip כל־הנגע בהם יקדש unterliegen. Die in derselben Zeremonie

---

[43] Vgl. DUHM, 445; CHEYNE, 371; MARTI, 402; EHRLICH, 228; BHK, BHS; WATTS, 341–343, entscheidet sich für Qal und übersetzt wie RSV „I am set apart from you".

[44] Ausführlich darüber MILGROM, Sancta Contagion, 278–310.

[45] Die Missachtung der Unantastbarkeit der heiligen Gegenstände bzw. der Unzugänglichkeit der heiligen Bereiche hat in P eine klare Konsequenz: den Tod durch Gott oder durch die Menschen. Nirgends wird dabei der Übertreter als „geheiligt" angesehen. Vgl. MILGROM, Studies in Levitical Terminology, 5ff.

[46] Vgl. aber Ez 42,14 und 46,20, welche sich auf das gleiche Phänomen beziehen.

der Priesterweihe gesalbten Priestergewänder[47] werden von Ex 30,26–30 absichtlich verschwiegen – nach Milgrom ein Zeichen der Polemik gegen Ezechiel.[48] Auffälligerweise ist Ez an der Übertragung der Heiligkeit auf die Speisen durch die heiligsten Gegenstände nicht interessiert, während dieses Problem nicht nur P, sondern auch Hag 2,12 beschäftigt. Dennoch wird die Unterscheidung zwischen heilig und nichtheilig, rein und unrein zum höchsten Gebot und zugleich zum Lehrauftrag für die Priester (Ez 44,23). Die strengste Trennung zwischen dem Heiligen und dem Nichtheiligen ist im Tempelentwurf des Ez durch eine imposante Mauer gewährleistet (Ez 42,20), und die kultischen Vorschriften sind in diesem Sinne fast ausnahmslos radikaler als die von P. Die Verordnungen bezüglich der Leviten sind ein wichtiger Teil davon. Im allgemeinen gewinnt man den Eindruck, dass die Grenze zwischen dem Heiligen und dem Unheiligen anders als in P verläuft und sich nicht auf Speisen oder kultische Objekte, sondern vor allem auf Menschen bezieht. In Ez 4,12–15, der einzigen Stelle, an der unreine Speisen im Blickfeld von Ez liegen, ist nur ein Verbot in Bezug auf einen besonderen *Zustand* des Fleisches und nicht auf bestimmte Tierarten vorausgesetzt.[49] Dies lässt die Möglichkeit offen, dass eine sich auf Ezechiel berufende (priesterliche) Gruppe auch das Schwein als Opfertier verwendet hat und so auf die Kritik von Jes 65 stößt.

Wenn Hansons Bestimmung der Identität der Gegner von TrJes als Priester anderswo nicht überzeugt, ist sie sicher hier am Platz.[50] Auch seine Hervorhebung der Widersprüche zu Ez 40–48 ist von großer Bedeutung. Die Schwäche seiner Argumentation liegt einzig in der Verlegung der Vorwürfe an die Priester ins Metaphorische: die offiziellen Priester werden als verunreinigt eingestuft, und ihre kultischen Handlungen sind *symbolized by pagan abominations*.[51] Anders gesagt, sind die in Jes 65 formulierten Vorwürfe maßlos übertrieben und haben nur einen metaphorischen oder symbolischen Wert. Nur so kann Hanson darauf bestehen, dass die zadokidischen Priester des Ez mit denen von Jes 65,3–5.11 identisch sind. Es kann zwar nicht bestritten werden, dass die biblische Anklagesprache zum Schematismus und zur Übertreibung neigt, aber Schemen und Karikaturen sind nur dann als rhetorische Mittel wirksam, wenn eine Ähnlichkeit zwischen Vorwurf und Wirklichkeit allgemein erkennbar ist. Dieses Prinzip wird von Hanson völlig vernachlässigt.

3) Jes 65,11

V. 11 ist wegen den Namen zweier Gottheiten aussagekräftig. גד und מני werden beide als Glücks- oder Schicksalsgottheiten verehrt. Volz vermutet, dass

---

[47] Vgl. andere Berichte wie Ex 29,21; 40,13–15; Lev 8,30, die von der Salbung der Gewänder reden.

[48] Sancta Contagion, 285.

[49] In Ez 4,12–15 kommt die Wurzel פגל, dieselbe wie in Jes 65,4, vor. Das Wort פגול ist *terminus technicus* für unreines Opferfleisch (sonst noch Lev 7,18; 19,7); vgl. HALAT, BDB.

[50] Vgl. 147ff.

[51] HANSON, 154. Auf S. 147 legt HANSON ausdrücklich die Prinzipien seiner Auslegung der Götzendienstpolemik in TrJes dar. Sie werden von SCHRAMM, 110f. zu recht kritisiert.

Gad das günstige, Meni das widrige Schicksal darstellt.[52] Die Erwähnung dieser Gottheiten weist laut Volz auf ein spätes (hellenistisches) Datum hin.[53] Auch für Steck erscheint – aufgrund anderer Argumente – der hellenistische Hintergrund am wahrscheinlichsten.[54] Steck postuliert, dass die Zusammennahme von Gad und Meni auf das in der ptolämeischen Zeit dominierende gemeinsame Auftreten von Isis und Serapis hindeutet.

Es ist nicht möglich, im Rahmen dieser Arbeit diese Spuren ausführlicher zu verfolgen. Hier muss genügen festzustellen, dass die Konkretheit der Auseinandersetzung von Jes 65 mit der jhwhfremden Kultpraxis eine abstrakt-symbolische Deutung dieser Stellen ausschließt. Die Zeitgeschichte spiegelt sich in der Kritik dieser Kulte deutlicher wider als in den meisten Stellen von TrJes.[55] Auf die Bedeutung dieses Wirklichkeitsbezugs für den Universalismus von TrJes und daher auch für seine Volks- und Gemeindeauffassung wird unten noch eingegangen.[56] Die Hinweise auf das hellenistische Zeitalter sind bedeutsam, erlauben es aber nicht, eindeutige Schlüsse zu ziehen.

---

[52] VOLZ, 284. Dass in den zwei Namen jeweils eine gute bzw. eine böse Macht vertreten ist, scheint auch der Gedanke der LXX zu sein. In der LXX erscheinen anstelle dieser Gottheiten Dämon und Tyche.: ὑμεῖς δὲ οἱ ... ἑτοιμάζοντες τῷ δαίμονι τράπεζαν καὶ πληροῦντες τῇ τύχῃ κέρασμα. Die abstrakten Tyche und Ananke waren sehr populär bei den Orphikern. Ihre fehlende Persönlichkeit förderte unter den Griechen den wachsenden philosophischen Monotheismus. Dies konnte dort, wo die griechische Religion mit der israelitischen in Berührung kam, für Attraktivität der Tyche neben dem Jhwh-Kult sorgen und eine Bedrohung des letzteren darstellen. Vgl. HARRISON, 270f.

[53] Vgl. 280f. 284f. bes. Anm. 1: Manât (identisch mit Meni) sei eine der Hauptgottheiten der vorislamischen Araber (Sure 53,20), und Gad sei in Syrien und Palästina „noch in später Zeit als syrische Gottheit bekannt gewesen." MUILENBURG (751f.) verweist auf Belege für Gad aus den phönizischen und palmyrischen Inschriften und auf eine lateinische Inschrift, in welcher wahrscheinlich Gad und Meni zusammen vorkommen. Vgl. dazu W.A. MAIER, Art. MENI, in: ABD IV, 695.

[54] Abschluss, 95f. (Anm. 182).

[55] Vgl. auch unten 153 Anm. 2.

[56] S.u. 124.

X.   Jes 57,3–13: Die gebrochene Ehe mit Jhwh

A.   Zur Perikope

Jes 57,3–13 ist ein Gerichtswort, in welchem die Angeredeten in 2.Plur. bzw. 2.Sing. fem. der Zauberei und Abgötterei angeklagt werden.

In V. 3 wendet sich der Sprecher an eine Gruppe mit illegaler Abstammung (Ehebruch bzw. Prostitution) und gibt einen Hinweis auf okkulte Praktiken „ihrer Mutter" (Zeichendeutung).

V. 4 stellt eine rhetorische Frage an die bereits in V. 3 Angesprochenen, welche sich durch ihre eingebildete Überlegenheit lächerlich machen. Bekämpft werden diese Leute mit dem erneuten Hinweis auf ihre sündhafte Abstammung.

V. 5–11a beinhalten eine Anklage und eine Sündenschilderung: alle Vorwürfe werden in der Metapher der Prostitution bzw. des Ehebruchs (Ehe mit Jhwh?) formuliert, außer die, welche direkt von den gotteslästerlichen Kulthandlungen sprechen.

Darauf folgt in V. 11b–13a die Gerichtsankündigung mit einem Vernichtungsurteil für die Angeklagten.

V. 13b stellt eine Verheißung an diejenigen dar, welche auf Jhwh vertrauen: das Land und der heilige Berg Jhwhs fallen ihnen als Besitz zu.

Die Einheitlichkeit von V. 3–13a wird fast von allen Kommentatoren angenommen. Einzig V. 13b wird als problematisch empfunden und häufig von den Kritikern ausgesondert. Gewichtige Argumente gegen das Abtrennen von 13b wurden aber bereits verschiedentlich vorgelegt.[1] Hier wird das Dazugehören von V. 13b auch darum angenommen, weil das Stück 57,3ff. als letzte Ergänzung von 56,9–59,21 betrachtet wird. Durch die Annahme, dass dieser Passus keine selbständige Existenz geführt hat, wird die Diskussion um den sekundären Charakter von V. 13b gegenstandslos.

Das Thema „Götzenkult" von 57,3ff. wird mit den von außerhalb von TrJes bekannten literarischen Mitteln entwickelt. Die Anklage und die Vorwürfe werden mit einem Unterton von Ironie formuliert. Gespottet wird vor allem über

---

[1]   HANSON, 187; BEUKEN, Example 52f.; STECK, Studien, 172.

die Fähigkeit der Götzen, die Menschen zu retten, was stark an die götzenkritischen Aussagen in DtJes erinnert.

Obwohl Kap. 58 und 59 auch eine Anklage und Gerichtsworte enthalten, heben sie sich deutlich vom vorliegenden Stück ab. Inhaltliche Beziehungen bestehen zwischen 57,3–13 und Kap. 58f. kaum. Die in 57,5–13 unter prophetische
Kritik geratenen Götzendiener haben mit den Fastenden von Kap. 58 nichts zu
tun. In Jes 57,3ff. stehen kultische Fragen im Zentrum, in Kap. 59 dagegen werden soziale Sünden angeprangert.[2]

B. Verhältnis zu Jes 65

Die zwei Textstücke Jes 57,3–13 und 65,1–12 weisen eine enge thematische
Verbindung auf und sind in der Schlusskomposition von TrJes ungefähr symme-
trisch rund um Jes 60–62 angeordnet. Diese zwei Texte sind die einzigen innerhalb von Jes 56–66, die eine ausgeprägte Götzenkultkritik enthalten. Hinzu
kommen zwar noch gewisse Äußerungen in Kap. 66, doch weichen diese von der
herkömmlichen Götzenkultkritik stark ab. Ihre Eigentümlichkeiten werden unter
dem entsprechenden Paragraphen erläutert.

Folgende Annäherungen in Motiven und Themen lassen sich in den beiden
Texten feststellen:

– Nicht näher bestimmte Rituale unter den grünen Bäumen (57,5a); Opfern
   und Räuchern in den Gärten (65,3).
– Höhenheiligtümer (57,7; 65,7).
– Flüssigkeitsspenden und Opfergaben (57,6); auch mit Benennung konkreter
   Gottheiten: den Tisch bereiten für Gad und eine Trankmischung für Meni
   (65,11); vgl. 57,9 für Melek.
– Das Erben der Berge Jhwhs (65,9) und des Heiligen Berges (65,25) durch die
   im Gericht verschonten Auserwählten/Knechte; das Erben des Landes und
   des heiligen Berges Jhwhs durch die, welche auf Jhwh vertrauen (57,13b).
– Eine weitere Gemeinsamkeit kann man in den Motiven sehen, die sich mit
   den bekannten chthonischen Praktiken in Verbindung bringen lassen: 57,9
   erwähnt die Sendung der Boten in die Unterwelt; 57,5 Felsklüfte; 65,4 Höhlen, Gräber und Schweinefleisch.

Es lassen sich aber auch einige bedeutsame Unterschiede zwischen 57,3–13
und 65 erkennen:

– Die erwähnten Namen der geehrten Gottheiten sind verschieden (57,9 מֶלֶךְ;
   65,11 גַד und מְנִי).
– Nur in 57 Andeutungen (V. 5) von Kinderopfern (שֹׁחֲטֵי הַיְלָדִים).
– Kultprostitution nur in 57.

---

2   Ob kultische Vergehen im Sündenbekenntnis in 59,12f. angedeutet werden, bleibt unsicher
S.o. 76 Anm. 8.

– Allein in 65,12 wird die Art der Strafe (Tod durch das Schwert, hier auch „Schlachtung", טבח, genannt) angesprochen.

Man kann sich zwar fragen, ob dieser letzte Unterschied als solcher gelten soll. Möglicherweise verbirgt sich dahinter eine Verbindung zwischen 57* und 65*. Es fällt nämlich auf, dass in der ersten Einheit von 65 (V. 1–7) eine Entsprechungsrelation zwischen den Handlungen des Menschen und der Reaktion Jhwhs aufgebaut wird. So erklärt sich die Insistenz bei der Beschreibung von Jhwhs Zorn mit lebendigen Bildern (Rauch und Feuer, V. 5). Diese Reaktion ist eine Entsprechung des Räucherns in den Gärten (V. 3). Sollte die in 65,12 angekündigte Strafe Gottes („Schlachtung") demselben Prinzip huldigen und eine Analogie haben, müsste diese in der scharf kritisierten Opferschlachtung der Kinder zu suchen sein. Die Entsprechung zwischen dem Vergehen und der Reaktion Gottes wäre in diesem Fall ein Relikt der ursprünglichen Zusammengehörigkeit von Jes 65 und 57,3ff. oder wenigstens ein Zeichen gemeinsamer Verfasserschaft und gleichzeitiger Entstehung.

Die aufgezählten Unterschiede in der Beschreibung des Götzendienstes können kaum als Widersprüche gelten. Sie sprechen allerdings dafür, dass wir es nicht mit Dubletten zu tun haben, sondern vielmehr mit zwei Teilen des gleichen Beitrags. Sie wurden beide für ihren Ort innerhalb von TrJes bestimmt. So wie Kap. 65 die Struktur einer Antwort auf 63,7ff. hat, wurde 57,3–13 eine andere Rolle zugewiesen, die mit seiner Position zusammenhängt. Diese Rolle gilt es noch zu eruieren.

Dem muss aber eine methodische Überlegung vorangehen: die Position eines Stücks innerhalb von TrJes sagt einiges über seine Funktion aus, aber wenig bis nichts über die Realität, aus welcher es hervorwächst. Dies scheint mir auch bei Textstücken der Fall zu sein, welche von vornherein für ihren endgültigen Ort im Buch verfasst wurden. In diesem Sinne geht die Schlussfolgerung Stecks bezüglich des Unterschieds zwischen Kap. 65 und 57,3ff. zu weit. Nach ihm geschieht die Ausübung jhwhfremder Kulte in Jes 65 nicht wie in Jes 57 „durch Jerusalem und Volksführer, sondern jetzt durch das Volk (65,1ff), also offenbar durch weite Teile der Bevölkerung..."[3] M.E. sind im Stück 57,3–13 keinerlei Indizien auf die Volksführer enthalten, und Steck nennt auch keine solchen. Im Gegenteil: der Wechsel zwischen 2.Plur. und 2.Sing. wird entsprechend auf die Volksführer und auf *Jerusalem* bezogen: dass es in beiden Redeweisen nur um die Volksführer geht, ist eine Vermutung, die allein auf der Position von 57,3ff. im Anschluss an 56,9–57,2 basiert.

Thematische Annäherungen zwischen 57,3–13 und Kap. 65 werden durch eine auffällige stilistische Entsprechung ergänzt. Die Anklage wird in 57,3 durch ואתם eingeführt, was eindeutig auch ein Merkmal von Jes 65 ist: einmal in V. 11 und viermal in V. 13f.

---

3   STECK, Abschluss, 95.

C. Verhältnis zu Jes 60–62

57,3–13 spricht von Zuständen, die in vielem der Vision von Jes 60–62 widersprechen, ohne aber die (negativen) Bezüge durch konkrete Wort- bzw. Motivabhängigkeiten greifbar zu machen. Dies kann auch an der spezifischen, metaphorischen Sprache dieses Stücks liegen, die reichlich aus den Paradigmen der Götzenkultkritik schöpft. Es lohnt sich dennoch, der Frage nachzugehen, ob die Prostitutions- bzw. Ehebruch-Metaphorik von 57,3ff. nicht als ein Kontrapunkt zu Jes 62,3–5 (Jhwh als Bräutigam Zions) gemeint war. Trotz fehlender Anknüpfungen in der Wortwahl dieses Stücks ist die Möglichkeit eines solchen Bezugs nicht auszuschließen. Dieser könnte nämlich erklären, warum zum Paradigma ehelicher Untreue gegriffen worden ist. Angesichts der herausragenden Rolle, welche das Material von Jes 40–55 für die Formulierungen von TrJes gespielt hat, wäre es naheliegend, dass auch in diesem Fall DtJes Vorbildfunktion hatte. Nun wird aber in den vielen götzenpolemischen Passagen von DtJes die Kultprostitution nicht thematisiert. Wenn deshalb hier literarisch auf außerjesajanische Stellen zurückgegriffen wird,[4] bedarf dies einer Erklärung. Die Möglichkeit, dass das Bild als Reaktion auf die konkreten Missstände (die sakrale Prostitution) aufgenommen wurde, liegt nahe. Sie schließt aber nicht aus, dass auch ein literarischer Grund mitgespielt hat.

Jes 57,3ff. scheint einen literarischen Kontrapunkt zu 62,3–5 zu setzen und ergänzt in diesem Sinn Jes 65,18b–19, wo hingegen die Ehemetaphorik von Jes 62 positiv aufgenommen wurde.

D. Die Frage nach dem „Volk"

Die Frage nach dem angestrebten Idealbild des Gottesvolkes ist hier nicht schwer zu beantworten. Gewünscht wird eine Gemeinschaft, die den Ausschliesslichkeitsanspruch Jhwhs bejaht, eine Gemeinschaft ohne Götzenkult und ohne die dazugehörigen Praktiken. Dort, wo die Abgötterei als Ehebruch bezeichnet wird, wird das ehe-ähnliche Verhältnis zwischen Jhwh und seinem Volk vorausgesetzt und zum Ideal erhoben.

Die in 57,3–13 formulierten Vorwürfe scheuen es nicht, konkret zu werden, aber sie sind trotzdem historisch sehr schwer zu interpretieren.

---

[4] DtJes kennt die Metaphorik des Ehebruchs und der Prostitution nicht. Sie ist aber bei Hos, Jer und Ez zu finden. Besonders interessant ist die Stelle Ez 23,37–39, wo Israels Ehebruch mit Jhwh und die Kinderopfer im gleichen Zusammenhang gesehen werden (das Schlachten der Söhne, שחט, wie in Jes 57,5). Der Zusammenhang in Ez ist kohärenter: Jhwh klagt das Volk des Ehebruchs (weil er als Gatte Israels vorgestellt wird) und des Kindermordes (hier ist er der Vater dieser Kinder: so muss der Ausdruck בניהם אשר ילדו־לי verstanden werden) an.

V. 13b enthält einen Hinweis auf die Gefahr, welcher die Jhwhtreuen ausgesetzt sind: sie suchen Zuflucht in Jhwh (בי החוסה – vgl. 57,13b), während die
Götzendiener vom Wind fortgetragen werden. Es ist nicht klar, ob diese Menschen vor dem zerstörerischen „Wind" des Gerichts Zuflucht suchen oder vor
der Gefahr, die die Götzendiener für sie darstellen. Das letztere ist weniger
wahrscheinlich, weil das Suchen der Zuflucht erst erwähnt wird, nachdem die
Götzendiener bereits vom Gericht getroffen wurden und Hilfe bei ihren Gottheiten suchen. Es ist also eher ein Vorverweis auf das Gericht von 59,17–20 und
das von Kap. 65.

Sofern es zutrifft, dass 57,3–13 zwischen die bereits vorhandenen Abschnitte
56,9–57,3 und 57,14ff. eingeschoben wurde, sind noch die Konsequenzen dieses
Zusatzes ins Auge zu fassen. Es ist der einzige Passus, der vor Jes 60–62 steht
und das Problem des Götzenkults anspricht, und er ist höchstwahrscheinlich
zusammen mit Jes 65 entstanden. Seine Lage am Buchanfang erklärt sich formal
durch die chiastische Einordnung des Materials rund um Jes 60–62. Durch seine
Position wird aber eine andere Symmetrie durchbrochen, und zwar diejenige
zwischen dem Missbrauch der Machtausübung und dem Missbrauch im Bereich
des Kultes (also zwischen 56,9ff. und 65). So wird das Kultische zum Hauptproblem und die profane Seite des Lebens ist nur noch am Rand wichtig. Durch
den Einschub von 57,4–13 steht zwar 56,9ff. weiter vorne, aber seine vorüberge-
hende Verbindung zu 57,14ff. geht dadurch verloren. Anders gesagt wird in der
jetzigen Einordnung suggeriert, dass das Volk der Demütigen an die Stelle der
Götzendiener tritt, während es vor dem vorliegenden Einschub an die Stelle der
selbstsicheren Machthaber trat. An der Position unmittelbar vor 57,14ff. entscheidet sich redaktionell, von welchem Hindernis der Weg des Volkes befreit
werden muss.

XI. Jes 66: Die „universalistische" Öffnung

A. Zur Perikope

Eröffnet wird dieses Kapitel durch die Botenformel, die direkt die Frage nach Sinn und Zweck des Tempelbaus einleitet. Dem Bau eines Tempels wird die Furcht vor dem Wort Gottes entgegengesetzt (V. 1–2). V. 3–4 beinhalten eine Scheltrede gegen kultische Missbräuche und eine Gerichtsankündigung. Es folgt eine weitere Begründung des Urteils („denn als ich rief, gab niemand Antwort"). V. 5 ruft dazu auf, das Wort Jhwhs zu hören und fällt das Urteil gegen die „hassenden Brüder". V. 6 thematisiert dann die göttliche Vergeltung.

V. 7–13 entfalten das Bild der wunderbaren Geburt eines neuen Volkes; Jerusalem wird als Mutter dargestellt. Zu ihr wird der Reichtum der Völker geleitet, der wie ein Strom fließt. Die Kinder Zions erfahren Glück und Zuwendung.

In V. 14 wird ein doppeltes Urteil ausgesprochen: über die Knechte und über die Feinde. Hier zählen aber die Angesprochenen zu den Knechten; über die Feinde wird in 3.Plur. geredet. Darauf folgt in V. 15–17 eine Gerichtsankündigung mit Kriegsszenario. Es ist ein Wort gegen die Götzendiener (kritisiert werden fremde Reinheitsbräuche). V. 18–24 malen die große Versammlung der Völker und die Aussendung der Boten aus. V. 22 gibt einen Hinweis auf einen neuen Himmel und eine neue Erde. Die Abtrünnigen werden endgültig beseitigt (V. 24).

Die hier angenommene Einheitlichkeit von Jes 66 (mit Ausnahme von V. 21) galt für Pauritsch als bereits definitiv überholte Ansicht.[1] Sekine, der die Meinung Pauritschs mit Zustimmung zitiert, stellt die Resultate der Literarkritik von Jes 66 zusammen und kommt auf zwölf kleinste Texteinheiten, mit welchen „fast alle Möglichkeiten der Abgrenzung erschöpft [sind]"[2]. Der Konsens, von welchem Pauritsch und Sekine reden, betrifft die Überzeugung der Forscher, dass in Kap. 66 keine „Verkündigungseinheit" vorliegt. Dieser Meinung ist insofern zuzustimmen, als man bei Jes 66 tatsächlich nicht von einer „Verkündigung"

---

[1] PAURITSCH, 195. Unter den wenigen Vertretern der Einheitlichkeit von Kap. 66 war C.C. TORREY, 471.

[2] SEKINE, 45.

ausgehen kann. In dieser Arbeit wird die Ansicht vertreten, dass die Einheitlichkeit von Jes 66 von vornherein literarischen bzw. exegetischen Charakter hat. Die
folgenden Analysen werden diese These begründen. Aus ihnen geht hervor, dass
der Verfasser von Jes 66 vor allem Jes 60–62 im Blickfeld hat. Seine interpretato-
rischen Anliegen treten so deutlich zutage, dass Fragen nach dem „Sitz im Leben" einzelner Aussagen durch die Frage nach dem „Sitz im Leben" der gegebe-
nen *Interpretation* und des *Interpretierens* als solchem ersetzt werden müssen.

Der „Sitz im Leben des Interpretierens" ist m.E. das, was Jes 66 von 65 am
deutlichsten trennt – dies muss trotz der Übereinstimmung mit Steck in vielen
Punkten gegen ihn betont werden. M.E. beschäftigt sich auch Jes 66 intensiv mit
der Prophetie von Jes 60–62. Jes 65 und 66 kommen aber in dieser Hinsicht zu
verschiedenen Ergebnissen, die sich im Rahmen einer und derselben redaktionellen Absicht nicht befriedigend erklären lassen.

B. Verhältnis zwischen Jes 65 und 66

Die beiden Kapitel laufen weitgehend parallel, und die Aussage von Kap. 65
erfährt in Kap. 66 eine gewisse Verdoppelung. Bei der Auswertung des Verhältnisses zwischen Jes 65 und 66 muss gleichzeitig der Parallelität und den Unterschieden Rechnung getragen werden. Hier eine Zusammenstellung der auffälligsten Berührungspunkte der beiden Kapitel:[3]

A	65,1: Jhwhs bisherige „Zugänglichkeit" für das sündige und undankbare Volk;	66,1–2: die Frage nach dem „Wohnort" und der Zugänglichkeit Jhwhs. Antwort: nicht der Tempel, sondern die Demut des Geistes erschließt den Zugang zu Jhwh;
B	65,2–7: Kritik des ungesetzlichen Opferkultes und des Gebrauchs von unreinen Speisen (Schweinefleisch);	66,3: Kritik der synkretistischen Opferpraktiken (insbesondere die Erwähnung des Schweinekultes);
C	65,5b–12: Gerichtsankündigung mit der radikalen Trennung zwischen den Knechten und den Abtrünnigen. V. 12 sieht die Abschlachtung der Abtrünnigen vor. Am Schluss: „Denn als ich rief, gabt ihr nicht Antwort…";	66,4: Gerichtsankündigung und Strafe. Am Schluss: „Denn als ich rief, gabt ihr nicht Antwort…"

---

[3] Für andere, auch stilistische Entsprechungen zwischen den beiden Texten vgl. auch STECK,
Beobachtungen zur Anlage von Jes 65–66, (Studien, 217–220), der die Parallelen der Anlage zwischen Jes 65 und 66 eingehend betrachtet.

D   65,13–16: Heils- und Gerichtsankündi-
     gung, abwechselnd. Leiden und Tod für
     die Abtrünnigen;

66,5–17: eine Heilsankündigung (Geburt eines Volkes) mit zwei Gerichtsankündigungen: am Anfang V. 5b–6 und
am Ende V. 14b–17;

E   65,17–24: Schaffung eines neuen Him-
     mels, einer neuen Erde; Beschreibung des
     zukünftigen Heils. V. 23 Das Geschlecht
     der Gesegneten Jhwhs bleibt erhalten.
     V. 24 Die Natur und die Menschen tun
     nichts Böses mehr.

66,18–24: Beschreibung des zukünftigen
Heils; V. 22 Motive: „neuer Himmel,
neue Erde", „euer Name und euer Ge-
schlecht" wird bestehen bleiben. V. 23f.
Nach dem endgültigen Sieg Jhwhs ist die
Welt vom Bösen befreit.

Angesichts dieser fast durchgehenden Parallelen zwischen Kap. 65 und 66 muss die Frage gestellt werden, worin der Sinn dieser Verdoppelung besteht. Dazu müssen die voneinander abweichenden Aussagen und Akzentsetzungen unter die Lupe genommen werden.

Zu den Unterschieden zählt die Vorstellung des Heils. In Punkt „D" wird das Heil in Kap. 65 als ein Fest dargestellt: „Essen, Trinken und Frohlocken" sind dort Zeichen des Heils. In Kap. 66 besteht das Heil in der Wiederbevölkerung Jerusalems und ihrer Bereicherung durch den Besitz der Völker. Zur Vorstellung des Heils gehört hier auch eine Vision der glücklichen Kindheit für die Kinder, die auf den Knien geliebkost werden. Der Unterschied kommt am stärksten in Punkt „E" zum Tragen. In Kap. 65 wird der Friede durch allerlei Anzeichen glücklichen Lebens bildhaft gemacht: es wird keinen frühzeitigen Tod mehr geben, die Häuser sind bewohnt von denen, die sie erbaut haben, und diese Menschen können auch ihre Ernte genießen. Zum Bild des Glücks gehört auch ein ungestörtes, direktes Verhältnis zu Jhwh. In diese Vision wird ein Zitat aus Jes 11 integriert, das die Auswirkung des Friedens auf die Tierwelt und schließlich ein Bild des heiligen Berges ohne Böses und ohne Korruption zeigt. Ganz anders stellt sich der Verfasser von Jes 66 die Heilsepoche vor. Der entsprechende Passus (siehe Tabelle) in Kap. 66 enthält die Vision der Aussendung der Entronnenen zu den Völkern und die groß aufgezogene Aktion der Heimführung der „Brüder" mit der Wahl neuer Priester und Leviten.

Der wichtigste Unterschied zwischen der Heilsvorstellung in Kap. 65 und 66 besteht darin, dass die beiden Kapitel einen anderen Horizont der Ereignisse annehmen.[4] Das Interesse von Kap. 65 beschränkt sich auf Jerusalem – sogar die Schaffung eines neuen Himmels und einer neuen Erde ändert nichts an dieser Tatsache: die beschriebene Heilsepoche bezieht sich auf Jerusalem als eine Stadt, die Frieden genießt. Das Böse hat keinen Zutritt zu Jhwhs heiligem Berg (V. 24). In Kap. 66 ist dagegen das Interesse an der Völkerwelt vorherrschend. Hier werden Anspielungen auf die Völkeraussagen von Jes 60–62 gemacht, mit der Absicht, sie in den neuen, erweiterten Entwurf der Endzeitereignisse zu inte-

---

[4] STECK kommt – trotz anderer Entsprechungen zwischen Jes 65 und 66 – zu einem ähnlichen Ergebnis, vgl. Studien, 219.

grieren. Nicht nur werden Bilder, die den Fluss von allerlei Reichtümern nach
Jerusalem ausmalen, von dort wieder aufgenommen, sondern auch eine Versammlung aller Völker bei Jhwh und eine Heimführung aller Brüder aus den
Völkern wird thematisiert. Alle Völker sollen die Herrlichkeit Jhwhs kennenler-
nen, und alles Fleisch soll am Neumond und am Sabbat vor Jhwh anbeten. Kap.
66 will die Entstehung eines neuen Volkes zeigen und tut es mit zwei alternati-
ven (bzw. sich ergänzenden) Bildern: Geburt eines Volkes für Zion und Versammlung der Überlebenden des Gerichts aus der ganzen Welt als ein Volk mit
neudesignierten Priestern und Leviten. Grundsätzlich setzt sich 66 viel bewusster
mit 60–62 auseinander als 65. Diese Bezüge von 66 zu Kap. 60–62 müssen wir
jetzt näher betrachten.

C. Jes 66: ein Interpretationstext

Ähnlich wie für Kap. 65 sollen zuerst gemeinsame Themen und Motive von Jes
66 und Kap. 60–62 in einem tabellarischen Überblick zusammengetragen werden. Die Abhängigkeit der jeweiligen Aussagen voneinander sei vorläufig dahin-
gestellt.

66,1: „die Erde ist der Schemel meiner Füße";	60,13: …„dass ich die Stätte meiner Füße ehre";
66,3: Kritik der unreinen Opferhandlungen;	60,7: Opfertiere aus der Ferne kommen auf den Altar Jhwhs;
66,5: „es sprechen eure Brüder… der Herr erweise sich herrlich";	60,9: … „weil er dich verherrlicht"; 60,21: „dein Volk […] mir zur Verherrlichung"; 61,3: „Pflanzung Jhwhs ihm zur Verherrlichung";
66,6: „Jhwh übt Vergeltung an seinen Feinden";	60,14: „tief gebückt werden zu dir kommen die Söhne deiner Bedrücker";
66,7–9 Geburt eines Volkes;	60,22 „aus dem Kleinsten wird ein Stamm und aus dem Geringsten ein starkes Volk";
66,10: „seid fröhlich alle, die ihr über sie trauert";	60,20: „und die Tage deiner Trauer haben ein Ende"; 61,2b–3a: „da alle Trauernden getröstet werden; Freudenöl anstelle der Trauerhülle";
66,11: „dass ihr […] satt werdet an der Brust ihres Trostes";	60,16: „an der Brust der Könige trinken";

66,12a: „ich will die Wohlfahrt zu ihr leiten wie einen Strom und den Reichtum der Völker wie einen flutenden Bach";

60,5: „Da wirst du schauen und strahlen, [...] denn der Reichtum des Meeres wird sich dir zuwenden und die Schätze der Völker werden zu dir kommen";

66,12b: „Ihre Kinder werden auf den Armen getragen";

60,4: „Deine Söhne kommen von ferne, und deine Töchter werden auf den Armen getragen";

66,14: „Die Hand Jhwhs wird sich kundtun an seinen Knechten, und sein Zorn an seinen Feinden";

60,10: „in meinem Zorn habe ich dich geschlagen und in meiner Huld mich deiner erbarmt";

66,18: „ich komme, zu versammeln die Völker aller Zungen, und sie werden kommen und meine Herrlichkeit sehen";

60,3: „die Völker strömen zu deinem Lichte";
62,2 „da werden die Völker dein Recht schauen und die Könige deine Herrlichkeit";

66,19: „ich werde aus ihnen Entronnene an die Völker senden, an Tharsis, Put und Lud, an Mesech [und Ros], an Thubal und Jawan, die fernen Gestade, die [...] meine Herrlichkeit niemals gesehen haben";

60,9: „Ja, zu mir sammeln sich die Seefahrer, die Tharsisschiffe voran [...], deine Söhne aus der Ferne zu bringen [...], weil er [Jhwh] dich verherrlicht";

66,19: sie werden unter den Völkern meine Herrlichkeit verkünden;

60,6: die Sabäer ... werden die Ruhmestaten Jhwhs verkünden;

66,20: eure Brüder aus allen Völkern werden auf Lasttieren herbeigetragen als Opfergabe...

60,7: Opfertiere kommen aus der Ferne;

66,21: aus ihnen werde ich zu Priestern, zu Leviten nehmen;

61,6: ihr werdet Priester, Diener unseres Gottes;

66,22 euer Geschlecht und euer Name wird bestehen bleiben;

61,9: ihr Geschlecht wird bei den Heiden bekannt sein und ihre Sprösslinge unter den Völkern;

66,24: ...die Leichen der Menschen, die abgefallen sind.

60,12: ...denn das Volk und das Königreich, die dir nicht dienen wollen, werden untergehen und ihre Länder sollen wüste werden.

Die Übersicht über die Gemeinsamkeiten dieser zwei Textkomplexe vermittelt den Eindruck einer engen Bezogenheit. Eine Anlehnung an Jes 60–62 bei der Themen- und Motivwahl scheint wahrscheinlich; dennoch handelt es sich um keine „Übernahme", sondern um eine systematische Neuinterpretation. Auf die Anliegen der Interpretatoren lassen vor allem Veränderungen der jeweiligen Motive schließen. Diese Veränderungen, unter den wichtigsten Stichworten von Jes 66 gruppiert, werden jetzt zum Gegenstand der Untersuchung.

1. Das „neugeborene" Volk

Zu den wichtigsten Motiven innerhalb von TrJes zählt die in 66,8f. thematisierte Geburt eines neuen Volkes. Zu erkennen ist, dass das Bild der Schwangerschaft eine apologetische Funktion hat. Mit diesem Bild kann die Heilsverzögerung als eine Zeit erklärt werden, in welcher die Verheißung bereits ihrer Erfüllung entgegen geht, aber noch unsichtbar bleibt. Mit dem Bild der Schwangerschaft kann nicht nur das Ausstehen des Heils einleuchtend gerechtfertigt werden, sondern sogar eine Verschlechterung der Lage mit den Verheißungen von Jes 60–62 in Einklang gebracht werden (die Bedrängnisse werden als Geburtswehen verstanden).[5] Zwei rhetorische Fragen in 66,8aβγ bestätigen, dass eine Auseinandersetzung mit dem Verzug tatsächlich stattfindet: היוחל ארץ ביום אחד אם־יולד גוי פעם אחת. Damit lässt sich Jes 66 in die „Verzögerungstexte" von TrJes einreihen.

Das Konzept eines neuen Volkes für Zion kann seine Vorlage in Jes 60,22 haben, hängt aber auch streng mit dem vorausgesetzten Läuterungsgericht zusammen, als dem Weg, auf welchem die Heilsepoche erreicht wird. Das Motiv der Unterbevölkerung Jerusalems[6] könnte zwar zeitgeschichtliche Verhältnisse widerspiegeln, ist aber hier vor allem im Rahmen einer literarischen Entwicklung zu sehen: die Vernichtung der Feinde Gottes im Gericht (66,6) führt zu einem großen Einwohnermanko, weil die Ausgerotteten ursprünglich zum Volk gehörten!

Auf das Thema „Geburt des Volkes" folgt das Motiv „Rückführung der Söhne/Töchter". Das Zurückbringen der Kinder prophezeit Jes 60,4.9. In diesem Text ist ihre Ankunft Teil einer großen Bewegung hin zum Licht Jhwhs. Nach diesem Licht richten sich „Völker" und „Könige" aus, und mit ihnen fließt auch ihr Reichtum nach Jerusalem. Sie bringen wahrscheinlich Opfergaben für den Tempeldienst[7] oder Tribute, die die unterworfenen Nationen den Siegern zahlen müssen (in die Richtung weisen v.a. 60,10–12.16: das „Dienen" der Könige und der Völker und das „Trinken an der Brust der Könige").

Die in Kap. 66 wichtigen Themen „Geburt des neuen Volkes" und „Immigration" haben einen gemeinsamen Nenner: Zuwachs der Bevölkerung. Diese

---

    5   Es ist verwunderlich, dass CARROLL auf diese herausragende Stelle nicht eingeht, obwohl er überzeugt ist, dass Jes 56–66 „a number of dissonance reduction moves" enthält (vgl. 152). Das Bild der Schwangerschaft von V. 7–9 müsste als CARROLLS zweite Form der Verzögerungserklärung in TrJes eingestuft werden, beschrieben als „It has not yet happened but *soon* it will arrive" (153). Nichts verpflichtet uns aber, eine solche Erklärung als die chronologisch früheste zu betrachten. Allgemeines zur These CARROLLS s.o. S. 17.

    6   Neh 7,4; 11,1f.; vgl. Sach 2,4.

    7   Vgl. 60,6: unter den Gaben sind Gold und Weihrauch; 60,7: Opfertiere für den Altar; 60,9: Gold und Silber für den Heiligen Israels.

Themen stehen hier ganz offensichtlich in einem Zusammenhang. Beide beziehen sich auf den Topos „Unterbevölkerung Jerusalems", der durchaus theologischer Natur ist: das in 66 vorausgesagte Gericht wird nur ein Teil des Volkes überleben; somit ist die Vision der Wiederbevölkerung wichtig für die Erfüllung der Prophetie von Jes 60–62, die dieser Stadt eine Fülle von Einwohnern und Besuchern verspricht (60,4ff.; 60,22; 62,4).

Fazit: Der Unterschied zwischen 66,7–9 und seiner möglichen Inspirationsquelle 60,22 ist deutlich: 60,22 liegt vermutlich eine zeitgeschichtliche Erfahrung zugrunde. Die Unterbevölkerung Jerusalems ruft dort den Wunsch nach Wachstum und Stärke hervor. Der Interpretationstext 66,7ff. entwirft eine Zukunftsvision nach dem Gericht. Die Vision der Geburt eines neuen Volkes erwächst aus dem Bedürfnis, die Abgefallenen (und dem Gericht Verfallenen) zu ersetzen. Mit dem Thema „Geburt" verbindet sich in Jes 66 das Motiv „Immigration", das seine Vorlage ebenfalls im Bereich Jes 60–62 hat.

2. Die Kinder: herumgetragen und/oder aus der Ferne gebracht

Die Passage 66,10–14 beginnt mit einem Aufruf zur Freude, und zwar im Anschluss an die oben genannten Schlüsselaussagen zur Geburt des Volkes. Dadurch wird die Verheißung von Jes 60,20 aufgegriffen: וֹשָׁלְמוּ יְמֵי אֶבְלֵךְ – „die Tage deiner Trauer haben ein Ende". Jes 66,10 nun verkündigt die Erfüllung dieser Verheißung (V. 10b): שִׂישׂוּ אִתָּהּ מָשׂוֹשׂ כָּל־הַמִּתְאַבְּלִים עָלֶיהָ.

Anschließend, in 66,11, wird das Motiv des „Trinkens an der Brust" aufgenommen, aber es geht hier nicht mehr um die „Milch der Völker" und nicht um die „Brust der Könige" (so 60,16). Diese mütterlichen Funktionen werden mit einem besseren metaphorischen Effekt Jerusalem zugeschrieben. Liegt dieser Änderung noch etwas anderes als die Verlegenheit über eine ungeschickte Metapher zugrunde?[8] Die Unzufriedenheit über das unpassende Bildelement ist darum wahrscheinlich, weil in 66,13 zur Kompensierung des Weggefallenen Jhwh selber mit einer tröstenden Mutter verglichen wird. Dabei werden weibliche Metaphern äußerst selten auf den Gott Israels bezogen. Dass die Metaphern des Stillens und des Tröstens von den fremden Königen auf Zion und Jhwh verschoben worden sind, hat wahrscheinlich nicht mit einem Ressentiment gegen die Fremden zu tun. Vielmehr ist dafür eine gewisse „theologische Konzentration" verantwortlich.

Auf ähnliche Art werden im darauffolgenden V. 12 die Wohlfahrt und der Reichtum der Völker von Jhwh selbst nach Jerusalem geleitet, anders als in Kap. 60, wo die Völker auf eigene Initiative ihre Schätze bringen (das Licht Jhwhs

---

[8] Das Zustandekommen dieser Metapher ist wahrscheinlich ein dichterischer Unfall. Die Vorlage dieser Stelle, Jes 49,23, redet von Königen und Fürstinnen in der Rolle von Pflegevätern und Ammen. 60,16 setzt „Völker" und „Könige" parallel, wobei im Begriff „Könige" die männlichen und die weiblichen Machthaber/innen zusammengenommen sind. Ohne Bezug zur Vorlage Jes 49,23 kann der Ausdruck „Könige" jedoch nur noch für die männlichen Herrscher stehen.

stellt dort lediglich einen Anziehungspunkt dar). Trotzdem ist in 66,12 eine Anspielung auf 60,5–9 deutlich. In beiden Texten ist die Ansicht auf den strömenden Reichtum Grund zu einem Freudenausbruch (60,5 und 66,14), und in beiden Texten werden im selben Zusammenhang auch Kinder erwähnt, die an der Seite [an den Hüften] getragen werden (60,4 und 66,12; vgl. auch 66,20). Der Unterschied zwischen den beiden Stellen ist allerdings markant. Während in 60,4 das „Tragen" mit der Rückkehrbewegung zusammenhängt (der Parallelvers hat „von ferne kommen"), steht das „Tragen" in 66,12 in Parallele zu „auf den Knien liebkost werden" und ist also als Zeichen der Zuwendung zu verstehen.[9] Die Bezeichnung für Kinder lautet in 66,12 ינקתם, was ebenfalls besser zum Bild der Geburt als zum Bild der Immigration passt, denn genau genommen müssen בניך / ובנתיך (60,4) gar keine Kinder sein. Die beiden Texte benützen auch verschiedene Verben für das „Tragen" (60,4 אמן niph., 66,12 נשא niph.), wobei aber kein wesentlicher Sinnunterschied auszumachen ist.

> In 66,12b entsteht das Motiv „Tragen der Kinder" unter dem Einfluss von 60,4, worauf der ungewöhnliche Ausdruck in beiden Texten על־צד („an der Seite" d.h. vermutlich „an der Hüfte") hinweist. Doch auch die Wirkung von Jes 49,22 lässt sich durch zwei Hinweise erkennen: Jes 66,12 beginnt mit den gleichen Worten wie 49,22 ([הנני] כה־אמר יהוה), und auch das Verb נשא für das „Bringen", „Tragen" der Söhne ist den Texten 66 und 49 (gegen 60) gemeinsam. Außerdem schafft 66,12 bereits in seinem ersten Teil (s.o. zu 66,12a) einen Rückverweis auf DtJes. In diesem Dreiecksverhältnis stehen sich die Texte von 49 und 60 am nächsten. Ein Bedeutungssprung hat sich in 66,12b vollzogen (s.o.).

Sowohl im Fall des „Trinkens an der Brust" wie auch in dem des „Tragens/Bringens" scheint die subtile Differenz kein Zufall zu sein. Die Erwartungen von Kap. 66 sind in beiden Fällen mehr lokal (von Jerusalem aus gesehen) und stärker theologisch konzentriert.

Dennoch ist die Grundidee des „Bringens von ferne" auch in Kap. 66 vertreten, nämlich in V. 20. Hier geht es nicht mehr um Kinder und konsequenterweise auch nicht mehr um das „Tragen auf den Armen", sondern um das „Bringen" – בוא hiph. Diejenigen die den „Akt des Bringens" vollziehen, müssen in diesem Zusammenhang als die Entronnenen aus den Völkern verstanden werden (V. 19). Diese „Entronnenen" werden von Jhwh zu den fernen Inseln geschickt, damit sie dort seine Herrlichkeit verkünden. Und von dort, „aus den Völkern", sollen sie Jhwh „all eure Brüder" als Opfergabe (מנחה) nach Jerusalem, „auf meinen heiligen Berg" bringen. In der zweiten Vershälfte wird der kultische Vergleich mit Betonung weitergeführt, aber zugleich als „nur ein Vergleich" relativiert: „wie die Söhne Israels die Opfergabe in reinem Gefäße in das Haus Jhwhs bringen". Interessanterweise werden hier die Transportmittel der Israeliten mit den Gefäßen für die Opfergaben verglichen. Das Bedürfnis des Schreibers nach

---

9   Hinter dem Ausdruck „auf den Knien" (על־ברכים) steckt möglicherweise eine Anspielung auf das Wort „Segnen" oder „die Gesegneten" (ברוכים) – vgl. Jes 65,23.

vollständiger Parallelität kann diesen Vergleich verständlich machen, erklärt aber
nicht, warum er überhaupt an den Reisemöglichkeiten interessiert ist. Die Aufzählung der verschiedenen Transportmittel erklärt sich nicht durch das Modell
von 60,9, wo die Tharsisschiffe namentlich vorkommen, denn sonst würde, nach
dem Muster von 60,9, in Jes 66 auch eine Seereise naheliegen. In 66,20 sind es
keine Schiffe – im Blickfeld befindet sich ausschließlich der Land- und Wüsten-
verkehr. Diese Tatsache ist umso rätselhafter, als im vorangehenden Vers die
Aussendung auf die Inseln und nach Übersee geschieht und demzufolge die
Rückführung der „Brüder" auch von dort aus unternommen werden sollte. Die
Uneinheitlichkeit des verwendeten Bildes hängt möglicherweise mit den Visionen von DtJes zusammen, die unser Verfasser stets im Hinterkopf zu haben
scheint. In DtJes geschieht nämlich die Rückkehr auf dem Landweg, und diese
Tatsache avanciert zum Symbol des neuen Exodus (43,16–19: das Austrocknen
des Meeres gegenüber dem Bewässern der Wüste). Zudem ist die Liste der
fremden Völker klischeehaft und könnte aus den in Ez 27 vorgefundenen Völ-
kernamen erstellt worden sein. Der entscheidende Grund für die Aufzählung der
Transportmittel ist m.E. dennoch die Absicht, die Prophetie von 60,6f. neu aus-
zulegen bzw. abzulösen. In 60,6f. sind die nach Jerusalem strömenden Tiere als
Opfergabe gemeint. Der Verfasser von 66,20 hingegen zielt auf die Ablösung
des Tieropfers[10] durch ein metaphorisches Opfer der Völker. Um der Prophetie
von 60,6f. trotzdem einen Sinn zu geben, schlägt er deshalb vor, jene Tiere als
Lasttiere zu verstehen. Zwar decken sich die Tiernamen beider Texte nicht, aber
dies kann mit der Themenwandlung zusammenhängen.

3. Die Sammlung aller Völker

1) Die Entronnenen
Das Konzept der Entronnenen wurde in Jes 66 von Jes 45,20 übernommen. Dort
sind mit dem Begriff פליטים die Überlebenden aus dem zusammengebroche-
nen babylonischen Reich gemeint, gleichsam als Vertreter der Entronnenen aus
allen Völkern. Während diese aber bei DtJes die passive Rolle haben, durch ihre
Niederlage (und die ihrer Götter) die Überlegenheit und Wahrhaftigkeit Jhwhs
zu bezeugen, erhalten die Entronnenen in 66,19 eine durchaus aktive Rolle. Sie
werden zu Zeugen der Herrlichkeit Jhwhs, die sie in fernen Regionen verkünden
sollen. Wenn der Begriff „Entronnene" eine Katastrophe (normalerweise einen
verlorenen Krieg) voraussetzt, stellt sich die Frage, welche Niederlage hier gemeint ist und wer sich unter den Geflohenen befinden könnte. Vom Gericht ist
in V. 15–17 die Rede, und demzufolge soll es mit denen, welche sich den ent-
setzlichen Kultpraktiken hingeben, ein Ende haben. Diesem Gericht untersteht
„alles Fleisch" (כל בשר). Anschließend wird der Wille Jhwhs bekundet, „alle

---

[10] Seine negative Einstellung den Tieropfern gegenüber kommt in 66,3 am deutlichsten zum
Ausdruck. S.u., 120.

Völker und alle Zungen" zu versammeln. Sie alle sollen die Herrlichkeit Jhwhs sehen. An diesen Versammelten will Jhwh ein Zeichen (אות) tun und „die aus ihnen Entronnenen" an die Völker senden mit der Aufgabe, seine Herrlichkeit zu verkünden. Es wird noch präzisiert, dass die Empfänger der Verkündigung zuvor nie von Jhwh gehört und seine Herrlichkeit noch nicht gesehen haben. Das Verständnisproblem liegt darin, dass man nicht weiß, warum es nach V. 18 immer noch Menschen gibt, die die Herrlichkeit Jhwhs nicht gesehen haben. Eine Möglichkeit ist, dass V. 18 und V. 19 ursprünglich nicht zusammengehörten und dass wir hier zwei verschiedene Szenarien der Endzeitereignisse vor Augen haben: das eine mit einer Versammlung der Völker vor Jhwh, das andere mit der Aussendung der Missionare zu den Völkern. Beide Versionen haben zum Ziel, dass die Herrlichkeit Jhwhs den Völkern bekannt wird.

Eine andere Möglichkeit ist, dass V. 19 nicht in chronologischer Folge auf V. 18 zu verstehen, sondern als eine Erklärung von V. 18 aufzufassen ist. So kann V. 19 erklären, wie es überhaupt zu der in V. 18 erwähnten Versammlung kommen soll. Diese Vision will, dass die Entronnenen sich zuerst zu den Völkern begeben und ihnen von der Herrlichkeit Jhwhs *erzählen*. Erst danach sollen sich die Völker vor Jhwh versammeln und dann selber seine Herrlichkeit *sehen* können. Diese Abfolge der Ereignisse kann der darauffolgende V. 20 bestätigen. Er redet von einer Bewegung Richtung Jerusalem: die „Brüder" sollen nach Jerusalem gebracht werden. Während die Ausgesandten (die Entronnenen) sich allein zu den Völkern begeben, sollen sie nicht allein zurückkehren, sondern die „Brüder" („eure Brüder aus allen Völkern") mitbringen. Die Identität der Brüder wird im Text nicht näher erklärt. M.E. sollten die „Brüder" nicht einfach mit den Israeliten oder den „Diasporajuden" gleichgesetzt werden, sondern allgemeiner als die Überlebenden des Weltgerichts aufgefasst werden.[11] Denn im Text gehören „die Brüder" auf die Seite der Völker, und diese Formulierung muss vage bleiben, weil von ihrer „Nationalität" nichts gesagt wird. Die „Brüder" sind ein Stück weit als Abstraktum aufzufassen, das der Vorstellung der Endzeitereignisse entspringt, nicht der historischen Erfahrung. Nur durch diese Annahme kann m.E. das ganze Stück in sich stimmig sein: Nach dem Gericht existiert weder der Gegensatz zwischen dem Gottesvolk Israel und den gottfeindlichen Völkern (wie z.B. in 63,1–6) noch der Gegensatz zwischen den Knechten und den Abtrünnigen. Nach dem Gericht, und das ist die Optik der vorliegenden Stelle, gibt es nur noch die vom Gericht Verschonten. Die Tatsache, verschont worden zu sein, ist zugleich ein ausreichender Grund, zu den „Brüdern" zu zäh-

---

11 Die Identität der „Brüder" spielt m.E. eine wichtige Rolle für die Frage nach der Einheitlichkeit des Textstücks 66,15–24 und des ganzen Kapitels 66. Der Schnitt wird oft nach V. 17 vollzogen und das Stück 66,18–24 zur redaktionellen Klammer mit 56,1–8 gerechnet; vgl. oben 16 Anm. 21. Damit wird aber die Aussage von 66,18–24 von ihrer *raison d'être* abgeschnitten: alles, was V. 18–24 entfaltet, ist die Vision der Zustände nach dem umfassenden Gericht von V. 15–17. Das Vorausgehen des Gerichts ist zugleich der wichtigste Unterschied zwischen den Heilsbeschreibungen in Jes 65f. und denen in Jes 60–62.

len. So gibt es in der Perspektive dieses Textes nur noch „Brüder" auf der Welt, und darum besteht der einzige noch logische Unterschied in der Polarität zwischen den Nahen und den Fernen. Zu den letzteren zählen die „Brüder aus den Völkern", aber ihre „Nationalität" spielt keine Rolle mehr. Um die Identität der „Brüder" noch besser umreißen zu können, müssen wir der Frage nachgehen, wer diejenigen sind, die vom Gericht verschont bleiben.

2) Die Völker und „eure Brüder"

Nach dem einleitenden כי הנה beginnt V. 15 gerade mit dem Zorn Jhwhs und der göttlichen Strafe. Nun machen aber die ersten zwei Worte deutlich, dass an das Vorangehende angeknüpft wird. Der vorangehende Abschnitt endet mit V. 14, mit einer Voraussage des Heils für die Knechte Jhwhs (dieses Heil wurde im Abschnitt V. 10–14 ausgiebig geschildert) und des Zorns für die Feinde Jhwhs (bis dahin ohne Schilderung). Die Teile 66,15–17 und V. 24 müssen so als Erfüllung der in 66,14 (und bereits in 66,4) angesagten Strafe gelten. Die Vergehen, die Jhwh zum Zorn reizen und eine Strafe verdienen, werden am Anfang von Kap. 66 (V. 3) genannt und erneut in V. 17 erwähnt. Diese Beschreibungen sind sehr knapp, lassen aber erkennen, dass es in beiden Fällen um obskure Kult- und Opferriten geht, die die Angeklagten praktizieren und dabei gegen die Reinheitsgesetze verstoßen (bzw. fremde Reinheitsgesetze anwenden).

V. 18 bildet einen Übergang[12]. Der Akt des Sammelns ist normalerweise ein Heilsereignis,[13] das auf das „Zerstreuen" folgt (das „Zerstreuen" ist in der Regel Resultat und zuweilen Symbol einer militärischen Niederlage) und es rückgängig macht. In V. 15–17 trifft das Gericht diejenigen, die die genannten Missetaten begangen haben. Unter diesen Menschen befinden sich vor allem die Heiden. Aber wenn der biblische Verfasser sie für ihre Praktiken verurteilt, tut er dies nur darum, weil es Anhänger des Jhwh-Glaubens gibt, die der Jhwh-Religion fremde, heidnische Elemente beigemischt haben.[14] Obwohl Jhwh ins Gericht geht mit „allem Fleisch", sind es diese Synkretisten, welche die Strafe auf sich und auf die Heiden ziehen. Dass es vor allem um jüdische Synkretisten geht, wird auch durch 66,3 deutlich.[15] Von einer generellen Strafaktion gegen die Heiden wird hier nicht gesprochen, weil dann die Israeliten als der positive Gegenpol fungieren müssten, was hier nicht angestrebt wird. Vielmehr wird das Urteil gegen all die ausgesprochen, die die Greuelriten praktizieren, unabhängig davon, welcher Glaubens- und Nationalgemeinschaft sie angehören. Entscheidend scheint das

---

[12] Die Worte „ihre Werke und ihre Gedanken" sind daraus zu streichen, vgl. BHS, WESTERMANN, u.a.

[13] Vgl. Jes 56,8.

[14] Die prophetische Kritik von Kap. 66 (und bereits 65) könnte unmöglich formuliert worden sein, wenn die Heiden und die Israeliten nebeneinander bei ihrer jeweiligen Religion geblieben wären. Paradoxerweise wird die Kritik an den heidnischen Völkern nicht durch deren Verhalten hervorgerufen, sondern durch das Verhalten der Israeliten.

[15] Vgl. unten zu Jes 66,3, S. 120.

Prinzip zu sein: gleiche Taten – gleiche Strafe. Für die Taten der Heiden war schon in 63,1–6 deren Vernichtung vorgesehen. Diejenigen unter den Israeliten, die die Taten der Heiden vollziehen, erwartet das gleiche Schicksal.

Wenn in 66 die heidnisch „verunreinigten" Israeliten im Visier der Gerichtsankündigung sind, sind logischerweise auch mit den Erschlagenen Jhwhs und mit den Entronnenen Israeliten gemeint. Die Entronnenen sind hier nicht als Heiden zu definieren – wie es in Jes 45,20 der Fall war – sondern als Jhwh-Anhänger, die sich von der Unreinheit fern gehalten haben (nach 66,14 Knechte Jhwhs). Sie werden an die Völker gesandt, weil sie zu den Überlebenden gehören, und sie taugen dazu, als Zeugen der Herrlichkeit Jhwhs aufzutreten. Der Text will sie nicht als „Juden" oder „Völker" definieren, weil beide Bezeichnungen unangemessen wären: Auch hier gilt das Prinzip „für gleiche Taten – gleiche Behandlung". Wer sich mit den Greuelriten nicht verunreinigt hat, kann im Gericht bestehen, ob Israelit oder Heide.

Auch die Bezeichnung „eure Brüder" muss dementsprechend aufgefasst werden. Normalerweise werden die Juden als die (durch den Text) Angesprochenen betrachtet und darum „eure Brüder aus allen Völkern" als Diasporajuden verstanden.[16] An dieser Stelle aber werden nicht Juden qua Juden oder Israeliten qua Israeliten angesprochen. Es wird an die *Überlebenden des Gerichts* gedacht – nur sie werden logischerweise in Zukunft diese prophetischen Worte lesen können. So sind „eure Brüder aus allen Völkern" allgemein als „Glaubensgenossen"[17] zu verstehen. In der Perspektive dieses Kapitels ist diese Kategorie auch für Nicht-Juden offen. Vielleicht würde man diese Menschengruppe besser als kultisch reine Jhwh-Anhänger definieren, um den nicht adäquaten Glaubensbegriff zu vermeiden. Jedenfalls scheint der Begriff „Brüder" hier vom Konzept der Blutsverwandtschaft losgelöst zu sein.

Dem Beharren auf dem Pronomen 2.Plur. „eure" kommt eine besondere Bedeutung zu, denn das Pronomen 3.Plur. („ihre") wäre logischer gewesen („und sie werden *ihre* Brüder aus allen Völkern dem Herrn als Opfergabe bringen"). Die Bezeichnung „eure Brüder" kommt bereits in V. 5b in der paradoxen Wendung אחיכם שנאיכם vor, wo sie sich auf die hassende Gegenpartei bezieht. In V. 5 besteht kein Grund dafür, die Brüder anders als im herkömmlichen Sinne einer (ethnischen) Blutsverwandtschaft zu verstehen. Hier werden noch die Verhältnisse *vor* dem Gericht ins Auge gefasst – denn nach dem Gericht gibt es diese Brüder nicht mehr. Erst die Berücksichtigung dieser Stelle im Zusammenhang mit dem darauffolgenden Gericht erklärt vollständig, warum „eure Brüder" in V. 18 aus den Völkern geholt werden. Sie sollen nach dem Gericht die anderen

---

[16] Vgl. z.B. DUHM, 457; VOLZ, 299; WESTERMANN, 339; MUILENBURG, 771f., WATTS, 362.

[17] Es liegt hier vermutlich eine bewusste Umwandlung der Bezeichnung „eure Brüder" von Jes 66,5 vor, wo zwar Blutsverwandschaft vorhanden war, aber „eure Brüder, die euch hassen" die eigentlichen Gegner meinte. So wurde der Begriff „Bruder" im Sinne der natürlichen Verwandtschaft kompromittiert, und dies hat den Weg gebahnt für die neue, umgedeutete Anwendung in V. 20.

Brüder ersetzen. Die Brüder aus V. 5b sind durch das Gericht „ausgestoßen" worden, ihnen ist ironischerweise das geschehen, was sie selber ihren "Verwandten" angetan hatten (vgl. das zweite Verb neben מנדיכם שׂנאיכם: = ausstoßen[18]). Der Grund dieses in V. 5 angesprochenen Konfliktes ist unklar, aber der spöttische Wunsch der „hassenden Brüder", die Freude ihrer Gegner zu sehen, spricht doch indirekt die Hoffnung der angegriffenen Partei an. Und ihre Hoffnung schöpft diese Partei wahrscheinlich aus Jes 60–62: der Begriff „Freude" (שׂמחה) verweist, wie Sekine bemerkt, auf jene Heilsverheißungen, v.a. auf 61,7.[19] Die Verheißung der Freude wird in 66,10 als eingelöst geschildert. Hat der Hass und die Gegnerschaft der „Brüder" etwas mit dem Festhalten der Frommen an den Verheißungen von Jes 60–62 zu tun? Aus der Bezeichnung der Angeredeten in V. 5 als החרדים אל דברו (vgl. auch V. 2bβ) geht jedenfalls hervor, dass sie das Befolgen des Gotteswortes zu ihrem Programm gemacht haben.[20]

Als zweites ist zu bemerken, dass das Pronomen 2. Plural „eure" außer an der vorliegenden Stelle im ganzen Abschnitt 66,15–24 nur noch in V. 22 vorkommt. Darum ist V. 22 in Zusammenhang mit V. 20 zu sehen. V. 20 eröffnet eine neue Perspektive in dieser Passage. Neben Jhwh, seinen Feinden (den Erschlagenen) und den Entronnenen [über beide Gruppen wird in 3. Plural geredet] tauchen durch das fragliche Pronomen die auf, an welche sich der Text eigentlich richtet: die Leser. V. 22 macht dann die pädagogische Absicht der Endzeitvision klar: auf dem Spiel steht die Hoffnung der Angeredeten auf eine Zukunft, die es zu bestätigen und zu stärken gilt. Dabei schlägt das Pronomen „eure" in V. 20 eine Brücke zu den Lesern dieses Textes – zu den Überlebenden des Gerichts, ohne dass dadurch dem logischen „ihre Brüder" widersprochen würde. Es sind zugleich „Brüder" der Ausgesandten und der Leser, die aus den Völkern geholt werden sollen. Sie werden als Opfergabe gebracht, was der umgedeuteten Verheißung von 60,6 entspricht. Sie sind „Brüder", und deshalb tragen sie durch ihr Ankommen zur Erhaltung „des gesegneten Geschlechts" (61,9) bei. Sie sind aber zugleich „aus den Völkern", und deshalb kann die Verheißung der Prophetie von 60,3ff. an ihnen in Erfüllung gehen.

V. 22 erfordert spezielle Beachtung, weil er die Verheißung ausspricht, auf welche das ganze Stück von V. 15ff. hinausläuft. Für Westermann stellt dieser

---

[18] Ob נדה Pi. ein Terminus technicus für „bannen", exkommunizieren" ist, ist umstritten, aber eher unwahrscheinlich (DUHM, 452). Einen sprachlichen Hinweis für eine späte Datierung dieser Aussage hat hier VOLZ, 293, gesehen, weil das Verb im Talmud verbreitet, in der Bibel aber nur in Am 6,3 zu finden ist.

[19] SEKINE, 47.

[20] Diese Vermutung hat sich auch WESTERMANN (330) nahe gelegt, der auch die fraglichen Verheißungen im Bereich Jes 60–62 identifiziert hat: „Der Satz ‚Jahwe möge sich doch verherrlichen' kann sich auf Worte wie 60,1ff., der Satz ‚dass wir auf eure Freude sehen können' auf Worte wie 61,10 beziehen." Damit wird im konkreten über die Identität der beiden Parteien noch nichts ausgesagt.

Vers eine Verneinung der universalistischen Öffnung dar, die sonst in diesem
Kapitel zum Zuge komme.[21] Dem stelle ich die These entgegen, dass der „Universalismus" von Kap. 60–62 in Kap. 66 (darunter auch in V. 22) neu interpretiert wird. So wie andere Verheißungen von Jes 60–62 werden auch Aussagen
über die Völkerwelt so uminterpretiert, dass sie von utopischem Ballast befreit
werden, d.h. (in der Perspektive von 66) losgelöst werden von der Vorstellung
einer gerechten Gesellschaft, die ohne Eliminierung der Ungerechten zustande
kommt.[22] So darf man die Tatsache nicht ignorieren, dass die Aussage von
V. 22 bereits die Welt nach dem Gericht ins Auge fasst und somit זרע auch im
Sinne dieser neuen nichtnationalen Gesellschaft versteht. Bezeichnenderweise
wird in V. 22 kein Gegensatz zwischen „eurem Geschlecht" und den Heiden
gesehen (wie das in Bezug auf 61,9 naheliegend wäre). Ebenfalls bezeichnend ist,
dass sich dieser Vers nach Jes 48,19 richtet, aber nicht nach 45,25
(כל־זרע ישראל ...), was logisch wäre, wenn die Vermutung Westermanns zutreffen würde. So ist wiederum das Pronomen „euer" zu betonen. Gleich wie bei
der Frage nach „euren Brüdern" geht es um das Geschlecht derer, die das Gericht überstanden haben. Für V. 22 ist das bereits das einzige existierende Geschlecht – das Geschlecht der zukünftigen Leser dieser Worte.

V. 23–24 bilden das Finale dieses Teils und des ganzen Buches. Man könnte
sich zwar auch V. 22 gut als Schlussvers vorstellen, zumindest für TrJes.[23] In seiner symbolischen Dichte und mit seiner einmaligen Kombination von Erneuerung und Kontinuität könnte sich V. 22 in der Tat zum Schlussakkord des ganzen Buches eignen. Die Absicht, das Jes-Buch zu umrahmen, ist dennoch vor
allem in V. 23 ablesbar: Am Anfang des Buches in 1,13 werden Neumond und
Sabbat verworfen; dieses Urteil wird hier am Schluss in 66,23 aufgehoben. In der
Verbindung von V. 23 und 24 werden auch Kap. 60–62 nicht aus dem Blickfeld
gelassen. Die scharfe Gegenüberstellung zweier Ausgänge am Ende des Buches
bedeutet nicht eine Rückkehr zur Optik von Jes 63,1–6. Ähnlich wie ich bereits
bei V. 22 argumentiert habe, wird m.E. die auffallend starke Polarität zwischen
den Guten und den Bösen in V. 23–24 nicht bekräftigt, sondern paradoxerweise
überwunden. Die Polarität hat Vergangenheitsstatus und erscheint als furchtba-
re, aber eben überwundene Phase der Geschichte: die Gegenpartei (die Abtrünnigen, die Feinde) werden zwar in V. 24 noch erwähnt, aber als „Leichen", die

---

[21] WESTERMANN, 339.

[22] Dass dadurch nicht ein rein realistisches Zukunftsbild entsteht, ist klar. Aber eine Vision der
Welt ohne Böses *nach* dem Weltgericht ist im theologischen Sinn realistischer als eine, die mit dem
Gericht nicht rechnet (bzw. es als bereits vollzogen betrachtet). Vielleicht ist es ein Paradox zu
behaupten, dass die trjes* Visionen mit deutlich apokalyptischen Zügen, aus dem Bedürfnis nach
„Realismus" erwachsen sind, und trotzdem legen dies die obigen Überlegungen nahe. Bei HANSON
jedoch zählen die Gegner von TrJes zu den Realisten; ihnen stehen „visionary disciples of Second
Isaiah" (32ff.) gegenüber.

[23] Nach der Ansicht ELLIGERS (141) „verderben" die V. 23f. den guten Abschluss in V. 22. Für
literarkritische Argumente gegen das Abtrennen von V. 23f. siehe SEHMSDORF, 567.

sich „draußen"[24] befinden. „Tot" und „draußen" legt einen doppelten Akzent auf die Tatsache, dass es die Feinde Jhwhs nicht mehr gibt. Alle sind eins, und alle beten Jhwh an. In diesem Sinn stehen auch diese zwei letzten Verse von Jes 66 im Dienst von Jes 60–62, wo der Traum einer Gesellschaft aus lauter Gerechten zum Ausdruck kommt (60,21).[25]

4. Priester und Tempel

1) Jes 66,1–6

V. 1–6 sind als eine Untereinheit von Jes 66 anzusehen, mit dem Leitmotiv „Tempel und Priester".[26] Der Textabschnitt V. 1–6 weist Zeichen einer durchdachten Kompositionsarbeit auf. Im Zentrum (V. 3–4) steht eine zweiteilige Anklage gegen kultische Missbräuche mit unreinen Tieropfern (V. 3) und gegen den Ungehorsam dem Wort Gottes gegenüber (V. 4aβ-b). Dazwischen haben wir das Urteil, das in Entsprechung zum Vergehen formuliert ist (beide Male mit dem Verb בחר). Das Motiv des Wählens und des Wohlgefallens von V. 3b wird zusätzlich noch in V. 4b aufgenommen. Dieser zentrale Teil des Abschnittes ist von zwei Aussagen gerahmt, dem Spruch Jhwhs (V. 1–2) und dem der „hassenden Brüder" (V. 5), wobei diese zwei Teile als bewusst parallelisiert und zugleich kontrastiert erscheinen. Die Parallelität drückt sich vor allem in der Form aus: in der Einleitung des Zitates und in den zitierten Worten. Darüber hinaus werden die zwei Teile durch die Bezeichnung „die vor dem Wort erzittern" verbunden. Zu den Kontrastaussagen muss man vor allem die zitierten Worte rechnen. Diese Worte Jhwhs demonstrieren seine Macht und Unabhängigkeit; die der „hassenden Brüder" drücken den Versuch aus, Jhwhs Macht für ihre eigenen Zwecken zu manipulieren.[27] Beide Teile enden mit einer Stellung-

---

[24] Um sie zu sehen, müssen die Überlebenden „hinausgehen". Es wird nicht präzisiert, welchen Ort sie verlassen – dies verleiht dem Ausdruck eine gewisse Absolutheit. Dieser Vers thematisiert die Vernichtung der Abtrünnigen: Die Leichen der Feinde werden zum Zeugnis des endgültigen Sieges Jhwhs und der Geretteten.

[25] In diesem Punkt entspricht Jes 66 auch Kap. 65, das mit demselben Wunschbild endet. Im Gegensatz zu Jes 66 ist aber in Jes 65 der Horizont auf Jerusalem begrenzt.

[26] Diese Abgrenzung wird nur selten vorgenommen. WESTERMANN sieht in V. 6 den ersten Teil des Rahmens rund um die V. 7–13. Viele Autoren sehen eine Zäsur zwischen den V. 4 und 5, weil erstmals in V. 5 die „Zitternden" direkt angesprochen werden. BEUKEN, Does Trito-Isaiah, vertritt die Abgrenzung V. 1–6; vgl. 59f.

[27] Dazu ist BARTHÉLEMY (459) zu vergleichen. Der Vorschlag der BHS, das Wort יכבד in V. 5b als niphal zu vokalisieren basiert auf einer langen, christlichen Tradition. D. BARTHÉLEMY macht darauf aufmerksam, dass diese Interpretation Mt 24,9 beeinflusst hat und dass die exegetische Tradition der Teamim den Text im Sinne von qal aufgefasst hat. Wer יכבד als qal versteht, muss dieses Verb mit dem vorangehenden למען שמי verbinden und nicht, wie gewöhnlich, als Beginn eines Satzes im Kohortativ betrachten. Die Übersetzung dieses Versteils heißt nach BARTHÉLEMY: *en vue de ma renommée le Seigneur est glorieux.* Und seine Interpretation lautet: „Il s'agit donc là

nahme Jhwhs: V. 2b mit Jhwhs persönlichem Interesse und seiner Zuneigung;
V. 6 mit dem Donner des Jhwhkrieges gegen seine Feinde.

Innerhalb der beiden Randteile lenken einige kunstvolle Ausdrücke die Aufmerksamkeit auf sich. Im ersten Teil ist es die frappante Klangähnlichkeit zwischen den Halbversen 1bα und 2bα:

אי־זה בית אשר תבנו־לי
ואל־זה אביט אל־עני

In V. 5–6 scheinen Ausdrücke des „Hörens" wichtig zu sein. Die חרדים sind
zum Hören eingeladen, bemerkenswerterweise aber nicht zum Hören der unmittelbar anschließend zitierten Worte der eigenen Feinde, sondern zum Hören auf
das Wort Jhwhs. Weiter ist der Kontrast zwischen דבר für die eine Gruppe und
קול für die andere wichtig. Die, die nicht auf das Wort (דבר) Jhwhs hören,
werden das Getöse (קול) seiner Vergeltungsaktion zu hören bekommen. Möglicherweise wird auch die selbsttrügerische Überzeugung der „Abtrünnigen" ironi-
siert, welche meinen, über die Herrlichkeit (כבד) Jhwhs verfügen zu können. Sie
werden die gerechte Rache Gottes am eigenen Leib erfahren, während (in
V. 18f.) Jhwhs Herrlichkeit anderen Menschen zuteil wird.

Trotz der in V. 1–6 oft hervorgehobenen Inkonsequenzen zwischen den Teilen, die den Tempelbau thematisieren (V. 1–2)[28] und denen, die die Existenz
des Tempels suggerieren (als Ort des Missbrauchs, V. 3, und als Ort der Strafe
an den Feinden Jhwhs, V. 6),[29] ist die Einheitlichkeit dieses Stücks nicht preiszugeben. Sie ist vor allem durch die Kohärenz der theologischen Aussage wahrscheinlich, die in diesem Fall auf Kosten der historischen Präzision geht. Die
Schriftbezogenheit dieser Passage ist auffallend (Zitate, Anspielungen – für
V. 1–2 vgl. 1.Kön 8,27ff.), und auch das Konzept des ganzen Kap. 66 muss mit
berücksichtigt werden. Demgemäß sind Aussagen über den in V. 1–2 *vorausgesetzten* Tempelbau oder die in V. 6 *vorausgesetzte* Existenz des Tempels mit
Vorsicht zu genießen. Beide spielen im Kontext von Jes 66 die gleiche Rolle: es
sind tempelkritische Aussagen angesichts der eschatologischen Ereignisse, die zur
Vision der neuen Wirklichkeit *ohne Tempel* überleiten. Diese tempel- und kultkritischen Aussagen lassen sich an den folgenden Ausdrücken festmachen:

V. 1aβ: השמים כסאי – Mit dieser Wendung wird eine theologische Aussage
gemacht. Eine ähnliche Ansicht des himmlischen Thrones ist in Ps 11,4; 103,19;
1.Kön 22,19 par. 2.Chr 18,18 vertreten. Die vorliegende Stelle ist aber extremer,
weil sie den Thron Gottes nicht als einen Ort in den Himmeln darstellt, sondern
die Himmel als solche zu seinem Thron erklärt. Hier wird die Erklärung
השמים כסאי zum Ausdruck einer Theologie, die sich von einer anthropomor-
phen Vorstellung der Gegenwart Gottes gelöst hat. Zu beachten ist dabei der

---

d'une catégorie de juifs qui monopolisent la gloire du culte au profit de leur prestige, alors qu'ils
excluent ceux qui tremblent à la parole du Seigneur."

[28] Eine Zusammenfassung der Forschung zu V. 1f. findet man bei SEKINE, 45.

[29] „Die Erwähnung des Tempels in V. 6 kann nicht anders verstanden werden, als dass sie das
Vorhandensein des Tempels in Jerusalem voraussetzt." (WESTERMANN, 333).

Gegensatz zu Ez 47,3, wo die „Stätte des Thrones" und die „Stätte der Fußsohlen Jhwhs" im Tempel lokalisiert werden.

V. 1aγ: והארץ הדם רגלי – Auch dieser Ausdruck weist viele Bezüge zu anderen biblischen Schriften auf, und auch er unterliegt hier einer Wandlung. In allen Belegen von הדם außer in Jes 66,1 ist der „Schemel der Füße Jhwhs" mit einem Ort auf der Erde gleichgesetzt (Ps 99,5: der Berg Jhwhs; Ps 132,7: die Lade; Kgl 2,1: der Tempel oder Jerusalem; 1.Chr 28,2: die Lade). Nur in der vorliegenden Stelle ist es die Erde im allgemeinen. Das Motiv הדם רגלי in 66,1 scheint sich auf die Bezeichnung des Tempels in Jes 60,13 als מקום רגלי zu beziehen. Der Sinn der Aussage in 66,1 ist eine Antithese zu 60,13, wo der Tempel ein besonderer Ort der Gegenwart Gottes ist. Mit der Behauptung von Jes 66,1, die ganze Erde sei der Schemel für Gottes Füße, wird „das Besondere" des Tempels bestritten.

V. 2aβ: ויהיו כל־אלה. Nach D. Barthélemy bringen diese Worte eine Tempelkritik zum Ausdruck: „l'affirmation solennelle que l'univers a été créé par le Seigneur suffit parfaitement à décourager quiconque d'y élever une maison pour le Créateur".[30] In der LXX wird der Schöpfungsakt zu einer Eigentumsdeklaration Gottes, was die tempelkritische Spitze dieser Aussage vielleicht noch schärfer macht.

Die BHS schlägt vor, nach der LXX zu lesen: ולי היו כל־אלה. Der korrigierende Eingriff ist hier minimal und wird unter Berufung auf 𝔊 (und Q^a zum Vergleich) durchgeführt. Allerdings liest Q^a והיו und kann zur Unterstützung der von der BHS vorgeschlagenen Korrektur kaum beitragen.[31] Die LXX hat καὶ ἔστιν ἐμὰ πάντα ταῦτα: diese für das Griechische ungewöhnliche, mit dem Verb beginnende Syntax setzt eine hebräische Vorlage voraus. Diese Version stützt aber den 𝔐 gegen die Korrektur der BHS insoweit, als 𝔐 auch mit dem Verb beginnt. Da 𝔐 identisch ist mit Q^b, wird das Pronomen ἐμὰ in der LXX sekundär sein.[32] Der Sinn wurde durch die LXX nicht wesentlich verändert, sondern ein Stück weit verdeutlicht. Sowohl in 𝔐 als auch in 𝔊 wird die Rolle des Tempels in Frage gestellt.

V. 3a: שוחט השור מה־איש זובח השה ערף כלב
מעלה מנחה דם־חזיר מזכיר לבנה מברך און

Wer ein Rind schlachtet, der einen Menschen tötet,
wer ein Schaf opfert, der einen Hund erwürgt,
wer Speisopfer darbringt, der [ein Schwein zerstückelt],
wer Weihrauch anzündet, der einen Götzen grüßt.

---

[30] BARTHÉLEMY, 458.

[31] Dies gibt auch K. KOENEN zu, der sich trotzdem für eine ähnliche Korrektur entscheidet, Textkritische Anmerkungen, 572, Anm. 71.

[32] Die von HANSON und KOENEN befürwortete Korrektur in והיו לי hat für sich, dass sie genau dem Satzbau der LXX entspricht; dafür schließt sie die Möglichkeit einer freien Übersetzung aus, vgl. HANSON, 165; KOENEN, Textkritische Anmerkungen, 572.

V. 3 ist als eine Anklage aufzufassen, und diese scheint in der historischen Wirklichkeit ihre Wurzeln zu haben. Betreffend V. 3 muss man Rofé[33] zustimmen, dass die vier Bezeichnungen in V. 3a sich alle auf die jüdischen Priester beziehen. Diese Worte berichten und klagen über die synkretistischen Praktiken der Priester.

V. 3aγ דם wird im Apparat zu חֲמֵד korrigiert. Trotz einstimmiger Überlieferung wird bei dieser Stelle ein Fehler vermutet, weil Blut nie als Objekt des Opfers verstanden ist und weil die drei anderen, parallel aufgebauten Sätze der Aufzählung ein Partizip erwarten lassen. Auch wenn חֲמֵד הֲזִיר („begehrend nach Schwein[efleisch?]") ein Partizipialsatz ist und dadurch das syntaktische Problem gelöst wird, bleibt der korrigierte Satz uneingefügt: nach dem Muster der restlichen Sätze sollte hier eine Bezeichnung des Opferaktes stehen. Eine einleuchtende Lösung in diesem Sinn wurde von D. Leibel vorgeschlagen und von K. Koenen übernommen. Nach ihrer Meinung ist die Lesart von m als Resultat einer Haplographie zu verstehen. Im ursprünglichen Text sollte מנחה הדם stehen, wobei הֹדֵם als Partizip zu vokalisieren wäre. Das Weglassen eines ה wurde dadurch erleichtert, dass das persische Lehnwort הדם mit der Bedeutung „zerstückeln" in späterer Zeit nicht mehr verständlich war.[34]

Die unterschiedlichen Meinungen der Forscher bezüglich des genauen Gegenstandes der Kritik von V. 3a, die Sekine übersichtlich zusammenstellt,[35] lassen sich auf die strittige Frage reduzieren: Werden legitime Opferhandlungen mit verurteilt oder der Synkretismus zwischen Jhwh-Kult und Götzenkult? Die Debatte befindet sich in einer Sackgasse, weil der Zusammenhang mit Jes 66,6ff. bei der Lösungssuche außer Acht gelassen wird. M.E. ist es unentbehrlich, innerhalb von Jes 66 die zwei Perspektiven „vor dem Gericht" und „nach dem Gericht" zu unterscheiden. Der Synkretismus ist zwar als Auslöser der in V. 3a geäußerten Kritik anzunehmen. Es wird auch gezeigt werden, dass sich die „universalistischen Züge" von Jes 66 am besten auf dem Hintergrund der synkretistischen Praxis erklären lassen.[36] Hier aber wird nicht nur der verunreinigte Kult verworfen, sondern der Opferkult als solcher. Dies geschieht bereits im Blick auf das umfassende Gericht, nach welchem neue kultische Grundsätze gelten werden. Unabhängig davon, ob man in V. 21 einen Hinweis auf die Wiederaufnahme des Opferkultes sehen will oder nicht, kann von Kontinuität hier keine Rede sein. Die Diskontinuität wird u.a. dadurch deutlich, dass nach dem Gericht kein Tempel mehr in Aussicht gestellt wird.

---

[33] ROFÉ, Judean Sects, 205–217.

[34] Dazu KOENEN, Textkritische Anmerkungen, 572f. Vgl. D. LEIBEL, „dam ḥāzîr" Bet Miqra 8(1964) 187–197. 187.

[35] SEKINE, 46.

[36] S.unten. S. 124.

קול שאון מעיר קול מהיכל :V. 6
קול יהוה משלם גמול לאיביו

Der Tempel als Ort der Strafe in V. 6 ist vermutlich ein theologisches Bild, möglicherweise mit einem politischen Hintergedanken: die Strafe trifft vor allem das Priesterestablishment. Die Menschen, an die sich der Verfasser wendet und die die קול מהיכל hören sollen, müssen sich außerhalb des Tempels befinden und sogar in einer gewissen Entfernung von der Stadt (V. 6aα); die zu bestrafenden Menschen muss man sich hingegen im Inneren der Stadt und im Tempel vorstellen. Aber vor allem wenn V. 6 in den gleichen Zusammenhang gehört wie V. 3, werden hier diese Priester konsequent als Feinde Jhwhs bezeichnet. Das Getöse von der Stadt und vom Tempel her, das sich als Echo der göttlichen Vergeltung erweist, kann sich wohl nur auf das Vorbild der Stadt- und Tempeleroberung beziehen. Die Darstellung einer solchen Strafe für kultische Missstände gehört zu den bekannten Motiven aus der prophetischen Überlieferung.[37] Das Besondere dieser Stelle liegt in der Kombination der Motive „Strafe für den Tempel" und „Strafe an den Feinden Jhwhs". Das zweite Motiv wird seinen Ursprung in den Reden gegen die fremden Völker haben.

Die Wiederholung von קול lässt an Ps 29 denken. Eine Anspielung an diese Tempelliturgie, die ihrerseits einen Urmythos aufnimmt, könnte im Zusammenhang von Jes 66 durchaus einen Sinn ergeben. Ps 29 hat den Sieg Jhwhs über die Urmächte zum Thema, und dieser Sieg wird zum Segen für sein Volk.[38] In Jes 66,6 wird der Sieg Jhwhs über seine Feinde geschildert, und ähnlich wie in Ps 29 wird die Aufmerksamkeit des Lesers/Hörers allmählich zum Tempel gelenkt. Nun wird aber im Unterschied zu diesem Psalm in Jes 66,6 der Tempel zum Ort der Strafe, nicht zum Ort des Lobgesangs. Wenn der Anklang an Ps 29 vom Verfasser von Jes 66 beabsichtigt war, hat er erst in den V. 7ff. eine Entsprechung für Ps 29,11 kreiert: der Segen für Jhwhs Volk wird im Bild der wundersamen Geburt des Volkes entfaltet.

Fazit: Das, was den ganzen Teil V. 1–6 verbindet, ist die Infragestellung der Rolle des Tempels. Die Kritik des Missbrauchs erfährt eine Verallgemeinerung: nicht nur das kultische Fehlverhalten steht im Kreuzfeuer der Kritik, sondern die Institution Tempel selbst.[39] Zugleich wird auf eine Alternative hingewiesen: Als Kontrapunkt zu Opferkult und Tempelbau wird der Wert des Hörens auf das Wort Jhwhs hervorgehoben.[40] Und so wird die Zukunftsvision von Jes 66 auch keinen Tempel mehr entwerfen.

---

[37] In Ez 9,6 fängt das Gericht beim Tempel an; vgl. Jer 50,28 zur „Rache für den Tempel".

[38] Vgl. SEYBOLD, Die Psalmen, 121; 124.

[39] Gegen BEUKEN, Does Trito-Isaiah reject the Temple?, 53–66.63.

[40] Bedeutsam ist möglicherweise der Bezug auf den Anfang des Buches (Jes 1,10), aus welchem der Aufruf שמעו דבר־יהוה stammt (im Zusammenhang mit der Opferkritik). Während aber dort die Übeltäter angesprochen werden, wendet sich Jhwh in 66,5 an die Frommen.

2) Jes 66,21

Im Gesamtkonzept der Aktualisierung von Jes 60–62 muss man für Jes 66,21 von einem Bezug auf 61,5f. ausgehen. Beide Stellen beschäftigen sich mit der Rolle der fremden Völker und der Priester. Die jeweilige Bestimmung der Rolle der Priester fällt in den beiden Texten jedoch verschieden aus. In Jes 61,6 ist das Priesteramt für die neuen „Weltherrscher" (also für das Gottesvolk!) vorgesehen, während die unterworfenen fremden Völker die Rolle der Diener übernehmen. In Kap. 66, wo die Grenze zwischen Knechten und Feinden Jhwhs quer durch die ethnische Zugehörigkeit verläuft oder zumindest von dieser absieht, sind auch die Priester nicht mehr durch ihre Abstammung zu solchen bestimmt (66,21). Dennoch ist die vorliegende Entwicklung alles andere als selbstverständlich.

Jes 61,5f. ihrerseits bilden wahrscheinlich eine Umwandlung des dtjes Motivs „fremde Könige und Fürstinnen im Dienst des Gottesvolkes" von 49,23.[41] In Kap. 61 ist dieses Motiv Teil der Zukunftsvision, in welcher sich Zion-Jerusalem und die Völker gegenüberstehen. In Jes 61 haben die Völker die Rolle der Unterworfenen, Besiegten und Diener des Volkes von Jerusalem. Jes 61,6 verrät, dass sich das Gottesvolk als eine winzige Minderheit vorkommt, und wahrscheinlich darum will es sich als eine Elite, als Priestergeschlecht der Völkermasse gegenüber verstehen. In Kap. 65–66 wird diese Gegensätzlichkeit von Volk und Völkern zuerst umgewandelt in das Gegeneinander von Knechten und „Nicht-Knechten" (die keinen Namen erhalten). Durch das Gericht wird dann diese zweiteilige Welt zu einer monolithischen, weil nur die Guten bestehen bleiben. Diese Welt ohne die Bösen wird zunächst als Welt ohne Priestertum verstanden. V. 21 bezeugt dann wieder das Bedürfnis nach Differenzierung, denn hier wird ein neues Priestertum in Aussicht gestellt.[42] Diese neudesignierten Priester dürften ursprünglich Heiden und/oder Diasporajuden gewesen sein. Auf sie beziehen sich die Worte:[43] וגם־מהם אקח לכהנים ללוים.[44] Dadurch wird die Prophetie von Jes 61,6 wieder anders verstanden: Priester sind nicht die Israeliten (bzw. Jerusalemer) den Völkern gegenüber, sondern in der neuen Gesellschaft nach

---

[41] Dieser Vers wird gleichzeitig von Jes 60,16 aufgenommen und verarbeitet, s.o.

[42] Als sekundäre Einfügung betrachten diesen Vers u.a. FOHRER, 285, und SEHMSDORF, 566f.

[43] Wenn die Interpretation der vorangehenden Verse zutrifft, erübrigt sich die Frage, ob Jhwh sich Priester aus den Ausgesandten oder aus den Geholten nehmen will, weil beide Gruppen im wesentlichen die gleiche Identität besitzen. Die Priester werden aus den Anhängern Jhwhs ausgesondert, aus den Überlebenden seines Gerichts; die Frage nach der „Nationalität" der Überlebenden ist in diesem Zukunftsentwurf nicht relevant; so erklärt sich m.E. das vage „‚aus ihnen' werde ich welche zu Priestern, zu Leviten nehmen."

[44] Es muss hier gegen ℳ von der Präposition לְ (ohne Artikel) vor beiden Substantiven ausgegangen werden, wenn SEHMSDORF (566) im Recht ist, dass der Artikel zur Übersetzung „für die Priester" verpflichtet. So würde Jes 66,21 von „ausländischen Tempelsklaven" *für die Priester* reden, was im Kontext keinen Sinn ergibt. Vgl. LXX καὶ ἀπ' αὐτῶν λήμψομαι ἐμοὶ ἱερεῖς καὶ Λευίτας. Zur Vokalisation vgl. auch DUHM, 457.

dem Gericht werden gewisse Menschen von Jhwh zu Priestern bestimmt.[45] Der
Verfasser von Jes 66,21 wollte vermutlich den Vers 61,6 nicht einfach übergehen
und ihm auch nicht widersprechen, sondern ihn aktualisieren. Möglicherweise
hat dieser Autor gefunden, dass sein Entwurf der Vision von Jes 60–62 nicht
gerecht wird, weil er keinen Platz für die Priester vorsieht. Diese Annahme
macht die Zufügung von 66,21 verständlich. Die Abwesenheit der Priester lässt
sich zunächst dadurch erklären, dass sie im Gericht ausgerottet worden sind.
Vielleicht waren auch in einem ersten Konzept von Jes 66 gar keine Priester nach
dem Gericht vorgesehen. Als aber (nachträglich?)[46] das Bedürfnis empfunden
wurde, der Prophezeiung von Jes 61,6 Aktualität zu verleihen und Priester ins
Konzept aufzunehmen, war dies in der Art und Weise von Jes 61,6 nicht möglich
– eben weil die Polarität zwischen dem Volk Jhwhs und den Völkern nach dem
Gericht nicht mehr existierte.

Dass die Aussage von V. 21 einen Bruch in der Geschichte voraussetzt und
einen neuen Gesichtspunkt einführt, scheint auch dadurch bekräftigt, dass V. 20
zwar von einem neuen (Ersatz-)Opfer redet, aber keinen Ersatz für die Funktion
der Priester vorschlägt. Das „Bringen" dieses Opfers ist mit einer Handlung der
Söhne Israels verglichen, nicht etwa mit einer der Söhne Aarons. Dies hängt mit
dem gebrauchten Bild zusammen: es geht um das „Bringen" aus der Ferne (dies
ist die Rolle der Laien beim Opfer), nicht um das „Darbringen", also um eine
Handlung, die mit der Zeit für die Priester reserviert wurde. So ist V. 21 eine
Antwort auf die durch V. 20 offen gelassene Frage, was mit den gebrachten Opfergaben weiter geschieht. Die Metapher wird aber nicht durchgezogen, um
nicht auf den heiklen Vergleich mit Menschenopfern zu kommen. Einzig die bis
dahin fehlenden Priester werden noch eingeführt. So entsteht ein assoziativer
Übergang von V. 20 zu 21, der auf den Stichworten „Opfer" und „Priester" basiert. Es fällt dabei auf, dass der Übergang von V. 20 direkt zu 22 logischer wäre
als derjenige von 21 zu 22. Auf das Hinführen der Brüder aus den Völkern
(V. 20) folgte m.E. ursprünglich die Zusicherung, dass dieses Geschlecht weiter-
bestehen wird (V. 22). Im Endtext sind V. 20 und 22 durch die Priesterfrage
getrennt, und so erscheint die Verheißung von V. 22 unvermittelt. Ursprünglich
folgte sie aber direkt auf die Darstellung der großen Immigration, was dem
logischen Zusammenhang zwischen dem Zuwachs (V. 20) und dem Weiterbe-
stehen des Volkes (V. 22) entspricht. Dies ist als ein weiteres Argument gegen
die Ursprünglichkeit von V. 21 zu betrachten.

V. 21 bestätigt die Annahme, dass die in Jes 65–66 geschilderte Krise in erster Linie die Priester getroffen hat. Die Ernennung neuer Priester durch Jhwh ist

---

[45] In 56,1–8 geschieht dieselbe Umdeutung in Bezug auf das Volk. Das neue Zugehörigkeitsprinzip wird in der Beziehung zu Jhwh verankert.

[46] Ob zwischen der Formulierung von 66,21 und der Geschichte der Oniaden, einer Priesterdynastie mit Verbindungen zu Ägypten oder gar ägyptischer Herkunft, ein Zusammenhang besteht,
lässt sich hier nicht entscheiden, aber diese Möglichkeit sollte nicht ausgeschlossen werden (zu den
Oniaden vgl. NODET, La dédicace, 347ff.).

ein Zeichen, dass der Glossator (im Einklang mit der ganzen Vision) von der
Verringerung oder gar Vernichtung dieser Klasse ausgegangen ist.

D. Die Auffassung vom Volk

Wenn sich in Jes 66 eine neue Auffassung vom Volk den Weg bahnt, so entsteht
sie aus einer systematischen Auslegung der Kap. 60–62, in der das umfassende
Gericht eine ganz zentrale exegetische Rolle spielt. Die wichtigsten Resultate der
Analyse von Jes 66 bezüglich des Volkes werden hier zusammengefasst.

(1) Neu definiert wird in Jes 66 das Verhältnis des „Gottesvolkes" zu den
Völkern. Der oft bejubelte sogenannte Universalismus von TrJes[47] steht in Jes 66
in striktem Zusammenhang mit dem Entwurf eines umfassenden Gerichts, das
die ethnischen Grenzen nivelliert und kann nur als Ergebnis eines eschatologischen Eingriffs Gottes verwirklicht werden. Deshalb hat er mit einem politischen
Programm nichts zu tun. Ein Wirklichkeitsbezug lässt sich hingegen bei der Entstehung der in Kap. 66 geleisteten Auslegung von Jes 60–62 vermuten. Die reli-
giös-nationalen Schranken wurden zuerst von den Synkretisten durchbrochen.
Es drängt sich hier eine paradoxe Schlussfolgerung auf: die „universalistische"
Öffnung ist eine Konsequenz der Verurteilung der importierten fremden Religi-
onsinhalte. Diese Verurteilung basiert auf dem Prinzip „Für gleiche Vergehen
gleiche Strafe". Es entsteht eine Vision des Gerichts, in dem die Verunreinigten
vernichtet werden: die Heiden wie die Juden. Die „Öffnung" auf die Völker
wird durch zwei weiterführende Überlegungen ermöglicht. Die erste ist eine
einfache Umkehrung des Prinzips der Strafe: Die treuen Jhwh-Anhänger werden
im Gericht bestehen, unabhängig von ihrer Herkunft. Mit einer zweiten versucht
man, sich die Erneuerung der dezimierten Bevölkerung vorzustellen: einer der
Wege, Jerusalem wieder zu bevölkern, ist die Immigration „aus den Völkern".
Von daher die Hypothese, dass der universalistische Gedanke in Jes 66 von den
Gegnern des Synkretismus formuliert worden ist.

Der oben beschriebene „universalistische Denkschritt" ist zwar naheliegend,
aber er wird nicht automatisch vollzogen, wovon Kap. 65 zeugt. Dort bleibt die
Völkerwelt außerhalb des Blickfeldes trotz der Vision eines quer durch das Volk
gehenden Gerichts und trotz der Hinweise auf das Problem einer synkretistischen Religion. Auch die Auseinandersetzung mit Kap. 60–62 verläuft dort anders als in Kap. 66 (in Jes 65 ist sie durch die Form einer Antwort auf das Klagegebet 63,7ff. bestimmt).

(2) Während in Jes 65 ein von den Abtrünnigen gereinigtes Volk in einer an-
onymen und fortan unbedrohlichen Umgebung existiert, gibt es in Kap. 66 nach
dem Gerichtsereignis kein anderes Volk mehr. In 65 kann erst nach dem Gericht

---

[47] Es gibt dazu aber auch skeptische Stimmen, vgl. WILL-ORRIEUX, 76f; SCHRAMM, 122.

von „den Auserwählten" (65,15.22) die Rede sein;[48] in Kap. 66 gibt es analog
nur noch die Überlebenden und die Leichen der Abgefallenen.

Gegenüber DtJes, wo die Wurzel בחר 13-mal vorkommt und die Erwählung
Israels durch Jhwh ein zentraler Begriff ist,[49] und gegenüber der Mehrzahl
בחירי, die dreimal in Kap. 65 erscheint (V. 9.15), ist in Kap. 66 nur noch vom
menschlichen „Erwählen" der eigenen Wege und dem göttlichen „Erwählen" der
Strafe die Rede.

Das Ersetzen der dtjes Erwählung Jakobs und Israels, zuerst durch die plurali-
sierten „Auserwählten" (Kap. 65) und dann durch das wortspielartig formulierte
„Erwählen dessen, was Gott gefällt" (65,12; 66,3f.; 56,4), erscheint als ein be-
wusstes literarisches Unterfangen. Dort, wo der nationale Rahmen in Bezug auf
das Gottesvolk gesprengt wird, wird in Jes 66,3f. (und 56,4) nur noch das Erwählen des חפץ Jhwhs thematisiert. Mit dem Begriff „Erwählen, was Jhwh missfällt" ist wahrscheinlich der jhwhfremde Kult gemeint, und so wird in V. 66,3f.,
ganz im Sinn von Jes 41,24,[50] mit der falschen Wahl die Wahl der Götzen gemeint sein. Die Wendung ובאשר לא־חפצתי בחרו steht in Parallele zu „sie taten,
was böse ist in meinen Augen" und weist zusammen mit dem vorangehenden
Vers in die gleiche Richtung.[51] Die, die falsch gewählt haben, verfallen dem Gericht, die reinen Anhänger Jhwhs bleiben aber bestehen. Ist damit die Richtung
der Erwählung umgedreht worden? In Jes 66 scheint Jhwh zum Auserwählten
Gott für Juden und Heiden geworden zu sein.

Diese Entwicklung ist besonders interessant, wenn man die Folgerung
Clements beachtet, wonach die dtjes „Erwählungsstellen" die Aussagen des PrJes
zur Verwerfung des Volkes rückgängig machen sollen.[52] Im letzten Teil von Jes
findet hinsichtlich der Erwählung eine radikale Wende statt. Wird in TrJes der
Absicht von DtJes dadurch bewusst widersprochen, dass die Betonung auf der
menschlichen Wahl und nicht mehr auf der göttlichen Erwählung liegt? Oder
wird der Erwählungsgedanke von DtJes so umgedeutet, dass er unanfechtbar
wird?

(3) Das Bild des Volkes ist vom Gericht auch in dem Sinne bestimmt, dass
die Bewohnerzahl und Zusammensetzung des Volkes nach diesem Ereignis zum
Thema wird. Die Erneuerung nach dem Gericht wird in zwei ergänzenden Vorstellungen gesehen (einmal durch das Bild der Geburt des Volkes, V. 7–14, ein

---

[48] Das Verb בחר wird nirgends in TrJes auf das ganze Volk bezogen, außer in 62,5 im Rahmen der nuptialen Metapher, die das Verhältnis Jhwhs zu Jerusalem umschreibt.

[49] Vgl. Jes 41,8f.; 43,20; 44,1; 45,4; 49,7.

[50] Jes 41,24 bezeichnet die Abgötterei als eine durch den Menschen getroffene Wahl (vgl. Jes
41,24 „Greuel, wer euch erwählt"), wahrscheinlich in Kontrast zur Erwählung, von der in 41,8f.
geredet wird.

[51] Die Assoziation mit dem Götzenkult wird auch durch 66,4bα nahe gelegt. ויעשו הרע בעיני
begegnet 60-mal im AT; darunter ist nur einmal mit dem „Bösen" nicht der Götzenkult gemeint
(2.Sam 12,9). Der Ausdruck ist eindeutig deuteronomistischer Herkunft.

[52] CLEMENTS, 106–109.

zweites Mal mit der Immigration aus den Völkern, V. 18–20). So wie die „Ausrottung durch das Gericht" in dieser „Erneuerung" ihr Gegenstück hat, so wurde (wahrscheinlich nachträglich) auch für ein Gegenstück zur Beseitigung der Priesterklasse gesorgt (Designierung neuer Priester, V. 21).

Das Volk qua Volk wird aufgelöst, weil sich die Grenzen zwischen dem Volk und den Völkern als nichtig erwiesen haben. Zu den Überlebenden des Gerichts gehören die Jhwh-Treuen, die – unabhängig von ihrer Herkunft – als Brüder gelten. Dieses „demokratische" Phänomen ist ebenfalls in erster Linie ein Theologumenon. Die Gleichstellung aller nach dem Gericht ist eine Konsequenz der Gleichheit aller im Gericht: Priester und Laien, Israeliten und heidnische Völker.

Zeitgeschichtliche Hinweise sind nicht in den Andeutungen über den Zustand des Tempels zu suchen, sondern vor allem in den angegriffenen synkretistischen Praktiken, welche gewisse Gemeinsamkeiten mit Jes 65 aufweisen.[53] Der Wert dieser Hinweise für die Datierungsfrage bleibt in der heutigen Forschungslage immer noch begrenzt. Für einige Punkte kommt die hellenistische Zeit in Frage, aber diese Ansetzung bildet nur eine der Möglichkeiten. Der Versuch Sassons, für Jes 66,3–4b ein vorexilisches Datum wahrscheinlich zu machen, hat als Alternative die nachexilische Datierung Rofés und die hellenistische Ansetzung Stecks. Aber auch wenn die historische Einordnung dieser Texte große Schwierigkeiten bietet, ist der Bezug auf jhwhfremde Kultpraktiken ein wichtiger Schlüssel zum Verständnis der trjes Texte: dieser historische Kontext erklärt am besten das Motiv des Gerichts und des endzeitlichen Universalismus.

E. Exkurs: Parallelen zu Ez

Das Verhältnis von Jes 66 zu Ez ist durch eine auffallende Gegensätzlichkeit gezeichnet. Am stärksten kommt der Widerspruch zu Ez in V. 1aβ zum Ausdruck: השמים כסאי והארץ הדם רגלי. Ez 43,7 erklärt den Tempel zum Ort der Gegenwart Gottes. Dazu wird die traditionelle Terminologie verwendet, in welcher das alte Verständnis der Bundeslade anklingt: את־מקום כסאי ואת־מקום כפות רגלי. Die volle Bedeutung dieser Bezeichnung wird gerade anschließend erläutert: אשר אשכן־שם בתוך בני־ישראל לעולם. So kann kein Zweifel bestehen über den wörtlichen Sinn dieser symbolischen Aussage. Ez 43,7 und Jes 66,1 vertreten (was die Theologie des Tempels angeht) zwei Extrempositionen.[54] Dies macht die Hypothese eines Konflikts zwischen den Vertretern dieser Meinungen recht wahrscheinlich.

---

[53] Vgl. vor allem die Andeutungen des Schweinefleischgebrauchs in Jes 65,4; 66,3.17.

[54] Dazwischen liegt eine ganze Palette von Auffassungen: „Schemel der Füße Gottes" ist in Ps 132,7.9 und Kgl 2,1 auf die Lade bezogen, aber zugleich auf den heiligen Berg Jhwhs; in Jes 6,1 ruhen nur die Füße Jhwhs auf der Lade im Tempel, sein Thron aber befindet sich im Himmel; in Jes 60,13 ist der Tempel als „Stätte seiner Füße" bezeichnet; in Jer 3,6f.; 14,21 wird Jerusalem zum

Auch für 66,19 dient ein ezechielischer Text als Vorlage. Alle genannten geographischen Namen kommen zwar außer in Ez auch in Gen 10 (und 1.Chr 1) vor, aber gewisse Anzeichen in Jes 66 weisen in Richtung Ez 27–39 als dem Bezugstext für TrJes: M.E. schöpft dieser Verfasser nicht nur die Ortsnamen der fernen Regionen aus Ez, sondern er bezieht sich zugleich auf die Schilderung des in Ez dargestellten Gerichts. Diese Bezugnahme kann z.B. erklären, warum Jes 66,16 gegen die Logik der Umstände ein Gericht durch das Schwert vorsieht (כי באש יהוה נשפט ובחרבו את כל־בשר ורבו חללי יהוה). Die „vom Schwerte Erschlagenen" bilden quasi das Leitmotiv der Gerichtsvision in Ez 31f. mit dem in Ez 11-mal wiederkehrenden Ausdruck חללי חרב (10-mal in Ez 31–32 und einmal in 35; allein in diesem Teil von Ez kommt das Wort חרב 41-mal vor). Wenn nun der Verfasser von Jes 66 bei Ez die Namen der fernen Völker vorgefunden hat, hat er sich nicht auf deren Entlehnung beschränkt, sondern hat eine alternative Darstellung der Endzeitereignisse beabsichtigt. Die Menschen von Put, Lud, Mesech und Thubal sollen in Jes 66,19 nicht bestraft werden (vgl. Ez 30,5; 32,26; 38,2f.; 39,1), sondern von der Herrlichkeit Jhwhs hören: sie stehen im Gericht auf der guten Seite. Das gleiche Phänomen lässt sich an der Bezeichnung „Gestade" איים beobachten. In Ez oszilliert dieser Begriff von indirekt belastet (wenn die Inseln, frühere Handelspartner von Tyrus zu Zeugen seines Falls werden 26,15.18; 27,3.15.35) bis zu deutlich negativ geprägt (sie treten in Verbindung mit Gog auf, 39,6). Diese negative Einstellung zu den Einwohnern der Inseln spiegelt sich noch in Jes 59,18 wider. Dagegen nimmt 66,19 – mit Unterstützung von Jes 60,9; Jes 51,5 u.a. – eine Wende, indem die Inseln als Empfänger der Verkündigung von der Herrlichkeit Jhwhs dargestellt werden. Allein diese Zuwendung zu den „Inseln" müsste als eine Wiederaufnahme des dtjes Motivs gelten. Mit der Aufzählung von Tharsis, Put[55], Lud, Thubal und Jawan entsteht ein klarer Bezug zu Ez, und die ezechielische Gerichtsdarstellung wird polemisch verarbeitet. Bezeichnenderweise betrifft die Polemik nicht die Art und Weise des Strafvollzugs (darin besteht eine weitgehende Übereinstimmung[56]), sondern die Zuteilung der Rollen und das Ergehen des Gerichts. Während in Ez die Fremden pauschal auf die Seite der zu Bestrafenden gehören und „das ganze

Thronsitz Jhwhs. Sogar die Texte, die vom Thron im Himmel sprechen (Ps 11,4; 103,19), scheuen sich vor der Aussage von Jes 66,1: „Der Himmel ist mein Thron". Dazu W. ZIMMERLI, Ezechiel II, 1080f. „Die Stelle bei Ez [Ez 43] steht nach ihrer Aussage in scharfem Gegensatz zu Jes 66,1, wenn sie Jahwe vom Tempelhaus des verheißenen Tempels oder, wie nach 41,4 zu präzisieren ist, vom Allerheiligsten in diesem Hause sagen lässt: ,Der Ort meines Thrones – der Ort meiner Fußsohlen'. [...] Ez 43 bleibt streng bei der Beziehung von Gottesthron und Schemel auf den Tempel. Das unterscheidet ihn nicht nur von Tritojesaja, sondern ganz ebenso von Jeremia, in dessen Gefolge er doch eben noch zu finden gewesen war".

55 In 𝔐 פול, das sonst unbekannt ist. Put und Lud bilden dafür in Ez ein Paar (27,10; 30,5). Hier „Put" in Anlehnung auf LXX Jes 66,19 (Φουδ).

56 Neben der „Strafe durch das Schwert" ist auch die „durch das Feuer" in Ez 39,6 wichtig, vgl. Jes 66,16. Das Heraustreiben aus dem Heiligtum Ez 28,18f. ist nicht nur zu Jes 66,6 analog, sondern auch zu 66,24.

Haus Israel" Erbarmen erfährt (Ez 39,25), betrachtet der trjes Verfasser diese Sicht des Gerichts als nicht mehr vertretbar und definiert das Urteilskriterium um. In Ez lauten die Hauptanklagen gegen die Fremden „Hochmut" dem Gott Israels gegenüber und „Gewalt gegen Israel". In Jes 66 dagegen ist das Gericht gegen die gerichtet, welche sich kultisch verunreinigt haben (mit heidnischen Riten). Für den Verfasser von Jes 66 können die Nahen und die Fernen gleichermaßen vom Gericht getroffen oder vor ihm verschont bleiben, je nachdem, ob sie sich von den inkriminierten Riten ferngehalten haben oder nicht.

XII. Jes 56,1–8: Mehr als eine Einleitung zu TrJes

A. Zur Perikope

1. Allgemeines

Diese kurze Perikope, die schon aufgrund ihrer Position als Einleitung zu TrJes dient, gehört zu den am meisten diskutierten Stücken in der TrJes-Forschung. Die Frage der Einheitlichkeit von Jes 58,1–8 hat viele Forscher beschäftigt. Oft wurde sie bejaht, weil das Stück sich deutlich vom vorangehenden und darauffolgenden Text abhebt,[1] aber auch skeptische Stimmen hat es in dieser Hinsicht schon früh gegeben.[2] Die einst für Duhm entscheidende Beobachtung der Diskontinuität zwischen Jes 55 und 56 wird in der neueren Jesajaforschung relativiert durch das Aufzeigen starker Verbindungslinien zwischen diesen Kapiteln.[3] Auch der Zusammenhang von Jes 56,1–8 mit den übrigen trjes Perikopen wird auf ganz verschiedene Weise erklärt. Aber vor allem der zeitgeschichtliche Hintergrund von 56,1–8 hat sehr viele Fragen aufgeworfen und eine Vielzahl verschiedener Antworten hervorgerufen. Es kann nicht verwundern, dass für den in Jes 56,1–8 berichteten „rechtlichen Entscheid" hinsichtlich der Eunuchen und der Fremden ein Sitz im Gemeindeleben gesucht wurde. Duhm sprach von einer „Thora über die Zulassung der Fremden und der Verschnittenen zur Gemeinde und zum Kultus".[4] Dies ist die meist verbreitete Meinung geblieben, obwohl über das Verhältnis dieser prophetischen Tora zum Gemeindegesetz Dtn 23,2–8 und zu der separationistischen Politik von Esra und Nehemia Uneinigkeit herrscht, was stark voneinander abweichende Datierungsvorschläge nach sich zieht. Im Zusammenhang mit der Verheißung an die Eunuchen hat S. Japhet

---

[1] MARTI, 362ff.; BUDDE, 694f.; MUILENBURG, 654; FOHRER, 184–190; BONNARD, 343. Jüngst treten für die Einheitlichkeit dieses Stücks ein: POLAN, 24f., 43–90; KOENEN, Ethik, 11ff.; STECK, Studien, 244–48.

[2] Zu den verschiedenen literarkritischen Vorschlägen vgl. den Überblick bei PAURITSCH, 31; SEHMSDORF, 542ff.; SEKINE, 31f.

[3] Vgl. BEUKEN, Example, 50f.; STECK, Studien, 170.

[4] DUHM, 390.

eine grundlegende, aber offen gelassene Frage gestellt. Ihre Überlegung wird hier angeführt, weil sich die folgende Betrachtung zu Jes 56,1–8 als eine Stellungnahme zu Japhets Frage versteht.

> What, then, is this prophecy's perspective? [...] There seems to be no doubt that the prophet is struggling with a contemporary problem, the sordid existence of outcast eunuchs. Should his response be seen as a measure toward solving the immediate problem, or is it projected to the future, as one of the evils to be corrected when „my salvation will come, and my deliverance be revealed" (Isa 56,1)?[5]

Um auf diese entscheidende Frage einzugehen, soll im Rahmen unserer Hypothese vor allem die Rolle des Stücks als Einleitung zu TrJes und als Weiterführung von Jes 66 geprüft werden. Das allerseits bekundete Einverständnis, dass in Jes 56,1–8 ein „entnationalisiertes" Gemeindeverständnis vorliegt, rechtfertigt die Ansetzung der Perikope gegen Ende der in dieser Arbeit verfolgten Entwicklung. Ein Vergleich mit Kap. 66 wird noch eine weitere Nuancierung des in Jes 56,1–8 vorliegenden Gemeindeverständnisses ergeben.

2. Inhalt im Überblick

In einer Übersicht präsentieren sich die V. 1–8 folgendermaßen:

Der Abschnitt beginnt in V. 1 mit einer Aufforderung zur Gerechtigkeit. Auf diese Aufforderung folgt überraschenderweise nicht eine Sanktion, sondern eine (nichtbedingte) Heilsankündigung.

Anschließend wird in V. 2 ein Glückwunsch an den Gerechten gerichtet. Die Verbindung zu V. 1 wird durch den Gebrauch der Pronomina זאת und בה sichergestellt.

Mit ואל־יאמר beginnen in V. 3 zwei parallel strukturierte Aufforderungssätze, die zwei benachteiligten Sozialgruppen den Grund zur Verzweiflung nehmen sollen. Die erste Adressatengruppe bilden die Fremden, die zweite die Eunuchen.

Am Anfang von V. 4 steht ein כי־Satz mit Botenformel; die Zielgruppe der „Eunuchen" wird mit einem Relativsatz näherbestimmt: „das Halten der Sabbate", „das Erwählen, was Jhwh wohlgefällt" und „das Festhalten an seinem Bund" sollen die Eunuchen charakterisieren. Ihnen wird in V. 5 „ושם יד" verheißen.

Anschließend wird in V. 6 die zweite Zielgruppe, die der Fremden, näherbestimmt. An sie geht in V. 7 die Verheißung der vollen Teilnahme am Kult im Bethaus Jhwhs.

V. 8 beginnt mit einer Orakelformel mit נאם; Jhwh macht ein Votum, die Sammlung der Versprengten weiterzuführen.

---

[5] JAPHET, יד ושם, 79f.

B. Inhaltsanalyse

1. Einleitung V. 1–2

Diese Heilsankündigung in Form einer Ankunftskundgabe von ישועה und צדקה wurde oft als eine Überschrift zu TrJes verstanden. Duhm hat in ihrer Aussage, wegen der Aufforderung עשו צדקה, eine Werkgerechtigkeit erkennen wollen, welche bei DtJes undenkbar wäre.[6] Der Ankündigung geht in der Tat die Aufforderung zu einer bestimmten Lebenshaltung voraus, und dies qualifiziert V. 1 z.B. in den Augen Carrolls als eine „Dissonanzerklärung", in welcher im Wort קרובה, „soon", der Aspekt des „not yet", besonders betont wird.[7] Auffallend ist aber, dass nach dieser ethischen Aufforderung keine Sanktion angedeutet wird gegen diejenigen, welche das prophetische Gebot ignorieren sollten. Anstelle dessen folgt überraschend eine Heilsankündigung. Hier ist die Möglichkeit in Betracht zu ziehen, dass diese Heilsankündigung als Schlüssel zum ganzen Stück V. 1–8 fungiert. Dies würde erfordern, die darauffolgenden Verse als eine Gesetzgebung für die Zeit des Heils zu interpretieren. V. 1 hat aber darüber hinaus den ganzen Teil Jes 56–66 im Blick und verlangt durch seine Aussage möglicherweise, dass das Gericht als ein Heilsereignis interpretiert werden soll. Dieser Vers verweist auf die Verheißungen einer Realität, die bereits in Erfüllung geht. Seine Leser werden erfahren, dass der Weg zu dieser Erfüllung durch das Gericht führt.

Die einleitenden Worte Jes 56,1 sind v.a. „jesajanisch" inspiriert,[8] obwohl der Kontakt zu Ps 106,3 auch deutlich ist. Man wird oft auf die Naherwartungsschicht von DtJes verwiesen, bes. auf Jes 46,12f.[9] Wenn man an die auf Jes 56,1 folgende „Tora" denkt, legt sich auch eine Querbeziehung zu Jes 51,4b–5 nahe: *Denn Weisung wird von mir ausgehen und mein Recht* (משפטי) *als Licht der Völker. Alsbald naht sich mein Heil* (קרוב צדקי), *geht aus meine Rettung* (ישעי), *und meine Arme richten die Völker. Auf mich harren die fernsten Gestade, auf meinen Arm warten sie.* Mit עשו צדקה wird auch eine Verbindung zu Jes 58,2 hergestellt, aber durch diese Verbindung wird noch deutlicher, dass es in 56,1 nicht um eine Bedingung geht, von der noch alles abhängt. Lau nennt das Verhältnis zwischen 1a und 1b einen „ineinander verwobenen Kausalzusammenhang" und verweist zu Recht auf die Analogie zu Jes 60,1.[10]

Wie V. 1 keine Sanktionen, sondern nur Heil ankündigt, ist auf seine Art auch V. 2 einseitig. Auch dieser Vers spielt von seiner Position her die Rolle einer Einleitung zu Jes 56,3–8 (dadurch auch zu 56–66), und seine Einseitigkeit bedarf

---

[6] DUHM, 390.
[7] S. 153.
[8] Vgl. R. RENDTORFF, Jesaja 56,1 als Schlüssel für die Komposition des Buches Jesaja.
[9] LAU, 264.
[10] LAU, 265.

wohl einer ähnlichen Erklärung, wie für V. 1. V. 2 nimmt in weisheitlich distan-
zierter Art bereits das Resultat des (hier nicht erwähnten) Gerichts vorweg.[11]
Der Glückwunsch, „Wohl dem Menschen, der seine Hand bewahrt, dass sie
nichts Böses tut", ist eigentlich nichts anderes als eine knappe, einseitige Formulierung des Gerichtsausgangs in Jes 65f. Es fällt kein Wort über diejenigen, welche diese Bedingungen missachten sollten (vgl. z.B. Ps 1), und man gewinnt den
Eindruck, dass es solche gar nicht gibt. Dies ist der Zustand, der in Jes 60–62
beschrieben ist, und dieser Zustand ist auch das Ergebnis der Endzeitereignisse
in Jes 65 und 66. Ähnlich wie in V. 1 wird hier ein positiver Verständnisschlüssel
zum Gerichtsereignis geboten.

Inwiefern die Einleitung V. 1–2 auf die Realität „nach dem Gericht" vorbe-
reiten soll, kann erst im Zusammenhang mit V. 3–8 festgestellt werden.

2. Eine prophetische Tora in V. 3–8?

In V. 3–8 sind verschiedene Themenkreise feststellbar, welche auch verschiedene
Inspirationsquellen aufweisen: 1) Klage der Fremden und der Eunuchen mit
jeweils einer dazugehörigen prophetischen Antwort; 2) Der Tempel und der
Kult; 3) Der Sabbat. Die diesen Punkten entsprechenden Aussagen müssen im
einzelnen analysiert und auf ihre literarischen Bezüge und das Verhältnis zu TrJes
untersucht werden. Im Folgenden wird auch versucht werden, die interne Logik
jedes Themenkreises aufzuzeigen. Aufgrund dieser Analysen wird die Frage nach
dem Charakter dieses Abschnittes eine Antwort erhalten, die von der Vorstellung einer „prophetischen Tora" dezidiert Abschied nimmt.

1) Thema: Klage und Antwort

Bei den zwei verneinten Aufforderungssätzen in V. 3 ist die Parallelität gestört. Die an
die Fremden gerichtete Aussage ist beträchtlich länger. בֶּן־הַנֵּכָר, wird durch einen Partizipialsatz (gegen die Vokalisation von מ)[12] näherbestimmt: הַנִּלְוָה אֶל־יְהוָה. Die angeführten Worte der Fremden drücken eine starke (Inf. abs.) Überzeugung aus. V. 3bα,
ähnlich wie 3aα, formuliert diese Aufforderung im Singular. Anders aber als im Paral-
lelfall wird die Anführung der direkten Rede nicht mit לֵאמֹר, sondern mit הֵן gekennzeichnet. Erst in V. 4aβ wird die Kategorie von סָרִיסִים durch einen dreiteiligen
Relativsatz näherbestimmt.

In diesem Themenkreis stehen die Zusprüche an die Eunuchen und an die
Fremden. Es fällt auf, dass im Text die Anliegen dieser Klagenden nicht konsequent behandelt werden. Ein Wort an die Verschnittenen, das ihr Anliegen auf-

---

[11] V. 2a lässt sich auch als von Kap. 51 inspiriert ansehen. Im Makarismus ist nach אַשְׁרֵי das
Wort אֱנוֹשׁ ziemlich ungewöhnlich (neben Jes 56 nur noch 1-mal in Hi 5,17). In Jes 51 dagegen
findet man die Bezeichnung אֱנוֹשׁ gerade 2-mal – davon einmal (wie in Jes 56,2a) parallel zu
בֶּן־אָדָם, was ebenfalls ein seltenes Phänomen ist (neben diesen zwei Stellen in Jes noch zwei weitere
biblische Belege).

[12] V. 6 hat ein Partizip Plural vom selben Verb.

nimmt, würde keine Anspielungen an den Tempel brauchen, und die Verheißung von יד ושם stellt eine Erweiterung der Verheißung des ewigen Namens dar. Für die Logik unentbehrliche Elemente befinden sich m.E. in V. 3b. 4aα und 5b:

וכי־יאמר הסריס הן אני עץ יבש
כי־כה ׀ אמר יהוה
שם עולם אתן־לו אשר לא יכרת

Diese Zusammenstellung ist nicht als eine Rekonstruktion zu verstehen, und dass sie den sonst schwierigen Singular לו erklärt, mag ein Zufall sein. Hier erscheint שם עולם als eine logische Antwort auf die existentielle Angst, kinderlos zu sterben. אשר לא יכרת suggeriert das Umhauen eines Baumes, was im Zusammenhang mit der Selbstbezeichnung der Klagenden als „dürrer Baum" steht (die Klage nimmt ihrerseits vielleicht 65,22 auf).[13] Möglicherweise schwingt bei כרת auch eine Anspielung auf die Verstümmelung der Eunuchen mit. Dennoch erscheint der Fall der Eunuchen in Jes 56,3 sehr unvermittelt.

הסריס. Dieses Wort kommt in der hebräischen Bibel 43 Mal vor. In 25 Fällen handelt es sich um Ausländer, davon weisen 4 Texte aus Gen auf ägyptische Verhältnisse hin, die restlichen auf babylonische. Es ist vor allem aufgrund von Belegen in Est und Dan möglich, von einer babylonischen Assoziation zu sprechen. Nur die Stellen aus Est lassen neben Jes 56 bei סריסים an Verschnittene denken, in den sonstigen Fällen ist eher die Übersetzung „Kämmerer" oder „Beamten" angebracht, weil es durchaus möglich ist, dass mit diesem Wort auch nichtentmannte Beamten bezeichnet werden konnten.[14] Der einzige Text neben Jes 56, wo סריס negativ belastet ist, scheint 2.Kön 20,18 (par. Jes 39,7) zu sein. Selbst an dieser Stelle ist aber nicht die Tatsache, סריס zu werden problematisch, sondern es im Palast (היכל) des Königs von Babel zu werden. Die Wahrscheinlichkeit, dass 2.Kön 20,18 dem Verfasser von Jes 56 als Bezugspunkt dient, ist umso größer als diese Stelle in das Buch-Jes (39,7) aufgenommen worden ist. Diese knappe Prophetie zum Schicksal der Söhne Hiskias hat einen exponierten Platz am Ende von „Proto-Jesaja". Sonst vermitteln die Texte den Eindruck, dass die Teilnahme von סריסים am Kult im vorexilischen Israel selbstverständlich war. סריסים hatten eine hohe Position am königlichen Hof und mussten dementsprechend auch beim Kult vertreten gewesen sein.[15] In Jer 34,19 werden die סרסים (scriptio defectiva) als „Vertrags-

---

[13] In den folgenden Texten wird das „Umhauen eines Baums" mit כרת ausgedrückt: Dtn 19,5; 20,19f.; Jer 6,6; 10,3; 11,19; Hi 14,7.

[14] Vgl. dazu KEDAR-KOPFSTEIN, Art. סריס in: ThWAT, V, 948–954; RÜTERSWÖRDEN, Die Beamten, 96–100; SCHNEIDER, ThWNT II, 764.

[15] Oft wird angenommen, dass den Eunuchen in der israelitischen Religion „schon immer" der Zutritt zum Kult versperrt war. Diese Annahme beruft sich gewöhnlich nur auf Dtn 23,2f., eine Stelle, die weder die סרסים noch den Kult zum Thema hat (vgl. z.B. K. PAURITSCH, 44) und somit nur eine Spekulation ist. Nach C. WESTERMANN liegt der Grund für das angenommene Verbot in der Natur des Segens im AT: „ein Dasein ohne Nachkommen ist ein ungesegnetes Dasein. Weil der Segen einem Unfruchtbaren nicht erteilt werden kann, darf er auch nicht am Gottesdienst teilnehmen." (250). P.-E. BONNARD muss sich mit ähnlichen Formulierungen begnügen: „la mentalité

partner" des Bundes mit Jhwh gesehen. Sie erscheinen in der Aufzählung nach den Fürsten Judas und Jerusalems, aber vor den Priestern und dem ganzen Volk. Was die Anwesenheit der סריסים im Tempel angeht, ist 2.Kön 23,11 bedeutsam. Hier ist von einem gewissen סריס namens Nethan-Melek die Rede, der sein Wohnquartier im Tempelkomplex hatte. Obwohl dieser Text von kultischen Missbräuchen berichtet, dient die Angabe des Wohnortes des Nethan-Meleks lediglich der Lokalisierung der Pferdestatuen, aber an sich stellt der Wohnsitz dieses סריס kein Problem dar.

Die Abruptheit der Erscheinung der Eunuchen in Jes 56 wird also nur durch Jes 39,7 gemildert. Ihre Klage wirkt zudem weniger isoliert, wenn man Jes 56,3.5b im Zusammenhang von Ez und DtJes liest:

עץ יבש begegnet neben dieser Stelle nur noch in Ez 17,24 und 21,3. Ez 17,24 sieht die Möglichkeit vor, dass Jhwh einen dürren Baum zum Blühen bringt. DtJes spricht von einer ähnlichen Möglichkeit, indem er weissagt, dass Zypressen statt der Dornen und Myrten statt der Disteln wachsen werden. TrJes scheint die Formulierungen dieses Textes zu übernehmen.[16] In Jes 55,13 werden die wundersamen Auswirkungen der Erlösung auf die Natur geschildert, und es wird behauptet, all dies werde in Zukunft geschehen ליהוה לשם לאות עולם לא יכרת. Hier ist שם parallel zu אות עולם, und dieses ewige Zeichen soll nicht ausgerottet werden. In 56,5b bezieht sich die gleiche Zusicherung auf den „ewigen Namen". Dies führt zur Deutung des „ewigen Namens" als eines göttlichen Zeichens. Es ist ein Zeichen, dass die Hoffnung der Eunuchen erfüllt wird. „Ewiger Name" (שם עולם) begegnet neben 56,5 nur noch in Jes 63,12. An vielen anderen Stellen kommen die zwei Begriffe שם und עולם gemeinsam vor, aber in keinem Fall, außer in Ps 72,17.19, gilt ein Mensch als „Träger" des ewigen Namens. In den dtn Quellen wird das Haus Jhwhs als der Ort dargestellt, an dem Gottes Name ewiglich wohnt (vgl. 1.Kön 9,3; 2.Kön 21,7). Angesichts dieser Belege des „ewigen Namens" scheint die Aufwertung der „Eunuchen" durch diesen exklusiven Sprachgebrauch erreicht zu werden.

Die vorhandenen Querbezüge legen in Bezug auf die Eunuchen eine Assoziation mit dem Königtum nahe (die Söhne Hiskias als סריסים – Jes 39, die Verheißung eines ewigen Namens – Ps 72). Durch die Ähnlichkeit mit Jes 55,13 wird zusätzlich eine symbolische Bedeutung des Zuspruchs im Sinn eines göttlichen Zeichens wahrscheinlich gemacht.

Auch im Fall des Wortes an die Fremden wird im Text deren Anliegen, nicht vom Volk Jhwhs getrennt zu werden (הבדל יבדילני יהוה מעל עמו), also im Volk *zu bleiben,* vollkommen ignoriert. Die Klage der Fremden hat nichts zu tun mit dem Zugang zum Tempel oder mit den Opferhandlungen. Deshalb braucht die prophetische Antwort auf ihre Klage keine Erwähnung des Tempels zu beinhalten. Im ganzen Stück scheint V. 8 dem Anliegen der Fremden am besten zu entsprechen. Dies ist freilich nur dann der Fall, wenn die Sammlung

---

courante (...) interdisait à l'eunuque l'accès au culte ou a fortiori l'admission au sacerdoce", wobei nur der Text für das Priesteramt (Lev 21,20) angegeben werden kann (BONNARD, 345).

[16] Gegen LAU, 274.

[17] In Ps 72 ist es ein messianischer (gesalbter) König mit eschatologischen Zügen.

„Israels" bereits im Sinne von Jes 66,18 (hier auch קבץ pi. mit Jhwh als Subjekt) verstanden und der Ausdruck מקבץ נדחי ישראל als ein Rückgriff auf Jes 11,12 interpretiert wird. Die gebrauchten Elemente der Klage und der Antwort ergeben dann einen künstlichen, aber logischen Gedankengang:

a) ואל־יאמר בן־הנכר לאמר
b) הבדל יבדילני יהוה מעל עמו
c) נאם אדני יהוה מקבץ נדחי ישראל
d) ובני הנכר הנלוים על־יהוה
e) עוד אקבץ עליו לנקבציו

קבץ עליו erscheint hier als ein Gegensatz zu בדל מעל, und die Begriffe נדחי ישראל und ובני נכר, die an und für sich gegensätzlich sind, werden erst durch Jes 66 komplementär oder sogar gleichbedeutend.

Die Fremden befürchten, wie gesagt, „vom Volk getrennt zu werden" und nicht, dass ihnen der Zugang zum Heiligtum verboten wird, wie das die V. 6f. vorauszusetzen scheinen. Der Sammlungsakt Jhwhs gibt den Fremden die Zusicherung, von der Gemeinde nicht getrennt zu werden. Nur aufgrund von Jes 66 lässt sich verstehen, wieso sie bereits der Gemeinde (in der literarischen Vorstellung) zugerechnet waren. Anders aber als bei den Eunuchen ist die Erwähnung der Fremden innerhalb von TrJes keineswegs isoliert, wobei sie nur in Jes 60–62 mit der Wurzel נכר bezeichnet werden.[18]

Dennoch ist Jes 56 mit הנכר בני bzw. הנכר בן einzigartig. Der Artikel ה vor נכר erscheint sonst nur in Verbindung mit אלהי[19] und einmal mit מזבחות (2.Chr 14,2). Ein Bedeutungsunterschied zwischen נכר בני (ohne Artikel) und הנכר בני ist nicht ersichtlich.[20]

Dass sich Jes 56,1–8 im Vorfeld der großen Heilsvisionen von Jes 60–62 und Jes 66 mit dem Status der Fremden in der Gemeinde beschäftigt, scheint naheliegend. Aber obwohl die Sache der Eunuchen auch gewisse jesajanische Bezugspunkte aufweist, bleibt das Nebeneinander der Fremden und Eunuchen rätselhaft. Warum werden die, wie es scheint, verschiedenen Probleme dieser zwei Menschengruppen miteinander behandelt? Westermann gibt die Meinung vieler Exegeten wieder, wenn er schreibt: „Die Klage des Entmannten hat mit der des Ausländers nichts gemein, als dass auch er nach der Bestimmung Dt. 23,2–9 der Jahwegemeinde nicht angehören darf."[21] Dieser Meinung wurde jedoch oft widersprochen, vor allem aufgrund der Verschiedenartigkeit der Begriffe in Jes 56*

---

[18] בני נכר (Jes 60,10; 61,15; 62,8; vgl. Ez 44,7–9; Neh 9,2; 13,30), vgl. נכרים (Jes 2,6). Ob בן נכר im AT eindeutig den „ethnisch Fremden" meint, scheint unumstritten, vgl. DUHM, 391; VOLZ, 204; R. MARTIN-ACHARD, Art. נכר in: THAT, II, 66–68. 67.

[19] Gen 35,2.4; Jos 24,23; Ri 10,16; 1.Sam 7,3; 2.Chr 33,15.

[20] W. LAU meint, der Ausdruck mit Artikel unterstreiche die „exemplarische Bedeutung", 269, Anm. 42.

[21] WESTERMANN, 250.

und Dtn 23*. Der Einwand wurde am knappsten von Japhet formuliert: „Only one word – the name of the Lord – is common to the two texts, which differ in every other respect."[22] Mit dieser Feststellung ist zwar die Sache des Verhältnisses zu Dtn 23 auch für Japhet selbst nicht erledigt, aber sie verpflichtet zur Suche nach weiteren Lösungsansätzen außerhalb dieses dtn Bezugstextes.

> Zum einen lassen sich in dieser nicht selbstverständlichen Kombination zwei für die priesterliche Mentalität wichtige Elemente sehen, die beispielsweise in Lev 22,17–25 eine große Rolle spielen. Dieser Text legt nämlich die Regeln fest, nach welchen Opfer als „wohlgefällig"[23] gelten können. Die Opfertiere müssen tadellos sein und dürfen nicht „aus der Hand eines Fremden", מיד בן־נכר, kommen. Die Tadellosigkeit besteht in der körperlichen Vollständigkeit, wobei dies sich speziell auf die Genitalien bezieht (Lev 22,24). Es lässt sich hier ein grundlegendes Denkmodell erkennen, das genitale Mängel und fremde Herkunft in einem selbstverständlichen Zusammenhang sieht. Dies lässt die Regelung bezüglich der Fremden und der Eunuchen als eine spezifisch priesterliche Denkweise (oder deren Herausforderung) erscheinen. Dies genügt aber nicht, um die kombinierte Anwendung der zwei Motive in Jes 56* zu erklären.

Es ist wichtig zu erkennen, dass die בני הנכר und סריסים zwei große Bedrohungen der Gemeindeexistenz symbolisieren: die Kontinuität mit der Vergangenheit und das Fortleben in der Zukunft werden durch diese beiden Randgruppen in Frage gestellt. Schematisch gesagt, stehen „die Fremden" für einen Bruch mit der Vergangenheit Israels, weil sie die Heilsgeschichte und Gottes Verheißungen nicht als ihre eigenen in Anspruch nehmen können. Die Eunuchen dagegen verkörpern den Bruch mit der Zukunft, weil sie als zeugungsunfähig, das Fortbestehen der Gemeinde nicht garantieren können. Die Aufnahme dieser Menschen in die Gemeinde hat etwas Widersprüchliches an sich. Der Verfasser argumentiert aber nicht für eine sich *ad hoc* konstituierende Gemeinde ohne Vergangenheit und ohne Zukunft. Nach seiner Überzeugung liegt die Lösung des Widerspruchs bei Jhwh, der allein den Anschluss an die Gemeinde und deren Fortbestehen garantieren kann. Die fehlende Heilserfahrung aus der Vergangenheit des Volkes Israel können die Fremden durch das „*Sich-Jhwh-anschliessen*" (nicht dem Volk!) nachholen. Jhwh allein ist auch imstande, denen einen ewigen Namen zu gewähren, die sonst zum Erlöschen verurteilt wären. Aller Wahrscheinlichkeit nach stellten die zwei genannten Randgruppen in der Geschichte Israels auch nur ein Randproblem dar. Die Lösung ihres Problems hatte aber symbolischen Wert, weil hier die Überzeugung zu Wort kommt, dass die Mitgliedschaft im Volk für alle, nicht nur für die Randgruppen, im Verhältnis zu Jhwh verankert sein muss. Eine solche Gemeinde ist bereits durch das Gericht in Jes 65 und 66 „entstanden". Dort ist als Resultat des Gerichts ein Rest der Jhwh-Treuen übriggeblieben. Hier wird über die auf diese Weise entstande-

---

[22] JAPHET, יד ושם, 79.

[23] Mit der Wurzel רצה. Mögliche Variation des Begriffes „zum Wohlgefallen (Jhwhs)": die tadellosen Opfer bewirken „Wohlgefälligkeit" des Opfernden.

ne Gemeinde weiter reflektiert. Das Prinzip der Zugehörigkeit aufgrund des Verhältnisses zu Jhwh wird in seinen „praktischen" Konsequenzen ausgearbeitet.

Diese symbolisch-apokalyptische Auffassung der Worte an die Eunuchen und die Fremden wird von den literarischen Bezügen dieses Textes unterstützt. Im Unterschied zu den meisten Teilen TrJes* scheint 56,1–8 nicht direkt auf die zentralen Texte Jes 60–62 bezogen zu sein, sondern vielmehr auf Kap. 66 und erst über dieses indirekt auf die Kernkapitel. Das Wort an die Eunuchen und an die Fremden entspricht den zwei Vorgängen, welche in 66 das Entstehen des neuen Volkes bewirken: in Jes 66,7–11 die „wundersame Geburt des Volkes für Zion" entspricht der Verheißung an die Eunuchen, und in 66,18–20 „die Rückführung (Immigration) der Brüder aus allen Völkern" entspricht der Verheißung an die Fremden. Wenn man diese Bezogenheit erkennt, ist die Frage nach der Zugehörigkeit der Eunuchen zum Volk Jhwhs nur ein Exempel. Die Geburt des Volkes ist Jhwhs Werk und hängt in jeder Etappe von Jhwhs Heilswillen ab (66,9). So ist bereits bei der Geburt des neuen Volkes für Zion die gleiche Spannung zwischen Diskontinuität und Kontinuität im Spiel, welche die Verheißung an die Eunuchen prägt. Und die Hauptaussage, „das Volk wird von Jhwh geschaffen", erklärt einerseits die wunderbare (und rätselhafte) Geburt in Kap. 66 und relativiert andererseits das Problem der Kinderlosigkeit der Eunuchen in 56.

Ähnliches lässt sich vom Wort an die Fremden sagen. Klar ist zwar, dass dieser Prophetenspruch auch einen Schlüssel zur Prophetie von Jes 60–62 bieten kann und wahrscheinlich soll. Nun ist aber nicht zu übersehen, dass die Rolle der Fremden hier in 56* im Sinn von Kap. 66 und nicht in dem von Jes 60–62 gesehen wird: Laut 56,6f. sollen die Fremden gleichberechtigte Bürger und gleichberechtigte Kultteilnehmer sein – ein Gedanke, der sich aus 66,18–21 ableiten lässt, nicht aber aus Jes 60–62. Aber damit berühren wir bereits den Kultaspekt in 56,1–8, der einer gesonderten Analyse bedarf. Am Beispiel der Fremden wird das neue Zugehörigkeitsprinzip für das Volk Jhwhs dargelegt. Dieses Prinzip ist das gleiche, das mit dem Wort an die Eunuchen ausgedrückt wurde, nämlich die Abschaffung der Genealogie als Kriterium für die Zugehörigkeit zum Volk.

2) Thema: Tempel und/oder Kult

V. 5a ונתתי להם בביתי ובחומתי יד ושם טוב מבנים ומבנות hat eine erklärende Funktion im Verhältnis zu V. 5b. Das „Mehr", das hier zum Ausdruck kommt, ist nicht nur die konkrete Art der „Verewigung" des Namens (יד „Stele"[24]), sondern auch der Bezug zum Tempel (ביתי). Bereits שם עולם legt eine Anspielung auf das Königtum nahe (Ps 72,17.19). V. 5a scheint eben diese Assoziation aufzunehmen und weiter zu entwickeln.

> יד ושם: Wie schon seit langem erkannt, ist die Bedeutung von יד hier vor allem auf dem Hintergrund des Berichtes aus 2.Sam 18,18 zu sehen (Motiv „Kinderlosigkeit" und Parallele zwischen יד und מצבה). Absalom hatte sich eine Stele aufgerichtet und den

---

[24] Vgl. dazu DELCOR, Two Special Meanings.

Malstein nach seinem Namen benannt[25], was zweifellos auf eine beschriftete Stele hindeutet. Falls sie dabei auch das eingemeißelte Bild einer Hand trug oder als Ganzes die Form einer erhobenen Hand hatte, wäre die Bezeichnung יד אבשלם ganz verständlich. Archäologisch sind beide Formen der Hand-Stele gut belegt.[26] Die archäologischen Funde sind für Jes 56 umso relevanter, als sie beweisen, dass Stelen für Verstorbene im Tempelbezirk sehr verbreitet waren im Nahen Osten. Dass dies auch im palästinensischen Raum der Fall war, zeigt das Stelensanktuarium in Hazor. Ähnliche Bräuche mussten mindestens bis in die vorexilische Zeit hinein praktiziert worden sein, wie aus Ez 43,7 hervorgeht. In diesem Text ist פגר als „Stele pro memoria"[27] wiederzugeben, was einen interessanten Hintergrund für Jes 56,5 ergibt.[28]

Dem Bezug zu Ez ist hier nachzugehen, weil die „Assoziation mit dem Königtum" dadurch noch deutlicher wird als im Fall von 2.Sam 18,18. Zwar heißt bei Ez das Wort für Stele nicht יד, sondern פגר, aber diese Nicht-Übernahme des Ausdrucks aus Ez durch 56* lässt sich leicht erklären: Nicht nur ist פגר im Sinn von „Stele" selten, sondern auch negativ belastet (die Hauptbedeutung dieser Wurzel: Leichnam). Der ezechielische Text strebt einen Bruch mit der vorexilischen Praxis an und will das Königliche definitiv vom Priesterlichen trennen.

In Ez 43,7f. ist die Rede vom Entweihen des heiligen Namens Jhwhs, u.a. durch die *Memorialstelen der Könige* (פגרי מלכיהם) *in ihren ,bamot'*. Gegenstand der Anklage ist auch die Tatsache, dass zwischen den königlichen „Schwellen" und „Türpfosten" und denen von Jhwh keine Distanz gewahrt wurde: *nur die Mauer stand zwischen mir und ihnen*. Albright widersetzt sich der Umvokalisierung des masoretischen בְּמוֹתָם in בְּמוֹתָם aus philologischen Gründen.[29] Der Korrekturvorschlag von K. Galling[30] ist dagegen ein

---

[25] Zum Vergleich noch 1.Sam 15,12 (Samuel errichtet eine Stele für sich selbst zum Gedenken seines Sieges über die Amalekiter: מציב לו יד) und Ez 21,24, wo die Übersetzungen für יד zwischen der Bedeutung „Denkmal" und „Wegweiser" schwanken. Die Argumente von G. ROBINSON, 282, für die Bedeutung „possession", „share" in Jes 56,5 sind u.a. deswegen nicht überzeugend, weil sie von der Voraussetzung ausgehen, diese Verheißung sei an Fremde gerichtet (sic!): „Here is the author particularly concerned with removing the fear of the foreign converts to Judaism [...] they feared that they might not get a due portion in Israel". Die Verheißung geht aber an Eunuchen, deren Sorge ausdrücklich ihre Kinderlosigkeit ist. ROBINSONS Vorschlag wurde von S. JAPHET aufgenommen und weitergeführt, „יד ושם (Isa 56:5) – A Different Proposal", 69–80.

[26] Vgl. GALLING, Erwägungen; DELCOR, Two Special Meanings.

[27] D. NEIMAN, JBL 67(1948) 55–60 hat die abgeleitete Bedeutung „Stele" bzw. „Stele pro memoria" für פגר anhand der ugaritischen, phönizischen und hebräischen Belege nachgewiesen. Er deutet פגרי מלכיהם Ez 43,7 als königliche Stelen. Vgl. K. GALLING, 11.

[28] Dies ist besonders dann der Fall, wenn man die Korrektur GALLINGS, 12 und Anm. 30, akzeptiert und anstelle von במותם das Wort בחומתי liest. Seine Übersetzung von Ez 43,7b–9 „Und nicht sollen mehr entweihen das Haus Israel, sie und ihre Könige, meinen heiligen Namen mit ihrer Hurerei und mit den Stelen ihrer Könige in meinen Mauern, [...] so dass nur die Wand zwischen mir und ihnen war. Nun aber sollen sie ihre Hurerei und die Stelen ihrer Könige von mir fern halten, und ich werde dann für immer in ihrer Mitte wohnen."

[29] ALBRIGHT weist den Einwand zurück, dass בְּמוֹתָם in 𝔐 syntaktisch wegen der fehlenden Präposition uneingefügt sei. Er macht darauf aufmerksam, dass die Präposition בּ im Hebräischen

Versuch, die Logik dieses Textes aufzuzeigen (bzw. wiederherzustellen). Es ist die unmittelbare Nachbarschaft von Palast und Tempel, die als problematisch empfunden und als unrein verurteilt wird. Das Verweisen auf Memorialstelen, die sich nicht auf dem Tempelareal befinden, ergäbe in diesem Textzusammenhang keinen Sinn. Für die Lokalisierung des von Ez angesprochenen Problems im Tempelbereich kann auch dann argumentiert werden, wenn man die Korrektur Gallings nicht akzeptiert.[31] Für uns ist eine endgültige Lösung der Frage nach der Bedeutung von Ez 43,7f. nicht entscheidend wichtig. Eines geht jedoch aus dieser Ez-Stelle mit großer Sicherheit hervor: Es ist die Rede von königlichen Memorialstelen, die einmal in der Nähe des Tempels aufgestellt waren und von Ez als Greuel verurteilt werden. Dies genügt um festzustellen, dass der Verfasser von Jes 56,5 das ezechielische Gesetz in Frage stellt, indem er vorsieht, dass die Eunuchen, wie früher die Könige Israels, eine Gedenkstele im Tempelbereich bekommen sollen.

Wenn man akzeptiert, dass die Bezeichnung סריסים auf dem Hintergrund von Jes 39,7 verstanden werden muss, ist die Assoziation mit den „Königen" noch bedeutsamer. Die Stelen wurden immer nur für verstorbene Könige, Fürsten und andere Vornehme errichtet, und gerade die סריסים muss man zu diesen Eliten rechnen.

Die rätselhafte Steigerung „besser als Söhne und Töchter"[32] macht eines besonders deutlich: die Eunuchen werden auch in der Heilszeit keine Söhne oder Töchter haben. Hier stößt die Analogie mit Jes 55,13 an ihre Grenzen. Dadurch wird aber mit aller Deutlichkeit ein neues Zugehörigkeitsprinzip zur Gemeinde hervorgehoben. Dabei geht es nicht nur um die Gleichstellung einer marginalisierten Gruppe, sondern vielmehr allgemein um neue Prinzipien. Laut diesen ist das Dazugehören der Randgruppe „Eunuchen" eigentlich noch fragloser als die Mitgliedschaft der übrigen Gemeindeglieder.

V. 6aβ לשרתו ולאהבה את־שם יהוה להיות לו לעבדים. Dieser Satz ist stark Dtn/dtr gefärbt. שרת und עבד – beides Begriffe für „dienen", lassen an kultische Dienste denken.[33] Dabei ist auch ein Dienst beim Opferkult möglich, aber in Dtn ist das Verb שרת mit „segnen" (Dtn 10,8; 21,5) oder mit „vor Jhwh stehen" (Dtn 18,5.7) und einmal mit „richten" (Dtn 17,12) parallelisiert. Die Be-

---

und Ugaritischen oft weggelassen wird vor einem Substantiv, das mit demselben Konsonanten beginnt; vgl. The High Places in Ancient Palestine, 242–258. 246.

[30] Er liest wie in Jes 56,5 בְחֹמֹתַי, was zwar eine größere Korrektur bedeutet, aber einen vollkommen logischen Gedankengang ergibt.

[31] Dies ist z.B. der Fall bei W. ZIMMERLI, Ezechiel, 1083, der zu Ez 43,7 schreibt: „Da aber der Kontext zwingend erfordert, dass hier von einer Verunreinigung des Tempelbereichs, über dem der Name Jahwes in besonderer Weise steht, die Rede ist, und die Errichtung einer במה direkt neben oder innerhalb des Tempelbereichs zumal nach der Reform Josias wenig wahrscheinlich ist, dürfte sich die leichte Umvokalisierung des מ eher empfehlen."

[32] PAURITSCH (36) betrachtet nur diesen Ausdruck als redaktionellen Einschub.

[33] עבד bezeichnet in den alten Pentateuchquellen den Kultteilnehmer. Vgl. RIESENER, 248. Nach RIESENER hat auch in Jes 56,3 עבדים diese Bedeutung, nur mit dem Unterschied, dass dieses Wort hier Ausdruck ist für die von der ethnischen Identität unabhängige Zugehörigkeit zu Jahwe bzw. zur Gemeinde (248).

zeichnung עבדים wird in Dtn gelegentlich als Synonym zu „Gottesvolk" verwendet (z.B. Dtn 32,36.43; vgl. auch 9,27). Innerhalb von TrJes wird dadurch
eine wichtige Verbindung zwischen den Fremden und den vom Gericht Verschonten hergestellt (65,8.9.13–15; 66,14).[34]

> Dieser Halbvers 6aβ ist kultisch geprägt, aber der Opferdienst ist nicht unbedingt mit-
> gemeint. Er lässt sich auch gut in Bezug auf die Geschichte Salomos verstehen, und zwar
> als eine Art Entkräftung der Zerfallsursache des israelitischen Reiches. Nach Ansicht des
> Deuteronomisten hat Salomo den Grund für dessen Niedergang gelegt, indem er ande-
> ren Göttern anzuhängen und sie zu lieben begann (בהם דבק שלמה לאהבה 1.Kön 11,2).
> Dieser Vers hat auch dem „Anschluss der Fremden" einen neuen Verständnisrahmen
> gegeben, nämlich die Umkehrung der bedauernswerten Geschichte: als „Gegengewicht"
> zur Sünde Salomos werden sich die Fremden Jhwh anschließen aus Liebe zu Jhwhs Na-
> men. Sie sollen, im Unterschied zu Salomo, Jhwh dienen. Salomo hat den Bund und
> Jhwhs Satzungen nicht gehalten (1.Kön 11,11), darum wurde ihm das Reich entrissen.
> Jes 56,6 erklärt dagegen: diejenigen, die den Bund halten wollen, bekommen Zutritt zur
> Gemeinde Jhwhs.
>
> לאהבה את־שם יהוה ist ein Ausdruck mit einem eindeutigen dtn/dtr Grundton.[35] In
> dtn/dtr Texten sind die Liebe zu Jhwh, kombiniert mit dem Dienst und dem Halten
> der Gebote, die Charakteristika des Gottesvolkes (Dtn 10,12) und die Bedingung für
> sein Wohlergehen. In der dtr Theologie drückt sich die Liebe zu Jhwh u.a. dadurch aus,
> dass die Israeliten den Völkern fernbleiben (am deutlichsten in Jos 23,11–13; negatives
> Beispiel: 1.Kön 11,2).

V. 7aαa והביאותים אל־הר קדשי: Dies muss als Erfüllung von Jes 66,20 oder
auch 60,3 gelten. Zugleich liegt es nahe, in diesem Vers einen Widerspruch zu
Ez 44,7 (kombiniert mit Ez 20,40) zu sehen. Die Ablehnung der ezechielischen
Sicht der Verhältnisse im Tempel steht aber kaum im Vordergrund dieses Tex-
tes, der konsequent die Vision von der Heilszeit nach dem Gericht weiterent-
wickelt. Aber der Vers eignet sich nicht nur, um den Zutritt der Fremden zum
Tempel zu verteidigen, sondern auch, um einen Machtwechsel im Bereich des
Tempeldienstes in Aussicht zu stellen.[36]

> Das Thema „Fremde im Tempel" taucht auch bei Ez 44,7–9 auf, aber hier wird deren
> Anwesenheit als Quelle aller Übel gesehen. Zwei Feststellungen stehen sich gegenüber.
> In Jes 56 sagt Jhwh: והביאותים אל־הר קדשי „ich bringe sie zu meinem heiligen Berg"; Ez
> 44,7 behauptet dagegen: בהביאכם בני־נכר „ihr habt Fremde hereinkommen lassen".
> Trotzdem hat dieser Text einiges mit Jes 56 gemeinsam. In beiden Fällen spielen die
> Begriffe „Bund" ברית, „entweihen" חלל und „halten" שמר eine zentrale Rolle, obwohl
> die letzten beiden sich auf den Tempel und dessen kultischen Dienst beziehen und nicht

---

[34] Mit BEUKEN ist aber auch der Bezug zu DtJes zu erkennen, und zwar als eine programmati-
sche Umwandlung (Pluralisierung) des dtjes Motivs עבד יהוה. BEUKEN, The Main Theme of
Trito-Isaiah ‚The Servants of YHWH'.

[35] Der Ausdruck לאהבה (bezogen auf die Liebe zu Gott) erscheint außer in Jes 56,6 ausschließlich in Dtn/dtr: Dtn 10,12; 11,13.22; 19,9; 30,6.16.20; Jos 22,5; 23,11; 1.Kön 11,2.

[36] Vgl. Jes 2,2–5 und 11,9.

auf den Sabbat wie in Jes 56. Da Jes 56,7aβ aber den Fremden die Rolle der Opfernden zuzuschreiben scheint, liegt es nahe, diese Stelle als Gegensatz zu Ez 44,7–9 zu verstehen.

Die Existenz eines Gegenstücks zu unserer Stelle in Ez warnt davor, Jes 56,7 rein metaphorisch zu verstehen. „Die Fremden im Tempel" ist ein Geschichtsthema, aber solange Jes 56,1–8 als eine eschatologische Vision erscheint, kann der Widerspruch nur scheinbar sein: das, was für Ez 44 ein konkretes Problem bildet, wird in der trjes Endzeit zu einem Idealzustand, aber nur, weil die „Fremden" nach Jes 66 (und folglich auch hier in Jes 56*) Überlebende des Gerichts sind und bereits durch diese Tatsache den Israeliten gleichgestellt werden.

V. 7aαb וְשִׂמַּחְתִּים בְּבֵית תְּפִלָּתִי: Dieser Versteil wird in Anlehnung an Dtn/Dtr entstanden sein.

בֵית־תְּפִלָּה kommt sonst nirgends vor. Aus der biblischen Überlieferung kommt eigentlich nur das sogenannte Weihgebet Salomos als Bezugspunkt für בֵית תְּפִלָּתִי in Frage. Dieses Gebet in 1.Kön 8,22–53 beschreibt nämlich den Tempel hauptsächlich als Ort des Gebetes,[37] während seine Funktion als Ort des Opfers gar nicht zur Sprache kommt und die Funktion „Wohnort Gottes" sogar bestritten wird.[38] Es ist nicht Jhwh selbst, sondern der Name Jhwhs, der in dem von Salomo gebauten Tempel wohnen soll (8,29). Nur wenige Texte befassen sich mit dem Problem der Präsenz der Fremden im Jerusalemer Tempel und deren eventueller Rolle im Kult. Wohlwollend wird der נכרי im Tempel neben Jes 56 nur noch in 1.Kön 8,41–43 angeschaut. Auch hier wird der Fremde als ein Gegenüber des Volkes verstanden (הַנָּכְרִי אֲשֶׁר לֹא מֵעַמְּךָ), wird aber durch das Recht auf das Beten und das Erhört-Werden den Israeliten gleichgestellt. Eine solche Stellung bekommt der Fremde auch in Jes 56. Der Begründungssatz Jes 56,7b (denn mein Haus soll ein Bethaus heißen für alle Völker), der geradezu das Finale dieses Textstückes bildet, hat eine ähnliche Aussage wie das „Weihgebet Salomos". In 1.Kön 8,43 wird der Sinn der Erhörung eines Fremden, der seine Anliegen im (wört.: vor dem) Tempel vor Jhwh bringt, darin gesehen, dass „alle Völker auf Erden deinen Namen erkennen und dich fürchten wie dein Volk Israel und erfahren, dass dieses Haus, […] nach deinem Namen genannt ist." Dieser Wunsch des Salomo kann die Bezeichnung בֵית־תְּפִלָּה לְכָל־הָעַמִּים inspiriert haben.[39]

Mit der Erkenntnis des Rückbezugs auf 1.Kön 8 soll das Verbindende zum Tempelverständnis von Jes 66,1 hervorgehoben werden, wo möglicherweise in Anlehnung an 1.Kön 8 das Konzept des Tempels als Residenz Gottes bestritten wird. Dass in Jes 56,7aαb wieder von Jhwhs Haus (wenn auch nur als Bethaus verstanden) die Rede ist, kann auf einen Umbruch im trjes Verhältnis zum Tempel hinweisen. Es kann dennoch aufgrund von Jes 56,1–8 nicht mit aller

---

[37] Auffälligerweise ist das Beten in 1.Kön 8,22–53 an den Ort des Tempels gebunden. In der Erweiterung dieses Textes durch den Chronisten heißt es: „das Gebet dieses Ortes" תְּפִלַּת הַמָּקוֹם הַזֶּה (2.Chr 7,15).

[38] Vgl. 1.Kön 8,27. Auch Jes 66,1 bezieht sich auf diesen Text aus 1. Kön.

[39] Bereits DUHM (393) hat an 1.Kön 8,41–43 als Inspirationsquelle dieses Verses gedacht. Vgl. SEHMSDORF, 549.

Sicherheit auf einen Tempel geschlossen werden. In diesem Zusammenhang ist die Beobachtung Stecks wichtig, dass in äthHen Jerusalem und nicht der Tempel als „Haus" bezeichnet wird.[40]

Schließlich ist für das Verständnis des Ausdrucks „Bethaus" die Anspielung auf Jes 60,7b entscheidend. Von einer solchen Anspielung kann man mit Sicherheit ausgehen, denn mehrere Elemente machen diese raffinierte Entsprechung aus:

60,7b .וׁעלו על־רצון מזבחי ובית תפארתי אפאר

56,7aγ-b עולתיהם וזבחיהם לרצון על־מזבחי
כי ביתי בית־תפלה יקרא לכל־העמים

Weiter unten wird auf den Bezug zum Opfergedanken eingegangen. Angesichts der Häufung der Parallelausdrücke muss בית־תפלתי in 56,7a als Gegenstück zu בית תפארתי in Jes 60,7 gelten. Die Klangähnlichkeit zwischen den beiden Wendungen ist so groß, dass sie in der LXX eine Angleichung der zweiten Stelle an 56,7 bewirkt hat.[41] Demzufolge ist das „Bethaus" ein Hinweis auf die Erfüllung der Prophetie von Jes 60,7 und von Jes 60–62 im allgemeinen. Durch die Veränderung der übernommenen Wendung wird zugleich die Botschaft vermittelt, dass das „Bethaus" nicht genau dem entspricht, was die Prophetie von Jes 60–62 erwarten ließ. Man könnte hier von einer Dialektik zwischen Erfüllung und Nicht-Erfüllung sprechen.

Das Motiv der „Freude" ist nicht nur deshalb außergewöhnlich, weil sie sonst nirgends Fremden versprochen wird,[42] sondern auch weil „Freude im Tempel" eine volle Teilnahme am Kult suggeriert. Grammatikalisch und logisch ist aber der Ausdruck ושמחתים בבית תפלתי vor allem mit dem Anfang von V. 7 verbunden (והביאותים אל־הר קדשׁי)[43] und sollte darum im Zusammenhang der Texte gelesen wer-

---

[40] STECK, Studien, 36.

[41] LXX liest Jes 60,7: ὁ οἶκος τῆς προσευχῆς μου. Das Bethaus „für alle Völker" (57,7) entspricht auch dem Kontext von Jes 60,7, in dem „die Völker" nach Jerusalem strömen (60,3ff.).

[42] Thematisch steht Sach 2,14f. unserer Stelle nahe. Hier wird die Freude Zions mit der Aufnahme der Völker in das Volk Jhwhs in Verbindung gebracht; trotzdem wird nur „Tochter Zion" zur Freude aufgerufen, nicht aber die Völker.

[43] Was die Bezeichnung הר קדשׁי betrifft, muss bemerkt werden, dass sie stark mit dem Ideal einer vollkommenen Gesellschaft oder eines vom Bösen definitiv befreiten Ortes zusammenhängt. Vgl. Jes 11,9; 65,25; Ez 20,38–40; Zeph 3,9–12; Obd 16f.; Ps 15,1. Von diesen Texten haben zwei das Motiv der Völkerbekehrung im Nahkontext (Jes 11; Zeph), was ihnen in Bezug auf Jes 56,7 ein besonderes Gewicht verleiht. Im Unterschied zu Jes 56 aber räumt keiner von diesen Texten den Fremden einen Platz auf dem heiligen Berg ein. Die Radikalität der Aussage in Jes 56,7 wird dadurch noch deutlicher. Ez 20,38 beinhaltet möglicherweise einen Hinweis auf eine Gesellschaft von lauter Gerechten: Unter den aus dem fremden Land herausgeführten Israeliten befinden sich Rebellen und Abtrünnige, die nicht „ins Land Israels kommen sollen". Die Motive „Bringen zum heiligen Berg", „Opfer/Altar Jhwhs", „Freude" kommen auch in Ps 43,3f. gemeinsam vor. Dort geht es um einen Menschen, der sich im Konflikt mit einem Volk (גוי) befindet. In Joel 4,17 kommt הר קדשׁי auch vor, und dort heißt es: „Fremde werden ihn [den heiligen Berg] nicht mehr durchziehen" (וזרים לא יעברו בה).

den, die von der Freude der Heimkehrenden nach Zion sprechen.[44] Dies ist insofern ungewöhnlich, als die בני הנכר in eine Reihe mit den heimkehrenden Israeliten gestellt
werden. Genau dies ist aber die Perspektive von Jes 66. Das Stichwort „Freude" (mit
שמח) weist in Richtung Jes 61,7 und greift die wichtige Entwicklung von 66,5 zu 66,10
auf.

V. 7aβ עולתיהם וזבחיהם לרצון על־מזבחי: Mit der Erwähnung des Brand-
und Schlachtopfers ist dieser Einschub inhaltlich ein Fremdkörper im ganzen
Textstück.[45] Der bis dahin abwesende Opferkult erscheint hier völlig unvermittelt. In dieser Hinsicht gleicht dieser Vers dem 66,21. Die Ähnlichkeit liegt
nicht nur in der abrupten Art, ein Motiv einzubringen. Inhaltlich sind sich die
beiden Verse ebenfalls sehr nahe und ergänzen sich bestens. 66,21 sieht vor, dass
Jhwh sich Priester-Leviten „aus den Völkern"[46] nimmt, und 56,7*, dass die
„Fremden" Opfer darbringen. Aber der primäre Bezug dieses Versteils ist sicher
in Jes 60,7 zu sehen. Die Wendung עולתיהם וזבחיהם לרצון על־מזבחי entspricht
ziemlich genau dem Ausdruck יעלו על־רצון מזבחי (60,7bα). Ein scharfer Widerspruch zu Ez ist nicht zu übersehen, vor allem im Vergleich zu Ez 20,40 und
44,7–10.

Die bedeutendste Textvariante ist in V. 7aβ zu finden, wo ℚ^a und mehrere Versionen
das in 𝔪 fehlende Verbum ausschreiben. Die Herausgeber der BHS sprechen sich für die
Ergänzung aus und begründen ihre Präferenz mit den ℚ^a- und 𝔊-Lesarten. Die Lesart
יעלו zwischen וזבחיהם und לרצון ist insofern interessant, als sie suggeriert, dass die
Fremden eine aktive Rolle beim Kult haben werden: Die präzise Übersetzung des
Halbverses 7aβ sollte dann lauten „Ihre Brandopfer und ihre Schlachtopfer werden sie
darbringen". Die Variante ist trotz der Verbindung zu 66,21 abzulehnen. Aller Wahrscheinlichkeit nach entstand sie eher als Resultat stilistischer als interpretativer Überlegungen. Den besten Beweis dafür bietet 𝔊, weil sie ein anderes Verb voraussetzt als in ℚ^a
steht. Das Wort ἔσονται müsste יהיו wiedergeben, während יעלו wohl mit ἀνε-
νεχθήσονται übersetzt worden wäre (vgl. Jes 60,7). Es liegt deshalb nahe, anzunehmen, dass sowohl ℚ^a wie auch 𝔊 ein Text ohne Verb vorlag und dieser je nach Gefühl des
Schreibers ergänzt wurde. Der 𝔪 ist zusätzlich von ℚ^b unterstützt. Da Tg^J nach einer
Vorlage angefertigt worden sein muss, die wie diejenige von ℚ^b dem genauen Texttyp
angehörte und als protomasoretisch bezeichnet werden kann,[47] muss die im Tg^J vorhandene Verbform ותסקון nicht übersetzt, sondern zugunsten der Integrität ergänzt worden
sein. 𝔰 enthält kein Verb an dieser Stelle.
Im Rahmen der Theologie von Jes bedeutet das Wohlgefallen Jhwhs an den Opfern die
Aufhebung des Urteils vom Anfang des Buches in Jes 1,11. Die engsten Wortlautparal-
lelen hat diese Formulierung unter den „kultkritischen" Aussagen – etwa in Jer 6,20
(עלותיכם לא לרצון וזבחיכם לא־ערבו לי).[48] In Bezug auf Lev 22,20–25 nimmt Jes 56,7

---

[44] Dazu gehören beispielsweise Jes 30,29 (mit לבוא הר־יהוה); 35,10 par. 51,11; 51,3; Jer
31,12f. (nur noch hier die Form ושמחתים); Ps 126,3; Jes 66,10.
[45] Zum Kontrast von Gebet und Opfer vgl. Spr 15,8.
[46] Zur Bedeutung des Ausdrucks „eure Brüder aus allen Völkern" siehe oben S. 17ff.
[47] VAN DER KOOIJ, Die alten Textzeugen, 213; 220.
[48] Vgl. Hos 6,6; Jes 1,11; Ps 40,7; Spr 15,8–9.

den Charakter einer neuen sakralrechtlichen Deklaration an und erklärt die Opfer der
Fremden und die Fremden selber als rein. Haben wir es mit einer Entscheidung für die
erwartete Heilszeit zu tun? Eine solche Aussage würde bestens mit dem Bezug auf die
Vision von Jes 60–62 harmonieren, mit welcher diese Stelle durch die Wendung
לרצון/על־רצון (60,7) verbunden ist.

V. 7b כי ביתי בית־תפלה יקרא לכל־העמים. Das neue Element von 7b ist lediglich der Ausdruck לכל־העמים, in welchem ein Bild der Epoche Salomos
nicht weniger stark durchleuchtet als bei der Bezeichnung „Bethaus" selbst. Die
Themen „Tempel als Bethaus" und „internationale Ausstrahlung des Tempels"
lassen so auf die gleiche Quelle schließen.

In denselben Zusammenhang gehört auch die Vorstellung, dass alle Völker
wegen der Weisheit von König Salomo nach Jerusalem ziehen, (1.Kön 5,14).
Normalerweise wird die Bezeichnung כל־העמים für das Gegenüber des Volkes
Israel verwendet. Eine Ausnahme bildet jedoch Jes 25,6f. Diese Stelle sollte als
möglicher texte de référence für den Ausdruck לכל־העמים einbezogen werden.
Hier handelt es sich um das eschatologische Mahl, das Jhwh „auf diesem Berg
allen Völkern (לכל־העמים) rüsten wird".[49] Die Assoziation mit dem Opfermahl
liegt nahe. Überdies ist vielleicht auch die ungefähre Entsprechung des Ausdruk-
kes „viele Völker" (עמים רבים) an Stellen wie Jes 2,3f. und in Sach 8,22 relevant.
Beide Texte sprechen von einer Versammlung der Völker auf Zion.

Aus der Analyse der einzelnen Elemente aus V. 3–8 mit kultischer Assoziation geht hervor, dass diese größtenteils in Anlehnung an die dtr Tradition entstanden sind. Dies spricht nicht zwingend gegen ihre Ursprünglichkeit innerhalb
von 56,3–8, aber ein Vergleich mit Jes 66 erweist, dass diese Aussagen als ein
weiteres Stadium in der Entwicklung zu betrachten sind. Die Vorstellung über
die Heilszeit wird konkreter. Diese Konkretheit ist es, welche die Forschung
schon immer dazu bewegt hat, nach einem direkten Anlass für Jes 56,3–8 zu
fragen. Die obige Analyse hat gezeigt, dass ein solcher Anlass nicht in der Gesetzgebung zu suchen sein muss, sondern sich durch die weiterführenden Überlegungen zu den Konsequenzen des Gerichts von Jes 66 ergeben haben kann. So
hat Jes 56,1–8 vor allem eine symbolisch-eschatologische Bedeutung und literarisch die Funktion, einen Interpretationsschlüssel zu TrJes zu bieten. Dies ist
zweifellos keine vollständige Erklärung der Entstehung von Jes 56,3–8. Im Anschluss an die Analyse aller Themenkreise haben wir auf die Frage der Wirklich-
keitsbezüge zurückzukommen. Ein gewisser Bezug zu den konkreten geschichtlichen Zuständen und der politischen Wirklichkeit wird diesen Versen nicht ganz
abgesprochen werden können.

3) Thema: Sabbat

Das Sabbatmotiv erscheint dreimal, jeweils in leicht veränderter Form, in einem
wiederkehrenden Satz, der eine strukturierende Funktion hat: V. 2b, 4aβ-b, 6b:

---

[49] Vgl. Jes 25,6f.

(2b) שמר שבת מחללו ושמר ידו מעשות כל־רע
(4aβ-b) לסריסים אשר ישמרו את־שבתותי
ובחרו באשר חפצתי ומחזיקים בבריתי
(6b) כל־שמר שבת מחללו ומחזיקים בבריתי

Diese Verse sind Ausdruck einer Theologie, nach welcher das Halten des Sabbats als Quintessenz der Bundestreue gilt. Das Kernelement, das in allen drei Versen wiederholt wird, ist der Sabbat/meine Sabbate, und zwar jeweils mit dem Verb שמר. Keines der anderen Elemente erscheint 3-mal: ושמר ידו מעשות כל־רע kommt nur in V. 2b, ומחזיקים בבריתי in V. 4.6 und ובחרו באשר חפצתי nur in V. 4 vor. Dass dabei die Elemente עשׂה/רע und בחר/חפץ jeweils zugleich in Jes 65,12 und in 66,4 vorkommen, ist sicher bedeutsam: dort sind die Anklage und das Urteil in z.T. gleichen Termini formuliert wie hier der Zuspruch der Heilsteilhabe. Ob der dortige Zusammenhang mit dem Synkretismus auch auf Jes 56,3–8 übertragen wurde, ist fraglich. Wenn ja, würde der Sabbat zum Gegenpol der heidnischen Praktiken, was denkbar wäre.

Der Sabbatvers ist von der ezechielischen Tradition geprägt. In Ez wird das „Entweihen der Sabbate" zu einem Schlagwort und gilt als eine der Hauptursachen für das Exil.[50] So kann dieses Motiv bei der Aufnahme in Jes 56 dieselbe Rolle gespielt haben wie das der „wohlgefälligen Opfer", welches ebenfalls die Überwindung der fluchbeladenen Exilsepoche zum Ausdruck bringt. Zum Sabbatmotiv ist zu bemerken, dass es in Dtn/Dtr in der vorliegenden Form nicht begegnet.

שבתות (plene geschrieben) ist typisch für Ez. Zehn Vorkommen sind dort gegenüber Chr (5-mal), Lev und Neh (je einmal) zu finden. Die Kombination mit שמר ist für Ez (20,21; 44,24), Ex (31,13–16) und Lev (19,3. 30; 26,2) charakteristisch. Das Verb „entweihen", bezogen auf den Sabbat, ist dagegen nur in Ez und Ex zu finden, aber nicht in Lev. Ez 20,12 nimmt deutlich Ex 31 auf, indem der Sabbat als Zeichen zwischen Gott und dem Volk bezeichnet wird.
Der Sabbat wird in TrJes 7-mal genannt, 3-mal am Anfang (56,2.4.6), 2-mal am Ende (66,23) und 2-mal in Kap. 58 (V. 13). Die Erwähnung in 66,23 hat die deutliche Funktion, eine Klammer zu Jes 1,13 zu schaffen[51] und dadurch als bedeutungsvoller Abschluss des gesamten Jesajabuches zu dienen. Das Buch Jesaja beginnt mit der Verwerfung der Neumonde und Sabbate samt der anderen Feste. Am Ende des Buches wird eine neue Perspektive eröffnet, indem „alles Fleisch", כל־בשׂר, am Neumond und Sabbat vor Jhwh anbeten wird. In diesem Vers wird einerseits das Urteil von 1,13 aufgehoben, anderseits werden die Erwartungen von 40,5 und 49,26, welche für „alles Fleisch" gelten, betont und bestätigt. Im Gegensatz dazu werden in DtJes diese Erwartungen nicht mit dem Sabbat verbunden.[52]

---

50 Ez 20,13.16.21.24; 22,8.26; 23,38. In Ez 20 wird das Entweihen der Sabbate im Zusammenhang mit der Missachtung der חקות und משפטים Jhwhs gesehen.

51 Jes 1,13 ist der einzige Beleg von שַׁבָּת in Jes außerhalb von TrJes.

52 In DtJes kommt שַׁבָּת überhaupt nicht vor.

In diesem Zusammenhang des „Sabbat" ist in erster Linie nach der Verbindung zwischen Jes 56,1–8 und Kap. 66 zu fragen. Dass mit dem Stichwort Sabbat ein Bezug zwischen diesen TrJes-Teilen geschaffen worden ist, steht außer
Frage. In Jes 66 sind der Sabbat und der Neumond als Pilgerfeste dargestellt,
aber die Wendungen „hüten" und „nicht entweihen" in Jes 56* kommen von
einer anderen Sabbatauffassung her.[53] Im Vergleich zu Jes 66 ist in 56,1–8 eine
Veränderung des Sabbatverständnisses unverkennbar. Die Aussagen zum Sabbat
sind in Jes 56,1–8 das Kriterium für den Jhwh-Glauben schlechthin, das pure
Gegenteil alles Bösen (כל־רע) und der Inbegriff des Bundes (keine anderen Be-
stimmungen des Bundes werden aufgezählt). Logischerweise wird der Sabbat
zum Zugehörigkeitsprinzip – sogar die Fremden und Eunuchen, die ihn halten,
werden von Jhwh anerkannt und in die Gemeinde aufgenommen.

Man kann in diesem Zusammenhang fragen, ob diese Sabbataussagen aus
Bedenken gegen das ursprünglich offene Zulassungsprinzip entstanden und erst
nachträglich in 56,1–8 eingefügt worden sind. Wie dem auch sei – zur Teilnahme am Sabbat wird in diesem Abschnitt eingeladen, es ist kein Abgrenzungskri-
terium. Hier lässt nichts an den restriktiven Wochensabbat des Nehemia denken.
Im Gegenteil – der trjes Sabbat erinnert *mutatis mutandis* mehr an das am Sabbat
und Neumond offene Osttor des Tempels in Ez 46,2 als an die geschlossenen
Stadttore bei Neh.[54]

C. Jes 56,1–8: eine „politische Dimension"

Die „exemplarische Konkretisierung" der Botschaft von Jes 66 (und dadurch
indirekt der der Kap. 60–62), welche Jes 56,1–8 vornimmt, lässt die Frage nach
den Anliegen der Verfasser aufkommen. Dadurch, dass die Eunuchen und die
Fremden in der Einleitung zum ganzen TrJes (oder gar zum letzten Teil des Jes-
Buches) figurieren, erhalten sie so viel Gewicht, dass rein interpretatorische Be-
weggründe als eine unzureichende Erklärung für diesen Text empfunden werden
müssen. Denn es gibt im Text Hinweise darauf, dass bei der Entstehung von Jes
56,1–8 mehr auf dem Spiel stand als die Vollendung der Komposition von
TrJes.

Die Analyse der Formulierungen von V. 3–8 hat auf verschiedenen Ebenen
eine Anspielung auf das Königtum wahrscheinlich gemacht. Eine Assoziation mit
dem Königtum wird durch die Bezeichnung סריסים und den Bezug auf Jes 39,7
geweckt; sie kann aber auch in der Wendung שם עולם gesehen werden (in Anlehnung an Ps 72), und man kann eine ähnliche Anspielung in den Querverbindungen des Zuspruchs von יד ושם vermuten (2.Sam 18,18 und Ez 43,7f.). Diese
Hinweise rechtfertigen den Versuch, in Jes 56,3–8 eine Chiffre zu sehen. Ausge-

---

[53] In Ez 46,1–3 kommt das עם־הארץ, um am Sabbat und am Neumond vor Jhwh anzubeten.
[54] Vgl. E. NODET, Essai, 91f.

hend vom Bezug zu Jes 39,7 müssten die „Eunuchen" für die „Davididen" stehen.[55] Wenn dies zutrifft, erscheint das Wort an die Davididen als höchst ambivalent. Ihnen wird das Recht auf den Namen und ein Denkmal versprochen, also
eine Art Rehabilitation und ein Loyalitätszeichen. Zusätzlich sieht der Ausdruck
יד ושם[56] nach einer kryptischen Wandlung von זרעכם ושמכם aus Jes 66,22 aus.
Die in 56,5 vorgenommene Abänderung ist nicht nur eine Anpassung an die
Lage der Eunuchen (יד anstatt זרע!), sondern auch eine Botschaft bezüglich der
Davididen: sie erhalten keine physischen Nachkommen mehr – diese wurden
eben zu סריסים. Daraus wird m.E. ein Argument geschmiedet gegen die Notwendigkeit einer davidischen Abstammung für die Machtausübung in Israel. Die
Wahl der nicht gerade schmeichelhaften Bezeichnung סריסים für die vorexilische Dynastie erklärt sich nicht nur aus der fehlenden Sympathie des Autors
den Davididen gegenüber. Seine eigene Gruppe fühlt sich zur Loyalität verpflichtet (vielleicht auch weil in der Tradition Jesajas stehend?), strebt aber
gleichzeitig eine nichtdavidische Alternative für die Machtausübung an. Wenn es
um nichtdavidische Machtprätendenten ging, konnten die Einwände gegen ihr
Recht, sich in die Folge Davids zu stellen, mit Verweis auf Jes 39,7 wirksam
bekämpft werden: Die Davididen seien nach dem Zeugnis Jesajas zu Eunuchen
gemacht worden und würden deshalb keine physische Nachfolge mehr haben.
Die Autorität Jesajas muss im Kreis seiner Tradenten entscheidend gewesen sein:
Mit seinem Wort konnte man sogar den Konkurrenten begegnen, die behaupte-
ten, sie seien Nachkommen Davids. Zur Abwehr solcher Ansprüche ist TrJes
doppelt ausgerüstet: erstens kann er auf Jes 39,7 hinweisen, um diese Berufung
auf davidische Wurzeln als unwahr zu entlarven; zweitens entwickelt er ein System, in welchem die Abstammung keine Rolle mehr spielt. Dennoch behalten
die Verheißungen an das Haus Davids ihre Gültigkeit, weil sie den ewigen Namen und ein Denkmal erhalten, also königlich behandelt werden. Gleichzeitig
steht aber nichts mehr im Wege, die Machtnachfolge außerhalb des Kreises der
physischen Nachkommen Davids zu rekrutieren.

Die Sache der „Fremden" kann im allgemeinen dem gleichen Anliegen dienen: Insofern die Fremden ein neues Zugehörigkeitsprinzip illustrieren, eignet
sich ihr Fall, um dem dynastischen Prinzip entgegenzutreten: Im Rahmen der
allgemeinen Überwindung des genealogischen Prinzips durften die Fremden der
Gemeinde Jhwhs angehören, und in der gleichen Logik konnten dynastisch
Fremde den Anspruch auf den Thron erheben. Aber wahrscheinlich figurieren sie
neben den Eunuchen nicht nur als eine Randgruppe. Durch den Bezug zu Jes 55
wird die Rolle der Fremden deutlicher, und die Position der Tora für „Fremde
und Eunuchen" kann besser erklärt werden. Auf Jes 55 als einen wichtigen Be-

---

[55] In Jes 39,7 (par. 2.Kön 20,18) wird die Entführung nach Babylon und die Entmannung (das
סריס-Werden) der Söhne Hiskias als Strafe für die Leichtsinnigkeit dieses Königs angekündigt.

[56] Trotz der Erkenntnisse von JAPHET, יד ושם, lässt sich der Ausdruck יד ושם kaum als eine
normale Redewendung verstehen.

zugspunkt für die Fortschreibungen in Jes 56 haben bereits einige Studien verwiesen.[57] Oben wurde auch angedeutet, dass die Worte hinsichtlich der Eunuchen und der Fremden gewisse Verbindungen zu Jes 55 (V. 5.13) haben, aber
während die Bezugnahme auf Fremde explizit ist, haben wir es in 55,13 nur mit
einer Bildähnlichkeit zu tun.[58]

Zur Umdeutung der Verheißungen an David eignete sich neben 39,7 ebenfalls bestens die einzige Stelle in DtJes, in der der Name Davids erwähnt wird:
55,3b–5:

(3b) ואכרתה לכם ברית עולם חסדי דוד הנאמנים

(4) הן עד לאומים נתתיו נגיד ומצוה לאמים

(5) הן גוי לא־תדע תקרא וגוי לא־ידעוך אליך

ירוצו למען יהוה אלהיך ולקדוש ישראל כי פארך

*(3b) ich will einen ewigen Bund mit euch schließen, die zugesicherten Gnaden
Davids. (4) Siehe, zum Zeugen für Nationen habe ich ihn gemacht, zum Fürsten
und Gebieter über Nationen; (5) so wirst du Völker rufen, die du nicht kennst, und
Völker die dich nicht kannten, werden zu Dir herbeieilen; um Jhwhs, deines Gottes
und um des Heiligen Israels willen, weil er dich verherrlicht.*

In dieser dtjes Stelle ist eine Distanzierung vom dynastischen Anliegen des
Hauses Davids nicht zu übersehen. Es geht nicht um einen Herrscher aus der
Linie Davids, sondern um einen Vergleich mit der Rolle, die David gegenüber
den fremden Nationen hatte. So will DtJes nicht die Verheißung der davidischen Thronfolge, sondern einen anderen Kontinuitätsaspekt hervorheben. Er
interpretiert die Zuwendung der Völker zu Israel als ein Merkmal der davidischen Epoche, welche seine Generation neu erleben soll. Die Verschiebung der
Bedeutung von David auf eine metaphorische Ebene und das gleichzeitige Aus-
blenden des dynastischen Anliegens kommen einem stillschweigenden Abschied
von der davidischen Erwartung gleich.

Dies wurde in der Forschung seit Volz[59] oft beobachtet. Von Rad[60] sprach von einer
„Demokratisierung" der davidischen Verheißung, und viele Autoren haben dieser Meinung zugestimmt. Diese Interpretation steht in Zusammenhang mit der Deutung des
Ausdrucks חסדי דוד als *gen. obj.* Caquot ist mit der Unterstützung alter Versionen für
das Verständnis der fraglichen Wendung als *gen. subj.* eingetreten. Seine Argumente
haben sich dennoch nicht als stichhaltig erwiesen.[61] Der Versuch Beukens,[62] die These

---

[57] Vgl. BEUKEN, Example, 50–52; STECK, Studien, 170.

[58] Die Worte an die Eunuchen, die ihnen eine Umkehrung ihres traurigen Geschicks verspre-
chen, dürften in den Augen ihres Autors als Erfüllung von 55,13 gelten, wo ähnliche Wandlungen
in der Natur als Zeichen göttlichen Wirkens angesehen werden. Diese Stelle ist bedeutend, weil sie
den Schluss von DtJes bildet: *Statt der Dornen werden Zypressen wachsen und Myrten statt der
Disteln. Jhwh zum Ruhme wird es geschehen, zum ewigen Zeichen, das nicht getilgt wird.* (Jes 55,13).
Dazu ist die Selbstbezeichnung der Eunuchen „Dürrer Baum" (Jes 56,3) zu vergleichen.

[59] S. 139.

[60] VON RAD, II, 250.

[61] Vgl. SEYBOLD, Das davidische Königtum, 155.

Caquots[63] aufzugreifen und weiterzuführen, ist m.E. auch nicht überzeugend. Während die Konkordanzbelege diesen Verfasser zum Schluss führen, dass die Deutung des Ausdrucks kontextabhängig ist, kommt er in der Folge einer grammatikalisch-stilistischen und traditionshistorischen Untersuchung auf einen Kontrast zwischen חסדי דוד הנאמנים und ברית עולם. Beuken kommt zu folgender Feststellung: „David's only function in the whole passage is to demonstrate, *by way of contrast*, the redundance of the new covenant which God offers to Israel." [kursiv L.R.] (64). Mein Vorbehalt betrifft vor allem die kursiv gesetzten Worte. Sollte aber Beukens Interpretation zutreffen, wäre die David-verheißung vielleicht noch radikaler in Frage gestellt worden, als wenn man von einer übertragenen Kontinuität der Davidsgnaden ausgeht. Seybold folgert in Bezug auf die Nachfolge Davids: „Ob die Davididen eine Zukunft haben, bleibt bei Deuterojesaja ungewiss; gewiss ist jedoch, dass Israel eine Zukunft hat als das Volk, dem Jahwes Heilstaten zugute kommen (V. 3–5)."[64] Ein genaueres Urteil in dieser Sache ist für den Bezug von TrJes auf diese Stelle nicht erforderlich.

Damit kann sich der Verfasser von Jes 56,1–8 bestens auf 55,3ff. stützen und sein Verständnis der Rolle Davids (folglich der der Davididen) im Einklang mit der „jesajanischen Tradition" entwickeln. Die in der Prophetie von Jes 55,5 geschaffene Verbindung zwischen der Zuwendung der Völker und der Verherrlichung Israels erlaubt, Jes 60–62 als Erfüllung dieser Vorhersage zu sehen. In Jes 60–62 wird nicht nur eine Völkerbewegung in Richtung Jerusalem geschildert, sondern sie wird auch ausdrücklich mit dem Begriff „Verherrlichen" verbunden.[65]

Da aber in der Entstehungsreihenfolge Jes 56,1–8 nicht direkt auf Jes 55 folgt, berücksichtigt der Verfasser von Jes 56* bezüglich der Völker neben Jes 55 auch noch die bereits existierenden Kapitel Jes 60–62 und Jes 66. Die Anspielung auf 55,3ff., welche dieser Verfasser macht, unterstützt sein großes Anliegen: als Zeichen seiner Treue und Gnade für David bewirkt Gott, dass sich die Völker ihm (Jhwh) anschließen und in sein Volk integriert werden. Die Fremden werden damit zum politischen Argument gegen die Davididendynastie und deren eventuelle Machtansprüche. Dieses Argument ist mindestens so stark wie jenes der „Eunuchen".

Bei der Einschätzung der Plausibilität der Rückbezüge auf Jes 39,7 und Jes 55,3ff. ist die Tatsache nicht zu übersehen, dass es sich um „exponierte" Stellen (jeweils am *Ende* von PrJes und DtJes) handelt, die hier am *Anfang* von TrJes aufgenommen werden. Die zwei dort gefundenen Aussagen zum Thema David und Davididen eignen sich, um gegen die Erwartung einer physischen Nachfolge für David als König Israels zu argumentieren. Soweit ich sehe, sind das die einzigen Stellen in Jes, die sich auf diese Art deuten lassen. Eine von ihnen spricht von den Davididen als סריסים. Die andere sieht die Erfüllung der davidischen Er-

---

62 BEUKEN, Isa 55,3–5: The Reinterpretation of David.
63 A. CAQUOT, Les ‚grâces de David'.
64 Das davidische Königtum, 157.
65 Vgl. 60,7.9.13.19.21; 61,3.10; 62,3.

wartung nicht in einem König, sondern in der Tatsache, dass sich die fremden Völker Israel anschließen. Mit Blick auf diesen doppelten Bezug hat dieser Verfasser sein Orakel für die Eunuchen und für die Fremden entworfen. Er hat den Davididen und der jesajanischen Tradition seine Treue bewiesen und gleichzeitig die Einwände gegen einen nicht-davidischen Machthaber zerschlagen. Das Aufgeben der Zukunftsvision mit einem davidischen Herrscher schlägt nicht in einen direkten Angriff gegen die Davididen um, sondern führt im Gegenteil zu deren Würdigung, indem man das Gedächtnis der סריסים pflegen will. Diese Tatsache zeugt von einem notwendigen hermeneutischen Umweg, den auch Jes 55 eingeschlagen hat. In Jes 56 basiert aber die Argumentation auf dem Konzept eines überethnischen Gottesvolkes, auf welches Jes 66 hinausläuft.

In Bezug auf die „Chiffre" בני הנכר ist gleichwohl noch eine Frage zu stellen. Angesichts ihrer ausgeprägt kultischen Rolle in Jes 56* muss auch die Möglichkeit erwogen werden, dass die Fremden hier für eine „undynastische" Alternative zum Kultpersonal stehen. Die Verdoppelung „Eunuchen", „Fremde" würde dadurch eine zusätzliche Erklärung erhalten, dass diese zwei Gruppen für zwei Machtbereiche stehen, die es vom genealogischen Prinzip zu befreien gilt. Es fällt auf, dass nur den Fremden, nicht aber den Eunuchen, Kulthandlungen zugeschrieben werden. Die von McKenzie u.a. beobachtete Klangähnlichkeit zwischen הנלוים (gesagt von den Fremden in 56,6) und לוים (aus den Völkern in 66,21) verstärkt die Verbindung der „Fremden" zu den Kultvertretern; aber auch diese Relation ist kryptischer Natur. Ansonsten könnte auch die dtn Assoziation der Fremdlinge (גר) mit den Leviten mitgespielt haben.[66] Diese Kultrolle der „Fremden" muss ihrer „davidischen Assoziation" aus Jes 55 nicht widersprechen, weil „die Fremden" beide Anliegen verkörpern können.

Der Tempel als Ort des Opfers wird in 66,1–3 in Frage gestellt, in 56,7 aber wieder bestätigt. So sieht es aus, als ob der Tempel nur solange ein Problem darstellte, als er von den falschen Leuten verwaltet wurde. Kap. 56 hat zwei Lösungen des Tempelproblems nebeneinander gestellt: 1. Bethaus (Gotteshaus ohne Opfer und ohne Priester = Synagoge?); 2. Opfer der Fremden (im Anschluss an 66,21?). Letztlich ist noch die Möglichkeit im Auge zu behalten, dass das Räumen mit dem dynastischen Prinzip im profanen und kultischen Bereich nicht unbedingt zwei Interessengruppen voraussetzt. Wer zum Königtum und Priesteramt gleichzeitig prätendiert, wäre an beiden Argumenten interessiert.

Am Schluss dieser Überlegungen muss noch die Frage nach der Position von Jes 56,1–8 gestellt werden, unter Berücksichtigung der „politischen Dimension" dieses Stückes. Es ist die Position zwischen Jes 55 und 56,9ff. Für die Fortsetzung nach Jes 55 wurde bereits oben bemerkt, dass diese Nachbarschaft selbst als Schlüssel zur politischen Auslegung von Jes 56,3–8 dient. Aber auch das darauffolgende trjes Material erweist sich als eine bedeutungsvolle Text-Umgebung für eine politische Interpretation: Was folgt, ist eine scharfe Kritik an den Machtha-

---

[66] Vgl. Dtn 18,6; 26,11–13; Jos 8,33.

bern. Wenn man den Blick auch über 57,3 hinaus wirft, findet sich dort eine Entsprechung zum Kultaspekt. Ob diese positionellen Entsprechungen einer bewussten Absicht entspringen, ist schwer zu prüfen. Sollte jedoch die Hypothese der „politischen Chiffre in Jes 56" zutreffen, ist auch wahrscheinlich, dass durch das Situieren des Stücks zwischen Jes 55 und 56,9ff. eine Hilfe zur Entzifferung dieser Botschaft geboten wurde.

Im Anschluss an die Darstellung der Hypothese einer „politischen Dimension von Jes 56*" muss noch auf eine bisher unvermutete Parallele zwischen dem Gemeindegesetz Dtn 23,2–9 und Jes 56,1–8 hingewiesen werden. Dass dieser Text jeweils zur Diskussion über Jes 56,1–8 herangezogen wird, haben wir bereits gesehen. Der Grund dafür liegt in der parallelen Betrachtung von Nationalität und körperlicher Integrität, und zwar im Zusammenhang mit der Gemeindezugehörigkeit. Diese Ähnlichkeit reicht m.E. nicht aus, um von einer Abhängigkeit bzw. sogar Aufhebung von Dtn durch TrJes zu sprechen. Wenn man nun aber Milgroms herausragende Interpretation von Dtn 23,2–9 berücksichtigt,[67] ergibt sich eine neue, überraschende Parallele zwischen den beiden Texten. Beide äußern sich nämlich in kryptischer Form zu David bzw. zu den Davididen. Dtn 23* ist nach Milgrom ganz eindeutig „antidavidisch". Jes 56* ist diesbezüglich, wie wir gesehen haben, ambivalent und lässt sich als loyale Abschiednahme von den Davididen bezeichnen. Auf diesem Hintergrund muss künftig das Verhältnis zwischen dem „Gemeindegesetz" von Dtn 23,2–9 und der „Tora" in Jes 56,1–8 neu überdacht werden.

Schlussfolgerungen

Mit der oben vorgeschlagenen politischen Interpretation wird ein Realitätsbezug angenommen, der mit einer „Tora" für die marginalisierten Gruppen nichts zu tun hat. Diese Deutung trägt dennoch dem programmatisch-symbolischen Aspekt von Jes 56,1–8 (eschatologische Konsequenzen von Jes 66 und Einleitung zu TrJes) Rechnung und erklärt die Konkretisierung als politisch gefärbt.

Die Stellung am Anfang von TrJes macht das Stück 56,1–8 zum Interpretationsschlüssel für den ganzen Teil 56–66. V. 1–2 geben den Ton an: Der ganze TrJes ist ein Heilsorakel. Diese Verse nehmen 60,21 und den Endzustand von 65f. vorweg: Es gibt nur noch die Gerechten. Diese Aussagen von Jes 60–62 und 65f., im konkreten sehr verschieden, werden durch ihre Visionen verbunden,

---

67 MILGROM, Religious Conversion (174) stellt eine massive antidavidische Zuspitzung des „Gemeindegesetzes" fest. Laut Ruth 4,18–22 und 1.Kön 14,31 haben die Davididen auch moabitische und ammonitische Vorfahren. Daraus folgert MILGROM „Thus what D is saying rings lout and clear: every occupant of the throne of Judah is a bastard to the second power!", 174. Die große Zeitspanne – wenn man MILGROMS frühes Datum des „Gemeindegesetzes" akzeptiert – zwischen Dtn 23* und Jes 56* ist kein entscheidendes Argument gegen die Abhängigkeit des trjes Textes von Dtn 23*. MILGROM macht darauf aufmerksam, dass die problematische Abstammung Davids noch für die Rabbiner ein Thema war (Anm. 21).

welche keinem menschlichen Herrscher eine Rolle zuschreiben. Auf seine eigene
Art versucht vielleicht auch Jes 56,1–8 diesen Aspekt zu „konkretisieren": Dieses
Stück legt ein theologisches Fundament, um eine nichtdavidische Herrschaft zu
legitimieren. Ob es sich um konkrete Machtprätendenten handelte oder im Einklang mit Jes 60–62 um die alleinige Herrschaft Jhwhs, kann nicht mit Sicherheit
entschieden werden. Im zweiten Fall wäre die Aussage von Jes 56,1–8 „rein
eschatologisch", aber wenn das Räumen mit der dynastischen Vergangenheit
richtig erkannt wurde, kann es kaum um eine nur theologische Zukunftsperspektive gegangen sein, sondern auch um eine politische.

XIII. Zur historischen Einordnung

Im Rahmen dieser Arbeit kann zur geschichtlichen Einordnung von TrJes nur ein Überblick der Forschungslage geboten werden und ein Versuch, die hier neu eingebrachten Gesichtspunkte historisch zu reflektieren. Somit ist dieser Beitrag nicht als eine vollständige Alternative zu anderen Datierungsvorschlägen gedacht, sondern im Sinn eines Ausblicks auf weitere Forschungsfragen.

Die zeitgeschichtliche Einordnung von TrJes ist wegen der spärlichen Anhaltspunkte notorisch schwierig. Beim Versuch, den historischen Ort und die Abfassungszeit von Jes 56,1–8 zu bestimmen, gehen die Meinungen der Forscher am weitesten auseinander: von Jerusalem bis nach Elephantine[1] und von der spätexilischen Zeit bis in die hellenistische Epoche hinein. Für die meisten Autoren haben sich die Stellen, welche den Tempel erwähnen, als der wichtigste, zuweilen gar der einzige datierbare Anhaltspunkt erwiesen. Die Nennung des Tempels in 56,5.7; 60,7.13; 62,9; 64,10; 66,1.6.21 bildet allerdings nur scheinbar eine breite und sichere Basis für den Historiker. Die einzelnen Belege lassen sich kaum auf einen Nenner bringen: Die Konsequenzen der terminologischen Unterschiede zwischen בית תפלה, בית תפארתי, היכל, בית קדשנו und בית יהוה sind z.T. schwer zu eruieren. Noch schwieriger ist eine sachgerechte und kohärente Erklärung für das Verhältnis zwischen den verschiedenen Stellen: In 56,5.7; 60,7; 62,9 und 66,6.21 wird der Tempel vorausgesetzt; in 64,10 erscheint er als zerstört, und in 66,1 ist er noch nicht gebaut worden.[2] Oft haben die Exegeten ihre literarkritischen Entscheidungen auf diese Tempelbelege zugeschnitten, was methodisch nicht unbedenklich ist. Meine Hypothese gehört zu den Ansätzen, die die Zuverlässigkeit der Tempelerwähnungen wesentlich relativieren. Zwar spiegelt die Volksklage in 64,10 sicher ein geschichtliches Ereignis wider, von Jes 66 jedoch lässt sich dies nicht mehr behaupten. Diese Vision – wurde hier argumentiert – wird weitgehend durch die Logik einer Vision der Endzeit und des dazuführenden Endgerichts regiert. Der Tempel ist dort kein neutraler Hintergrund

---

[1] SEHMSDORF, 559.

[2] Eine Übersicht der in der Forschung vorgeschlagenen Lösungen bietet z.B. PAURITSCH, 20–24. In diesem Zusammenhang stellt er (21) fest: „Man hat es ständig neu versucht und ist daran gescheitert, dass man die Andeutungen [des Tempels und der Mauern] überbewertete und etwa für Raum und Zeit, wo die angeprangerten Götzenkulte aktuell waren, eine zu kleine Spanne berechnete.". Dieser Meinung stimme ich zu, mit dem Vorbehalt, dass eine religionsgeschichtliche Untersuchung keine festen Daten liefern kann. Dennoch konvergieren die bisher gesammelten Indizien aus Jes 65 in der hellenistischen Epoche. Vgl. oben S. 92.

der geschichtlichen Ereignisse, sondern ein theologisches Traktandum. In einer mit Zitaten durchwobenen Sprache werden Urteile gefällt, die in erster Linie das Kultpersonal betreffen. Anhand von Jes 66,1 auf ein Stadium der Geschichte zu schließen, welches vor dem Tempelbau liegt, scheint mir fragwürdig.[3] Ähnliches lässt sich in Bezug auf 56,7 sagen. Inwieweit diese Stelle die Existenz eines Bethauses bezeugt (Synagoge?) oder in literarischer Auseinandersetzung mit den Visionen von Jes 60–62 und 66 postuliert, lässt sich schwer sagen. Man sei in diesem Zusammenhang auf die wortspielartige Ableitung von בית תפלתי (56,7) aus בית תפארתי (60,7; s.o. 142) erinnert. Angesichts der angedeuteten Vieldeutigkeit der Tempelbelege und der bereits ausführlichen Behandlungen des Themas wird hier von einer systematischen Verfolgung dieser Spur abgesehen.

Ein zweiter Weg zur Verankerung von TrJes in der Zeitgeschichte führt über den Vergleich mit anderen, „besser datierbaren" biblischen Überlieferungen. Im Zusammenhang mit TrJes rücken immer wieder PrJes, DtSach und Esr/Neh ins Blickfeld.

> Sach 7–8 ist relevant für die Fastenfrage, was diesen Text mit Jes 58* verbindet. Beide Texte zielen auf die Relativierung des Fastens, und beide stellen dieser Frömmigkeitsform Werke der Gerechtigkeit entgegen. Das Wichtigste vom chronologischen Gesichtspunkt aus ist, dass in beiden Texten ein Bezug zum Wiederaufbau enthalten ist (vgl. Jes 58,12; in Sach 7 implizit durch die Erwähnung des 5.Monats und der 70 Jahre). Jes 58* spricht eine Gruppe an, die sich vom Fasten viel verspricht, vermutlich die Wiederherstellung der Pracht Jerusalems und des Tempels. In Sach 7f. tritt der Prophet dem Zweifel über den Sinn der Fortsetzung des Fastens entgegen. Dies wird auch durch die prophetische Antwort in Sach 8,18 bestätigt.
>
> Die auffallenden Ähnlichkeiten zwischen dem Ende von DtSach und dem von TrJes wurden oft beobachtet: Die Verbindung eines Völkerzugs nach Jerusalem zur Anbetung Jhwhs mit der Ausweitung des Heiligkeitsbegriffs ist als die wichtigste Parallele zu nennen.[4]

Auch hier liegen ausführliche Untersuchungen und Übersichten der Forschungsgeschichte vor. Hanson hat einen programmatischen Zusammenhang von Sach 9–14 und Jes 56–66 postuliert und auf dem Hintergrund einer aufkeimenden apokalyptischen Bewegung zu erklären versucht.[5] Steck verbindet TrJes und DtSach im Rahmen einer umfassenden Theorie zur „Vorgeschichte des Kanons".[6] Diesen hochinteressanten buchüberschreitenden Zusammenhängen nachzugehen, liegt jedoch nicht im Rahmen der vorliegenden Arbeit. Durch die von Steck am Schluss des Bandes gebotene Übersicht der redaktionellen Stufen kann mit einem Blick festgestellt werden, dass die Entwicklung, von welcher unsere Arbeit redet, im Rahmen von Stecks Hypothese als ganze in der helleni-

---

[3] HANSON hält diese Stelle für den einzigen datierbaren Punkt von TrJes. Der Rest wird im Sinne einer relativen Chronologie ausgearbeitet, 173.

[4] Vgl. BOSSHARD, 31.

[5] HANSON, 27, 280ff.

[6] STECK, Abschluss, 196 (Übersicht).

stischen Zeit stattgefunden hätte. Nach Steck stammt nur Jes 60–62 im wesentlichen aus der Perserzeit,[7] der Teil, der hier nicht für sich untersucht worden ist,
weil er nur als Bezugspunkt für eine interpretatorische Auseinandersetzung der
Verfasser von TrJes* betrachtet wird. In Bezug auf Jes 56,1–8 müssen, wenn man
Steck zustimmt, die vielen auffallenden Sach- und Wortverbindungen zu
Esr/Neh als zufällig abgetan oder als ein Bezug aus zeitlicher Entfernung verstanden werden. Die Bezugnahme auf eine Schrift, deren Inhalt nicht akzeptiert
wird, erklärt sich für Steck so, „dass die Tritojesaja-Aussagen hier literarisch, aber
sachlich kritisch auf die Darstellung in Esr/Neh für die eigene, spätere Situation
zurückgreifen, und zwar vom Standort einer Bindung an (schrift)prophetische
Jahweautorität aus".[8] Muss demnach von einem geschichtlichen Zusammenhang
zwischen den Separationsaussagen in Esr und Neh und ihrem Gegenstück in
TrJes Abschied genommen werden? An einen solchen Zusammenhang hat ein
großer Teil der Forscher seit Duhm geglaubt, obwohl die Abhängigkeit verschieden bestimmt wurde. Während für die einen TrJes eine Reaktion auf die
Vorgänge zur Zeit Esras und Nehemias darstellte,[9] war es für die anderen umgekehrt.[10] Wer Esr/Neh von TrJes nicht zeitlich trennte, sah diese Gestalten als
Vertreter zweier feindlicher Lager an, die sich in der Frage der Zulassung zur
Volksgemeinde und folglich in der Frage der Auffassung des Gottesvolkes gegenseitig bekämpften.[11] Diesen Konsens hat Blenkinsopp durch das Postulat der
historischen Identität zwischen den חרדים in Jes 66,1–5 und Esr 9,4; 10,3 her-
ausgefordert. Schramm machte die Beobachtung Blenkinsopps zum Schwer-
punkt seiner Dissertation. Eine geschichtliche Verbindung zwischen Esr/Neh
und TrJes wird durch Schramm neu artikuliert. Nach ihm sollen TrJes und
Esr/Neh nur verschiedene Ausdrücke der gleichen theologischen Ansichten sein
– auch in Bezug auf das Gottesvolk. Auf diese These und die von Schramm neu
aufgeworfene Frage der Verbindung von TrJes und Esr/Neh muss hier, wenn
auch kurz und nur ansatzweise, eingegangen werden. Eine sachgerechte Auseinandersetzung mit der Frage nach dem Verhältnis zwischen TrJes und Esr/Neh
würde – wie Schramm es augenscheinlich macht – den Umfang einer ganzen
Dissertation beanspruchen.

---

7 Ausgenommen Ergänzungen aus der hellenistischen Epoche.
8 Studien, 247.
9 Z.B. DONNER, FISHBANE.
10 DUHM, CHEYNE, LITTMANN u.a. haben TrJes kurz vor Nehemia angesetzt; viele andere haben auch nur einzelne Teile von TrJes in diese Zeit datiert. Nach SCHRAMM stammt TrJes sicher
aus der Zeit „vor Esra und Nehemia", die denkbare Zeitspanne erstrecke sich aber von 538 bis ca.
400 vor Chr. (vgl. SCHRAMM, 52 und 115).
11 DUHM nimmt keine grundsätzliche Opposition zwischen Tritojesaja und Esra an, abgesehen davon, dass TrJes eine Ausnahme für eine Kategorie der Fremden fordert, 392.

A. TrJes und Esr/Neh

Für die These, dass TrJes in derselben Traditionslinie wie Esr/Neh steht, hat Schramm einige beachtenswerte Argumente gesammelt. Der wichtigste Text, der ihm erlaubt, zwischen den zwei Schriften eine Brücke zu schlagen, ist Esr 6,21. Im Kontext des Pesachfestes, das Esra nach der Einweihung des Tempels gefeiert hat, nehmen neben den Heimkehrern (בני ישראל השבים מהגולה) noch andere Menschen am Festmahl teil, nämlich jene, die sich von der Unreinheit des „Landesvolkes" abgesondert haben (וכל הנבדל מטמאת גוי הארץ אלהם לדרש ליהוה אלהי ישראל). Dies – zusammen mit der Tatsache, dass die Mitglieder der *Gola* ihren Status durch Mischehen verlieren konnten – führt Schramm zum Schluss, dass die Gemeinde der בני הגולה nicht auf einer ethnischen Unterscheidung beruhe, sondern von der „religious affiliation" abhängig sei (61). Obschon dieser Schluss durch eine Anmerkung abgeschwächt wird,[12] kann Schramm behaupten, dass die Gemeinschaft der Heimkehrer im Grunde aus denen bestand, die Esras Tora angenommen hatten. Damit ist die Verbindungslinie zu Jes 56,1–8 bereits nahegelegt:

> Contrary to almost everything written on the subject, the position of Ezra and Nehemiah is echoed in the roughly contemporary text Isa 56.1–8, a text which is usually described as ‚universalistic‘ because it grants access to the temple to both the ‚foreigner‘ (בן הנכר) and the ‚eunuch‘ (הסריס). It is consistently overlooked, however, that it is not foreigners and eunuchs as such who are granted access to the temple, but only those foreigners and eunuchs ‚who have joined themselves to YHWH‘ (הנלוים אל/על יהוה). Isa. 56.1–8, like Ezra and Nehemiah, sets up criteria by which a foreigner may be allowed to participate in the cult. This, however, is something different from ‚universalism‘ (62).

Hätte Schramm betont, dass die Klage der Fremden die Zugehörigkeit zum Volk und nicht die Beteiligung am Kult thematisiert, wäre die Analogie zwischen den zwei Fällen vielleicht noch deutlicher geworden. Die Behauptung, dass Jes 56,1–8 Aufnahmebedingungen vorlegt, ist zwar problematisch, eine unzulässige Interpretation dieses Textes ist es aber nicht. Dem Vorbehalt bezüglich der Bezeichnung „universalistisch" kann hier, wenn auch aus einem anderen Grund, nur zugestimmt werden.

Weiter verweist Schramm in Bezug auf 56,1–8 und Kap. 58 auf die Hochschätzung des Sabbats als einer Verbindung zu Neh 9,12–15, wobei die gemeinsame Charakteristik als „similarly exalted status" beschrieben wird, was nur solange unbestreitbar ist, als die Formulierung so vage bleibt. Schramms Präzisierungen sind dagegen problematisch: Er postuliert, die „Bedingung" der Sabbatobservanz in Jes 56,1–8 sei mit dem Pentateuch konform, was leicht anfechtbar ist, zumal weder Lev 19,30, par. 26,2 noch Gen 17 (wo es um den Beschneidungsbund geht) mit Jes 56,5f. gleichbedeutend ist. Die Voraussetzung für eine

---

12 In Anm. 1, S. 61 heißt es: „The question of religious affiliation in Ezra and Nehemiah is intimately linked with genealogy and family affiliation".

Übereinstimmung der „Aufnahmebedingungen" wäre ein traditionsgeschichtlicher Kontakt zwischen dem Begriff ברית in Jes 56,4.6. und תורה in Esr/Neh, der zwar unter Berufung auf Westermann von Schramm suggeriert wird,[13] aber in der Sache unfundiert bleibt.

Zwar ist Esras Tora für Schramm nicht mit dem Pentateuch identisch, aber „undoubtedly very close to it".[14] Darum zielen weitere Argumente Schramms zum Verhältnis von TrJes und Esr/Neh darauf ab, eine Übereinstimmung zwischen TrJes und dem Pentateuch oder auch anderen Propheten, bes. Ez, nachzuweisen. Auf diese Argumente brauchen wir hier nicht einzugehen, zumal auch widersprüchliche Stellen sich in der kanonischen Perspektive miteinander versöhnen lassen.[15] Dabei widerspricht dem Pentateuch nicht nur TrJes,[16] sondern auch Esr an einer Stelle, die von Schramm nicht übersehen, sondern euphemistisch als „rigorist interpretation of Deut. 7.1–6" subsumiert wird.[17]

Zu weiteren Gemeinsamkeiten zwischen TrJes und Esr/Neh wird noch die Analyse von Rofé herangezogen, laut welcher die Ideale von TrJes durch Nehemia in die Tat umgesetzt worden sind. Jes 58 betont den Wert der Solidarität mit den armen Volksgenossen, und Neh 5,8 verpflichtet zum Loskaufen der versklavten Mitbrüder. Auch der Wiederaufbau Jerusalems soll mit Nehemia nicht mehr ein Traum bleiben: „the dreams of rebuilding Zion became with him a realistic plan for building the walls of Jerusalem."[18]

Auch diese Elemente reichen nicht aus, um zwischen TrJes und Esr/Neh eine Entwicklungslinie zu sehen, außer im weitesten Sinn. Alles in allem kann m.E. an Verbindendem zwischen der Theologie von TrJes und der von Esr/Neh von den Argumenten Schramms nur folgendes akzeptiert werden: Die Bezeichnung חרדים mit der Hervorhebung des Hörens auf das Wort (in Jes 66,2.5. und Esr 9,4; 10,3) und die Hochschätzung des Sabbats. Die Auffassung des Gottesvolkes, nach der die Zugehörigkeit eine Sache von „religious affiliation" ist, kann – sofern man Esr/Neh als ein im wesentlichen einheitliches Werk betrachtet – nur unter Ausschaltung gewichtiger Gesichtspunkte als eine Gemeinsamkeit gelten. Zu den wichtigsten Unterschieden zwischen TrJes und Esr/Neh zählen: die Rolle der Genealogie in Esr/Neh besonders in Bezug auf die Priester (vgl. Esr 2,59–62; Neh 7,61), das Konzept von זרע הקדש (Esr 9,2), die Hochschätzung des Fastens (z.B. Esr 10,6 Neh 9,1ff.), die Meidung der Bezeichnung „Israel" in TrJes gegenüber den 62 Belegen in Esr/Neh, davon 8-mal in der Wendung כל־ישראל.[19]

---

[13] SCHRAMM, 119.

[14] SCHRAMM, 169.

[15] SCHRAMMS Annäherungen an den Ansatz von CHILDS sind nicht zufällig, sondern hängen mit der gewählten Methode zusammen, vgl. SCHRAMM, 40ff.

[16] In Bezug auf Dtn 23,2–9 geht SCHRAMM in Jes 56,1–8 von einer Annullierung aus, 124.

[17] SCHRAMM, 123. Zur Frage der Widersprüche zwischen Esr/Neh vgl. NODET, Essai, 254. 271f.

[18] ROFÉ, Isaiah 66:1–4, 216f.; SCHRAMM, 169.

[19] Esr 6,17; 8,25.35; 10,5; Neh 7,72; 12,47; 13,26.

Eine Traditionslinie zwischen TrJes und Esr/Neh zu sehen, ist nach der Studie Schramms nicht viel weniger problematisch als vorher. Es wäre dennoch verfrüht, all die begrifflichen und sachlichen Verbindungen für nichtig zu erklären oder als literarische Rückbezüge auf Esr/Neh zu verstehen. Zu den von Schramm u.a. diskutierten Bezügen zwischen Esr/Neh und TrJes können aufgrund einer literarkritischen Betrachtung von Esr/Neh noch weitere gezählt werden. Die Untersuchung É. Nodets hebt Züge einiger Teile von Esr/Neh hervor, die bei der Analyse dieses Doppelbuches als einer Einheit nicht zutage treten. Von seinem Befund ausgehend müsste das Verhältnis zwischen Esr/Neh und TrJes neu überlegt werden. Laut Nodet finden sich in Esr/Neh zwei einander fremde Systeme vereinigt. Eines davon zeigt wenig Interesse am Kult und am Tempel. Die Natur des zweiten Laubhüttenfestes (Neh 8ff.), das in Konkurrenz zum ersten (Esr 3) stehe, wird von Nodet folgendermaßen charakterisiert: „[...] la célébration de la Loi remplace le culte, aboutit à la formation d'une nouvelle communauté, définie par un engagement contractuel, et non plus par une dignité généalogique."[20] Nodet macht auch auf Spuren einer Auseinandersetzung mit dem Erbe Davids und Salomos aufmerksam,[21] und die Wiederbevölkerung Jerusalems ist für Nehemia ein brennendes Thema. All diese Themen beschäftigen auch die Verfasser von TrJes. Das neue Gemeindeverständnis innerhalb von Esr/Neh ist wahrscheinlich dem von Jes 56,1–8 nicht gleichzusetzen, aber die Analogie ist unbestreitbar. Zweifellos können weitere Untersuchungen zum Verhältnis zwischen TrJes und Esr/Neh von der Schichtung des letzteren nicht absehen.

Sowohl die These Schramms (wenngleich in Sachen Chronologie sehr zurückhaltend) als auch das chronologische Konzept Stecks basieren auf einer Annahme, die m.E. nicht mehr selbstverständlich ist, nämlich der Datierung von Esr/Neh ins fünfte Jh. vor Chr. Schramm hat aus dem Postulat Blenkinsopps, in den חרדים von Jes 66 und Esr geschichtlich die gleiche Gruppe zu sehen, seine These herausgearbeitet. Schramm unterlässt es aber, auf eine im gleichen Aufsatz gemachte Beobachtung Blenkinsopps einzugehen: „... Ezra's support group anticipates certain features of the milieu in which *Daniel* circulated during the Seleucid epoch: mourning, fasting, penitential prayer and intense concern for the law."[22] Zwar zieht der Autor selbst aus dieser Beobachtung keine chronologischen Konsequenzen; es mehren sich jedoch präzise Studien, welche die Datierung von Esr/Neh aufgrund der in diesen Büchern vorgefundenen Zeitangaben so grundsätzlich in Frage stellen und dazu so gewichtige Argumente anführen, dass m.E. „the burden of proof "[23] bereits bei den Befürwortern der Historizität

---

[20] Essai, 256.

[21] Essai, 268.

[22] BLENKINSOPP, 8f.

[23] Ausdruck von M. SMITH, 121, der die Last des Beweises auf der Seite der Gegner der Historizität sieht, weil es sich seines Erachtens bei Esr/Neh um „an apparently historical document"

von Esr/Neh liegen muss. Die Selbstverständlichkeit, mit welcher Schramm Esr/Neh in die Mitte des 5. Jh. datiert, ist m.E. nicht mehr vertretbar.

Wenn sich der Konsens der biblischen Forschung zur Kernhistorizität von Esr/Neh und deren Ansetzung in 5. Jh. trotz der Argumente solcher Forscher wie H. Graetz, Th. Nöldeke, E. Kautzsch, C.C. Torrey, G. Hölscher u.a. zu etablieren vermochte, beginnt er nun, nach Jahrzehnten, wieder zu bröckeln. Die Resultate der unabhängig voneinander geführten Untersuchungen von Lebram[24], Garbini[25] und Nodet[26] zu Fragen rund um Esr/Neh weisen im einzelnen viele Unterschiede auf, aber sie konvergieren in der Feststellung, dass die beschriebenen Vorgänge und die Anordnung des Materials in Esr/Neh auf dem Hintergrund der Hasmonäer- und Nachhasmonäerzeit einen Sinn ergeben.[27] Ohne die Argumentation dieser Forscher hier verfolgen zu können, müssen deren Ergebnisse für die zeitliche Einordnung von TrJes mindestens soweit berücksichtigt werden, dass die Querverbindungen zwischen TrJes und Esr/Neh nicht mit Selbstverständlichkeit für eine Ansetzung beider im 5. Jh. gebraucht werden, und dass bei einer Spätdatierung von TrJes nicht zwingend von Rückbezügen ausgegangen werden muss.

Im weiteren Zusammenhang mit den Erkenntnissen der neuen Esr/Neh-Forschung und im Anschluss an die oben vorgelegte Hypothese zur „politischen Dimension von Jes 56,1–8" sind geschichtliche Voraussetzungen und Konsequenzen dieser bis jetzt rein literarisch begründeten Hypothese zu prüfen. Wenn die Frage nach dem Schicksal der Daviddynastie nicht nur in Jes 39,7 und 55,3, sondern auch in 56,1–8 anklingt, ist für diesen letzten Text das Verschwinden der Davididen aus der Geschichtsszene ein wichtiges Datum. Wie gut sind wir über den Untergang dieser Dynastie informiert? Zur Bestimmung dieses Zeitpunkts können nicht nur die *historischen Tatsachen,* sondern auch ihre *literarischen Auswirkungen* herangezogen werden. Dies erfordert, dass die historische Frage bezüglich der Nachfolger Davids nach dem Exil von der Frage nach dem Niederschlag eines (positiven oder negativen) Interesses für die Davididen getrennt wird. Wir wenden uns zunächst der literarischen Seite dieses Problems zu.

---

handelt. Smith führt die Widersprüche von Esr/Neh auf „editor's arrangement" zurück, ohne Gründe für diese literarische Anordnung eruieren zu können.

[24] LEBRAM, Die Traditionsgeschichte der Esragestalt.

[25] GARBINI, 208ff.

[26] Essai, 20–26; 248–281.

[27] LEBRAM, 125ff.; GARBINI, 220ff. (hier wird im Zusammenhang mit der Hasmonäergeschichte 1.Esr analysiert, laut GARBINI die älteste Form der Esratradition); NODET, Essai, 248–281.

B. TrJes und die Davididen

Die Analyse von Jes 56,1–8 hat zum Schluss geführt, dass sich dort politische und theologisch-eschatologische Dimensionen gegenseitig durchdringen. Als wahrscheinlich erscheint das Anliegen, die Verheißungen an David so zu deuten, dass die davidische Abstammung nicht mehr das wichtigste Kriterium für die Machtausübung in Jerusalem ist. Wenn dies zutrifft, stellt sich die Frage nach dem geschichtlichen Moment, in welchem dieses Anliegen aktuell geworden sein konnte. Lassen sich die beschriebenen Verhältnisse, in ihrem politischen, sozialen und religiösen Aspekt, in den aus anderen Quellen bekannten Gegebenheiten historisch verankern? Dieser Frage wollen wir uns zum Abschluss dieser Untersuchung zuwenden.

Da in 56,1–8 Hinweise auf eine bewusste Distanzierung von der dynastischen Kontinuität vorliegen, sind zum Vergleich Schriften heranzuziehen, die zur Frage nach dem davidischen Machtanspruch Stellung nehmen. So können eventuelle chronologische Querverbindungen aufgedeckt werden. Die davidische Abstammung spielt nach dem Exil eine entscheidende politische Rolle bei Ez 40–48, Hag und Sach. Von DtJes hingegen wird sie heruntergespielt, und sie erweist sich als höchst problematisch für die Verfasserschaft von Esr/Neh. Für den Chronisten haben die Davididen nur bis zum Exil eine politische Rolle gespielt, und die Ersteller des 𝔐 der Chr haben sich darum bemüht, die Rolle der nachexilischen Davididen weiter herabzusetzen und zu verdunkeln. Steht die trjes Relativierung des dynastischen Denkens mit den Anliegen der hier genannten Schriften in Verbindung?

1. Die Davididen in anderen Schriften

1) Ez 40–48
Im Laufe dieser Untersuchung wurde häufig auf Probleme verwiesen, die in TrJes eine radikal andere Lösung gefunden haben als bei Ez. So ist Jes 56,5a als Widerspruch zu Ez 43,7 zu verstehen in der Frage nach den Stelen im Tempelbereich. Auch die Präsenz der Fremden im Tempel wird von Jes 56,7aα völlig anders beurteilt als es Ez 44,7f. tut. Ein starker Kontrast besteht ebenfalls zwischen dem Tempelverständnis von Jes 66,1–2 und dem von Ez 47,3. Und schließlich scheint auch die Lösung der Frage nach der Übertragung der Heiligkeit durch die Priester in Ez 44,19; 42,14; 46,20 durch Jes 65,5 in Frage gestellt zu werden. Nun fügt sich noch ein weiterer Punkt, das Verhältnis zu den Davididen, in das Bild dieser polemischen Spannung zwischen beiden Schriften ein.

Das Buch Ez sieht für die Davididen wichtige Aufgaben vor. Zwei Stellen, Ez 34,23f. und 37,24f., kündigen einen Davididen an als den guten Hirten für eine glückliche Zukunft im eigenen Land. An beiden Stellen wird dieser Hirte einfach דויד genannt, nicht etwa Sohn Davids oder ähnlich. Er trägt in beiden Texten neben dem Titel „Hirte" (רועה) auch den des „Knechtes" Gottes (עבדי) und des Fürsten (נשיא). In 37,24 wird diese Person zusätzlich als „König" (מלך) bezeichnet. Dadurch werden in einem gewissen Maß diese Termini einander gleichgesetzt. Dass sich die Bedeutung von נשיא der von מלך annähern kann, wird für die persische Epoche auch von außerbiblischen Quellen belegt. P. Sacchi hat gezeigt, dass der Titel מלך im Achämenidenimperium für den Großkönig reserviert war, der Titel נשיא aber für die Vasallenkönige gebraucht wurde, wobei auch der eigene „Fürst" von der lokalen Bevölkerung mit dem Titel מלך benannt werden konnte.[28]

Noch wichtiger ist von unserem Gesichtspunkt aus die implizite Gleichsetzung des „Fürsten" und „David". Sie spricht für die Annahme, dass der נשיא, der im Teil Ez 40–48 18-mal genannt wird, eben ein Davidide sein muss. Im Entwurf eines neuen Tempels und eines Tempelstaates, dem Thema von Ez 40–48, wird immer wieder dafür gesorgt, dass der Fürst eine besondere Rolle erhält. Seine Ehrenrolle wird bei den Opfern und anderen Kulthandlungen betont (44,3; 45,16.22; 46,2.4.8.12), sein Eigentum ihm zugesichert (45,7) und die Erbschaft so geregelt, dass das Fürstengeschlecht nicht zu kurz kommt (46,16f.; 48,21f.), aber auch die Rechte des Volkes nicht missbraucht werden (46,18).

Die nähere Betrachtung der dem Davididen eingeräumten Rolle bei Ez erfordert eine differenzierte Einschätzung. Dieser ist in Ez 40–48 kein idealer Zukunftskönig mit uneingeschränkter Macht. Sein Titel נשיא spiegelt seine untergeordnete Position im Verhältnis zu einem anderen Monarchen wider. Darüber hinaus ist seine Position im eigenem Land von der Macht der Priester abhängig. Er erhält eine Ehrenrolle und hat eine symbolische Bedeutung, aber seine Macht ist wahrscheinlich sehr beschränkt. Diese Sicht der Rolle der Nachkommen Davids hebt sich zwar vom Schweigen des TrJes zu diesem Thema ab, aber aus Ez lässt sich bereits die Dekadenz der davidischen Dynastie herauslesen – worüber auch die dem Fürsten zugestandenen prächtigen Rituale nicht hinweg täuschen können. So gelesen stimmen Ez 40–48 und TrJes in einem Punkt überein: beide Texte zeugen von der abnehmenden Wichtigkeit der davidischen Dynastie. Hinzu kommt, dass sich Ez 40–48 und TrJes eine neue Ordnung für das Priestertum wünschen, auch wenn sie diesbezüglich zu radikal verschiedenen Schlüssen kommen. Ob Ez* und TrJes* zwei verschiedene Reaktionen auf die gleiche politische Situation widerspiegeln, oder ob es Stellungnahmen sind, die unterschiedliche historische Hintergründe haben, ist dennoch schwer zu beurteilen. Die in dieser Arbeit hervorgehobenen Bezugnahmen von TrJes auf Ez (v.a. auf Kap. 40–48) sprechen für ein späteres Datum von TrJes, und so suggerieren sie auch eine neue politische Situation.

---

[28] SACCHI, 140f.

2) Haggai und Sacharja

In diesen prophetischen Büchern kommt die Hoffnung auf eine davidische Kontinuität im postexilischen Israel am stärksten zum Ausdruck. Es ist deutlich, dass Haggai Serubbabel die Königswürde zuspricht und dass diese Ehre nicht per Zufall einem Davididen zukommt. Die Aussage Hag 2,23, der Schlussakkord des Buches, ist eine bewusste Aufhebung des Eidfluches, der durch das Wort Jer 22,24 auf der Dynastie lastete.[29] Wichtig für den Vergleich mit TrJes ist, dass Hag zwei Ereignissen eine Schlüsselbedeutung zumisst: der Wiederherstellung des Königshauses Davids und der Neugründung des Tempels. Beide Ereignisse werden in einem Theophanie-Szenario dargestellt und mit ähnlichen Worten eingeführt (vgl. 2,6 und 2,21). Gerade diese zwei Punkte, an welchen alle Hoffnungen Haggais hängen, werden in TrJes zu Hauptproblemen: Die Konflikte in TrJes haben sich an der dynastischen Frage und der des Tempelkults bzw. des Tempelpersonals entzündet.

Die Dualität von Königshaus und Tempel wird in einer veränderten Form von Sach weitergeführt. Sie entwickelt sich hier zu einem Entwurf der Dyarchie[30] mit zwei gesalbten Machthabern: dem davidischen König und dem (zadokidischen? vgl. 1.Chr 5,40f.) Hohenpriester. Auch wenn sich in Sach zwei Auserwählte die Privilegien teilen müssen, wird die Hoffnung auf eine Erneuerung der davidischen Dynastie keineswegs aufgegeben. Zu vermuten ist eher, dass der Verfasser trotz auftauchender Schwierigkeiten und vor allem trotz der wachsenden Macht der Priesterschaft an dieser Hoffnung festhält und dass deshalb die Kompromisslösung mit zwei Gesalbten vorgelegt wird. Auch hier ist deutlich, dass Sach mit der Akzeptanz einer doppelten Macht ein Antipode zu TrJes ist.

Der zweite Teil von Sach weist mehrere thematische Ähnlichkeiten mit TrJes auf: Sieg über die Feinde Zions (Kap. 9–10); gegen die schlechten Hirten des Volkes (Kap. 11); Läuterungsgericht (13,7–9). Besonders auffallend sind die Motive, die Sach 14 mit TrJes teilt: das Glück Jerusalems nach der (immer noch ausstehenden) Erlösung mit dem apokalyptischen Bild des ewigen Tages (14,7); das Verderben der Feinde (14,12), die Pilgerreise der Übriggebliebenen aus den Völkern, um Jhwh anzubeten (14,16ff.) und eine Neudefinierung der Grenzen zwischen „heilig" und „profan" (14,20f.). Es ist nicht zu übersehen, dass erst in Kap. 14 der dynastische Gedanke verschwindet. Was die Sieges- und Friedensvision in Sach 9–10 von der in TrJes unterscheidet, ist vor allem die Tatsache, dass sie in Sach auf eine Königsgestalt fixiert ist (9,9; 10,4) und dass der Primat des Stammes Juda und des Hauses David unangetastet bleibt (10,6). In Sach 12f. steht die davidische Dynastie ganz im Zentrum. Die Redewendung „das Haus David und die Bewohner Jerusalems" (12,7.8.10; 13,1) zeigt dies mit aller Deutlichkeit. Diese Idealisierung der Zwei-Stufen-Gesellschaft (aus Davididen

---

[29] Dazu SEYBOLD, Königserwartungen, 72.

[30] Ausdruck K. SEYBOLDS, Königserwartungen, 75.

und Nicht-Davididen) erreicht in 12,8 ein himmlisches Ausmaß. Obwohl in V. 10ff. ein tragischer Verlust thematisiert wird, bedeutet in den Augen des Autors der Tod dieses Davididen, wie 13,1 beweist, nicht das Ende der Dynastie.[31]

Von diesem Hintergrund hebt sich Sach 14 augenfällig ab. Der einzige König ist hier Jhwh selbst, und die Priester haben keine Rolle mehr: Alle Töpfe in Jerusalem (nicht nur die im Tempel) werden dem Herrn heilig sein. Die Übriggebliebenen aus den Völkern sollen nach Jerusalem heraufziehen für das Laubhüttenfest; ob sie dabei Opfer darbringen, ist offen gelassen. Eines ist jedoch klar: Damit werden die Grenzen des Gottesvolkes gesprengt. Eine Parallele zu TrJes ist bei Sach 14 offenkundig.

3) Deuterojesaja

Im Unterschied zu Hag und Sach einerseits und Ez andererseits zeigt DtJes nur wenig Interesse für das davidische Königtum, und die dynastischen Anliegen der alten Königsfamilie werden völlig ignoriert. Wie K. Seybold ausführlich gezeigt hat, kommen Elemente der Davidtradition in DtJes gehäuft nur in Jes 55,1–5 vor, sind aber auch in den Kyros- und Gottesknechtstexten vereinzelt zu finden.[32] Zudem ist Jes 55,3 die einzige Stelle, an der David explizit genannt wird. Das Gemeinsame aller Stellen, in welchen die Davidtradition ihre Spuren hinterlassen hat, ist eine sichtbare Umdeutung dieser Traditionen. Diese Umdeutung nimmt verschiedene Formen an, aber in jeder Form wird der Anspruch auf dynastische Kontinuität aufgegeben. Dies ist vor allem in den Kyrostexten deutlich: Kyros, der heidnische Herrscher, tritt in die Rechtsnachfolge Davids; er, und nicht ein Davidide, wird zum Beauftragten und zum Vasallen Jhwhs.[33] Aber auch aus 55,1–5 lässt sich nicht schließen, dass für die Davididen noch eine politische Rolle vorgesehen bleibt. Von bleibendem Wert sind der Bund mit Jhwh und die „zugesicherten Gnaden Davids", aber diese werden auf das Volk übertragen.[34] Die Nathanweissagung (2.Sam 7,11ff.) und die jesajanische Dynastieverheißung (Jes 7,1–17; 8,23–9,6; 11,1–9) sind vom theologischen Horizont des DtJes verschwunden.

---

[31] Es ist vielleicht nicht ohne Belang für das Verhältnis zu TrJes, dass der gewaltsame Tod des Davididen durch Sach 13,1–16 in den Zusammenhang mit einer unter Kritik geratenen Prophetenbewegung gebracht wird. Diese Propheten werden zwar nicht für den Tod des Davididen verantwortlich gemacht, aber ihnen wird geweissagt, dass sie von den eigenen Eltern „durchbohrt" werden. Dies erinnert an die Gestalt des „Durchbohrten" von Sach 12,10 und legt den Schluss nahe, dass die Propheten das Schicksal ihres Opfers, des Davididen, als Strafe teilen müssen. Wenn nun Sach 13 etwas von einer Prophetenbewegung weiß, die sich gegen die Davididen stellte, ist die Frage nach dem Verhältnis zu TrJes* berechtigt und sollte weiter verfolgt werden.

[32] SEYBOLD, Das davidische Königtum, 152–162.

[33] SEYBOLD, Das davidische Königtum, 156.

[34] Wenn man für diese Stelle von einem Zusammenhang mit Jes 48,29; 45,1 ausgeht, wird die Rolle Davids auf den persischen König Kyros übertragen, der, wie einmal David, zum Gebieter über die Nationen geworden ist.

Wenn die Kyrostexte auch wirklich aus der Kyroszeit stammen und den Stimmungsumbruch aus jenen Tagen widerspiegeln, bilden sie einen deutlichen und historisch lokalisierbaren Bezugspunkt, wobei es keineswegs selbstverständlich ist, dies anzunehmen.[35] Mit seinem Desinteresse der davidischen Dynastie gegenüber steht TrJes nahe bei Jes 40–55. Dennoch ist abzuklären, ob diese Ähnlichkeit eher auf eine literarische Anlehnung oder auf die historische Bedingtheit zurückzuführen ist. Es ist zu bemerken, dass TrJes keinen Hinweis auf einen eventuellen Konkurrenten zum Königsthron oder auf eine Alternative zum davidischen Amt liefert. In diesem Sinn unterscheidet er sich deutlich von den Kyrostexten in DtJes. Warum aber findet die Sache der nachexilischen Davididen bei TrJes kein Gehör? Unterstützt auch er den fernen „großen König"? Optiert er für einen nichtdavidischen Herrscher aus den eigenen Reihen? Ist er Anarchist und Träumer, mit der Sehnsucht nach einer Gemeinde, die von einem unmittelbaren Jhwh-Verhältnis lebt und von Jhwh allein regiert wird?

4) Esra-Nehemia

Einen Grenzstein im Verhältnis zur davidischen Dynastie bilden die Bücher Esra und Nehemia. In diesem Doppelbuch wird die davidische Abstammung der Volksführer als unerwünscht verstanden und systematisch ausradiert. Dies betrifft mit Serubbabel, welcher einzig mit dem Patronym, aber ohne Verweis auf seine Abstammung vorgestellt wird (Esr 3,2.8; 5,2; Neh 12,1). Aber auch Scheschbazzar (Esr 1,7–11; 5,14–16), sofern er mit Schenazzar von 1.Chr 3,18 identisch ist, ist ein Davidide, dessen Abstammung vertuscht wird. Im Fall Scheschbazzars wird sogar der Name des Vaters (Jojachin?) verschwiegen, was sonst in diesem Buch ungewöhnlich ist.[36] So erscheinen die zwei wichtigsten Persönlichkeiten vor der Zeit Nehemias seltsam uneingebunden: Scheschbazzar ohne Stamm-, bzw. Geschlechtszugehörigkeit und ohne Patronym; Serubbabel zwar mit Patronym, aber ohne Familienangabe und ohne einen offiziellen Titel. Dass all dies in einem Buch belegt ist, das auf Genealogien und Geschlechtsregister großen Wert legt, kann kaum ein Zufall sein.

In Esr/Neh ist das davidische Königtum eine Sache der Vergangenheit, und das Erbe Davids beschränkt sich auf kultische Anordnungen (Esr 3,10; 8,20; Neh

---

[35] Vgl. KRATZ, 184ff.

[36] Zur Abstammung Scheschbazzars von Jojachin vgl. JAPHET, Sheshbazzar and Zerubbabel, 95f. JAPHET verweist in diesem Zusammenhang auf die philologische Schwierigkeit, die Namen שנאצר und ששבצר auf einen gemeinsamen Nenner zu bringen und lässt die Frage ungelöst. Angesichts der schwerwiegenden Argumente für die davidische Abstammung von Scheschbazzar und für deren offensichtliche Verheimlichung im Fall von Serubbabel liegt m.E. die Möglichkeit einer bewussten Deformierung des Namens von Schenazzar durch Esra nahe. Wenn er die davidische Abstammung der ersten Statthalter vertuschen wollte, wäre der Name Schenazzar auch ohne die Zufügung „der Sohn Jojachins" ein zu deutlicher Hinweis in die unerwünschte Richtung [Ζοροβαβελ καὶ Σαναβασσάρῳ: aus 1.Esr 6,18]. Dazu auch GARBINI, 219. Die Form dieses Namens in Esr weicht von 1.Esr, Josephus und Qumran ab.

12,36.45f.) und auf die Stadt selbst, welche עיר דויד genannt wird (Neh 3,15; 12,37). Im übrigen ist die Abstammung von David kein Tabu, solange sie nicht als Privileg oder Machtanspruch erscheint (Esr 8,2; vgl. 1.Chr 3,22).

Was das „davidische Königshaus" in Esr/Neh betrifft, kann man nur der Schlussfolgerung von S. Japhet zustimmen: „The House of David, as the vehicle of aspirations to national unity and as the symbol par excellence of salvific hopes, has no place in this world view and therefore is conspicuously absent from the book."[37]

5) Chronik

Im Unterschied zu Esr/Neh ist David in 1.Chr die zentrale Figur. P. Abdie hat sich die Mühe genommen, die Verse zu zählen, welche in diesem Buch dem „oeuvre de David" gewidmet sind, und er kommt auf mehr als die Hälfte des Buches.[38] Dieses große Interesse für David wird mit dem frappanten Desinteresse an der Wiederherstellung der Machtposition der Davididen verbunden. Im Einklang mit Esr/Neh wird der dauerhafte Einfluss von David auf den Kultbereich beschränkt. In diesem Bereich ist seine Rolle überaus groß. Dass es noch Davididen während und nach dem Exil gibt, erfährt der Leser der Chronikbücher nur aus der Genealogie in 1.Chr 3. Denn anders als in 2.Kön bleiben die Privilegien Jojachins am babylonischen Hof unerwähnt, und das Buch endet mit dem Aufstieg von Kyros. Ganz deutlich wird dadurch ausgesagt, worin die jeweilige Hoffnung für die Zukunft besteht: für den Verfasser von 2.Kön in der Anerkennung der Davididen durch die fremde Macht, für 2.Chr in der Anerkennung Jerusalems durch die fremde Macht. Das zweite hat mit den Davididen nichts zu tun, denn den „salomonischen" Auftrag, dem Gott des Himmels ein Haus zu bauen, erhält Kyros (vgl. 1.Chr 28,19f.), nicht ein Sohn Davids.[39] Ähnlich wie DtJes und Esr/Neh sieht der Chronist für die Davididen keinen Platz auf der politischen Bühne vor. In diesem Sinn ist dieses Werk auch mit TrJes kompatibel. Aber der ins Auge stechende Unterschied zu TrJes ist die Verbundenheit des Chronisten mit dem Tempel.

6) Masoretischer Text

Auch bei der Erstellung des 𝔐 scheint eine antidavidische Bewegung am Werk gewesen zu sein. Dies ist vor allem am Vergleich zwischen Hag-LXX und Hag-𝔐 festzumachen. An fünf Stellen (1,1.12.14; 2,2.21) hat Hag-LXX die Bezeichnung Ζοροβαβελ ὁ τοῦ Σαλαθιηλ ἐκ φυλῆς Ιουδα, während in 𝔐 immer זרבבל בן שאלתיאל פחת יהודה steht (außer in 1,12, wo der letzte Teil gar nicht erscheint). Nicht nur die Ableitung von ἐκ φυλῆς aus ממשפחת kann für sich

---

[37] JAPHET, Sheshbazzar, 76.
[38] ABDIE, 141.
[39] Für eine Einschätzung der Intention der Juda-Genealogie und zur Übersicht über die diesbezügliche Forschung vgl. M. OEMING, 115f.

mehr Plausibilität beanspruchen als das Entstehen von φυλή aus פחה. Für den Vorrang der LXX-Lesart spricht auch das Zeugnis von 1.Esr 5,5, wo die Familienzugehörigkeit Serubbabels in vollständiger Form angegeben wird ... Ζοροβαβελ τοῦ Σαλαθιηλ ἐκ τοῦ οἴκου τοῦ Δαυιδ ἐκ τῆς γενεᾶς Φαρες, φυλῆς δὲ Ιουδα.[40] Der Sinn dieser Änderung liegt auf der Hand: während die Bezeichnung Serubbabels als „Statthalter von Juda" auf das vom persischen Machtzentrum erhaltene Amt verweist, deutet der Titel „aus dem Stamm Juda" messianische Würde an. Die Unterdrückung des letzteren erinnert an das klare Anliegen der Verfasser von Esr/Neh, die Davididen auszuschalten.

Als weiteres Indiz für die Tendenz der Redaktoren von 𝔐, die davidische Dynastie in die Vergangenheit zu verdrängen, können Unterschiede zu der LXX in 1.Chr 3 dienen. Nach 3,19 ist Serubbabel ein Großkind Jojachins. Anders aber als in allen anderen Zeugnissen ist er der Sohn Pedajas und nicht Schealtiels. Diese kleine Abweichung von den anderen Überlieferungen hat schwerwiegende Konsequenzen: Streng genommen figuriert der Statthalter Judas schlechthin nicht im Stammbaum, außer bei der gewagten Annahme, dass er durch das Levirat gleichzeitig der Sohn von Schealtiel und von Pedaja ist.[41] Sonst ist Serubbabel der Sohn Pedajas damit nicht mit Serubbabel, dem Sohn Schealtiels, identisch. Die LXX hat an dieser Stelle: καὶ υἱοὶ Σαλαθιηλ· Ζοροβαβελ ... Der Fehler des 𝔐-Schreibers ist schwer erklärbar, und die Annahme einer bewussten Abänderung liegt nahe. Fest steht, dass 𝔐 von 1.Chr Serubbabel, den Sohn Schealtiels, nicht kennen will und sich damit vermutlich von den dynastischen Anliegen der Davididen distanziert.

Folgerungen

Die besprochenen Textkorpora der nachexilischen Literatur weisen alle das unmissverständliche Bedürfnis auf, zur Frage nach dem Erbe des davidischen Königshauses Stellung zu nehmen. Im Zusammenhang mit den aufgezeigten Tendenzen muss TrJes situiert werden. Es ist nicht zu übersehen, dass einige zum Vergleich herangezogene Schriften bedeutsame Parallelen zu TrJes haben, auf welche man auch durch die Kommentare immer wieder hingewiesen wird. Die Tatsache, dass die nachexilischen Schriften sich mit dem dynastischen Erbe Davids so intensiv beschäftigen, rechtfertigt m.E. den Versuch, TrJes auf sein Verhältnis zu den Davididen zu befragen. Wenn die in dieser Arbeit vorgeschlagene Auslegung zutrifft, will TrJes den Abschied von den Davididen theologisch unterstützen. Der relevante Text (56,3–8) verrät, dass seine Verfasserschaft an einem Machtwechsel interessiert ist, gleichzeitig aber die dynastischen Anliegen der Davididen nicht frontal angreifen will. So ist mit der Möglichkeit zu rech-

---

[40] Weitere Argumente dafür, dass 𝔐 hier nicht den ursprünglichen Wortlaut tradiert, werden von P. BIANCHI, 158–160, angeführt.

[41] Bibliographische Hinweise zu dieser Sicht findet man in S. JAPHET, Sheshbazzar, 72, Anm. 15.

nen, dass diese Aussagen einer Situation entspringen, in welcher ein Machtwechsel aktuell ist. Die kryptische Sprache von 56,1–8 kann, wenn sie hier richtig entschlüsselt worden ist, vor allem in zeitlicher Nähe zu den fraglichen Ereignissen plausibel sein. So scheint es sinnvoll, die „politische Interpretation" von 56,1–8 im Zusammenhang der Beendigung der davidischen Herrschaft in Jerusalem zu sehen. Ob dieser Zusammenhang nicht nur theologisch, sondern auch historisch ist, müssen weitere Untersuchungen abklären.

> Die oben in Betracht gezogenen Schriften könnte man noch unter dem Aspekt der Kultthematik vergleichen. Bei TrJes geht die Ablehnung der Davididen Hand in Hand mit einer radikalen Kultkritik. Die Kultkritik ist dennoch an sich ein schlechter chronologischer Maßstab, denn sie meldet sich in verschiedenen Epochen zu Wort und schöpft dabei aus vorgegebenen Quellen. Aber in Verbindung mit der oben angeschnittenen Thematik der davidischen Nachfolge ist die Anwendung dieses Maßstabes nicht mehr ganz so aussichtslos. Dabei fällt auf, dass die Kultkritik und die Distanzierung von den Davididen weitgehend parallel laufen. Der Kult bzw. der Tempel und der jeweilige Davidide werden in Ez, Hag und Sach 1–8 glorifiziert. Der Standpunkt der Chr erinnert an Ez 40–48, weil bei beiden die Rolle Davids kultisch geprägt ist. Demgegenüber stehen DtJes, Esr/Neh und Sach 14 mit wenig Interesse am Tempel und ohne Interesse an der Wiederherstellung der davidischen Monarchie.

Die in diesem Kapitel in Betracht gezogenen Schriften gestatten keine festen Schlüsse hinsichtlich der Chronologie ihrer Entstehung bzw. der Entstehung ihrer Ansichten über die Zukunft der Davididen. Sie fordern aber, dass für den „ideologischen Abschied" von den Davididen mit einer beträchtlichen Zeitspanne gerechnet wird. Von Ez bis DtSach begegnet man Zeugnissen der Hoffnung auf die Wiedererrichtung der davidischen Monarchie. Und von der Entstehung der Kyrostexte des DtJes bis hin zur Festlegung des 𝔐 ist im Gegenzug immer wieder eine unmissverständliche Distanzierung und Abkehr von den Davididen feststellbar.

2. Geschichtliches zum Untergang der Davididen

Das Ende der Macht der Davididen ist seit der Veröffentlichung von „Bullae and Seals from a Post-Exilic Judean Archive"[42] durch N. Avigad Gegenstand neuer Diskussionen geworden. P. Sacchi hat die gängige Annahme, dass die Herrschaft der davidischen Monarchen durch das Exil, also im Jahr 587, beendet worden war, grundsätzlich kritisiert. In seinem Aufsatz von 1989[43] unternimmt Sacchi den Versuch, das Fortbestehen des Machtzentrums in Jerusalem mit einem Davididen an der Spitze einsichtig zu machen. Die Aufschiebung des Niedergangs der Davididen hat eine deutliche Konsequenz, welche Sacchi gleich am Anfang seiner Ausführungen bekundigt:

---

[42] AVIGAD, Bullae and Seals.
[43] SACCHI, L'Esilio.

Se il regno davidico finì nel 587, la sua fine fu provocata da una violenza esterna ad Israele e da questo subita; se il regno davidico finì intorno al 515, la sua fine, con tutte le consequenze ideologiche e sociali che comportò, fu dovuta a un movimento interno dell'ebraismo, che volle sbarazzarsi della monarchia. (S. 131).

Die Argumentation Sacchis, der das Ende der Monarchie erst nach dem Exil ansetzt, ist für die hier vertretene Hypothese insofern wichtig, als sie aufgrund von TrJes (56,1–8*) auf die Spur einer internen „antimonarchischen" bzw. „antidynastischen" Bewegung führt. Eine solche Bewegung konnte nur entstehen, wenn exilische und postexilische Davididen an der Macht waren oder an die Macht gelangen wollten. Sacchi hat gezeigt, dass die Existenz eines Vasallenkönigtums in Judäa kompatibel wäre mit der Organisation des neobabylonischen Imperiums.[44] In diesem Sinn lassen sich Berichte über die Freilassung des deportierten Königs Jojachin interpretieren (2.Kön 25,27–30). E. Zenger hat darauf aufmerksam gemacht, dass es sich möglicherweise bei dieser Stelle um eine Andeutung des Vasallenpaktes handelt, wodurch Jojachin die Würde eines der „Großen des Landes Akkad" und eines (Vasallen-)Königs (naśi') erlangt hätte.[45] Den königlichen Titel behielt Jojachin auch laut den babylonischen Quellen (Jaukinu).[46] Es besteht auch die Möglichkeit, dass das Königtum von Juda bis in die Achämenidenzeit hinein weiter gelebt hat. P. Bianchi[47] verweist in diesem Zusammenhang auf die Inschrift auf dem Kyroszylinder, die zwar als Ausdruck der imperialen Ideologie nicht für bare Münze genommen werden kann, dennoch aber bezeichnend ist für das persische „modèle dynastique" (Ausdruck von P. Briant[48]). Im Rahmen dieses Modells konnte das Königreich Juda nicht nur bestehen, sondern auch ein großes Maß an Autonomie genießen, so wie es in vielen Regionen des Achämenidenimperiums der Fall war.[49] Dass es auch in Juda tatsächlich so war, lässt sich nicht beweisen, aber die Spuren der Königsideologie bei Hag und Sach sprechen dafür, dass Serubbabel als König gegolten hat.[50] Die Erkenntnis, dass innerhalb des persischen Imperiums weitgehend autonome Könige regiert haben, bewegt viele Forscher dazu, die einst populäre Annahme der Eliminierung Serubbabels durch die zentrale Persermacht aufzugeben.[51] So gibt es auch keinen zwingenden Grund, vom gewaltsamen Tod Se-

---

[44] SACCHI, 140.

[45] ZENGER, Die deuteronomistische Interpretation. Zur Synonymität von melek und naśi' vgl. SACCHI, 140f.

[46] Vgl. WEIDNER, Jojachin König von Juda in babylonischen Keilschriften.

[47] BIANCHI, 156.

[48] BRIANT, Contrainte militaire, dépendance rurale et exploitation des territoires en Asie achéménide.

[49] BIANCHI, 156f.

[50] SEYBOLD, Königserwartungen, 70.

[51] Zu dieser Annahme: BENTZEN, Quelques remarques sur le mouvement messainique; WATERMAN, The Camouflagded Purge.

rubbabels zu reden.[52] Im Gegenteil bleibt die Möglichkeit offen, dass nicht nur Serubbabel, sondern auch weitere davidische Herrscher in der Achämenidenzeit amtiert haben. Für diese Möglichkeit werden verschiedene Argumente angeführt, u.a. die Papyri aus Elephantine und die Genealogie von 1.Chr 3,24 in LXX.[53] Die Kombination der archäologisch belegten Namen der Statthalter mit denen, die aus der Bibel bekannt sind, ergibt eine Liste, die sich sogar einiges über die Zeit Nehemias hinaus erstreckt.[54] Avigad kommt auf die Namen von acht Statthaltern von Jehud (Judäa) während der persischen Zeit, wovon er sieben als zweifellos jüdisch bezeichnet und in Bagohi (Elephantinepapyri) einen Juden mit fremdem Namen sieht:

1) Scheschbazzar „Statthalter (פחה)" Esra 5,14 (הנשׂיא ליהודה);
2) Serubbabel, Sohn Schealtiels, „Statthalter von Juda" (Hag 1,1.14).
3) Elnathan (Bulle und Siegel), spätes 6.Jh.
4) Yeho'ezer „Statthalter (phw') (Krugeinprägung), frühes 5.Jh.
5) Ahzai „Statthalter (phw') (Krugeinprägung), frühes 5.Jh.
6) Nehemiah (Neh 5,14; 12,26), 445–433.
7) Bagohi (Elephantine Papyrus 30.1), Jahr 408.
8) Yeḥezqiyah (Münzen), ca. 330.

Zwar ist die von Avigad vorgeschlagene Liste nicht als lückenlos zu verstehen, aber mit dem Statthalter namens Yeḥezqiyah (ca. 330 v. Chr.) erreicht sie das Ende der persischen Epoche. In diesem Zusammenhang stellt sich die für uns wichtige Frage, welche Statthalter aus dieser Zeit sich mit davidischer Abstammung ausweisen konnten. Wo der Bruch mit der dynastischen Besetzung dieses Amtes geschehen ist, muss man nach dem möglichen Zeitpunkt für Jes 56,1–8 suchen, weil Spuren der Abschiednahme von der davidischen Herrschaft und der Verarbeitung dieses Geschehens dort zu finden sind.

Einigkeit herrscht darüber, dass Nehemia kein Davidide war,[55] weil kein Hinweis auf eine solche Abstammung vorliegt. Darum versucht man kaum, in seinen Nachfolgern Davididen zu sehen. Lemaire, der das Konzept eines allmählichen Abschieds von den Davididen vertritt, geht weiter zurück, um den eigentlichen Bruch anzusetzen. Aus der Verbindung zwischen den Namen aus archäologischen Funden und denen aus der Genealogie in 1.Chr 3 gelangt er zur Hypothese, dass die Abweichung von der dynastischen Tradition bereits in der ersten Generation nach Serubbabel geschehen sei. Laut dieser Hypothese würde Schelomith von Siegel 14 (Avigad) mit der Tochter Serubbabels in 1.Chr 3,19 identisch sein. So wäre der Statthalter Elnathan (bekannt aus Avigad Nr. 5 und 14) nur Schwiegersohn von Serubbabel, also selber kein Davidide. Lemaire sieht in der Ernennung Elnathans den Anfang der Krise in Bezug auf die Nathanweis-

---

[52] Vgl. CARROLL, 166; F. BIANCHI, 162.
[53] BIANCHI, 163f.
[54] Liste erstellt durch N. AVIGAD, 35.
[55] LEMAIRE will sogar einen Teil der Schwierigkeiten Nehemias, seine Autorität in Jerusalem durchzusetzen, mit dessen nicht-davidischer Abstammung erklären; vgl. LEMAIRE, 57, Anm. 65.

sagung (2.Sam 7). Die Hoffnungen auf die wörtliche Erfüllung dieser Prophetie und auf eine davidische Kontinuität in Jerusalem wurden ja noch kurz vorher durch Haggai und Sacharja bekräftigt.

Den von Lemaire vorgeschlagenen Anlass für eine allmähliche Auflösung der davidischen Thronnachfolge halte ich für den ersten möglichen Bezugspunkt zur „politischen Redaktion" von TrJes, keineswegs aber für den einzig möglichen. Es ist aufgrund des vorhandenen Beweismaterials m.E. nicht möglich, in Nehemia einen datierbaren nichtdavidischen Statthalter von Judäa zu sehen. Die Datierung seiner Amtszeit ist mehr als problematisch. Dies gibt Anlass zu ernsthaften Anfragen. Dass Nehemia Statthalter war und dass die Zeitangaben einigermaßen zuverlässig sind, ist immer noch die meist verbreitete Meinung, die aber mehr vom Bedürfnis nach Orientierungspunkten in der schlecht dokumentierten Epoche als von der tatsächlichen Beweislage zeugt. Es ist in diesem Zusammenhang wieder auf die Untersuchungen von É. Nodet u.a. hinzuweisen, deren Schlussfolgerungen die Unzuverlässigkeit des Gebrauchs von Esr/Neh für chronologische Zwecke klar machen.[56]

Abgesehen von der äußerst komplizierten Frage nach dem Datum von Esr/Neh macht die deutliche Tendenz, die Angaben zur davidischen Abstammung zu unterdrücken, diese Schrift als Beweisstück für einen nichtdavidischen Statthalter untauglich. Denn wäre Nehemia tatsächlich ein Davidide gewesen, hätten wir es von Esr/Neh nicht erfahren können.[57] So entfällt einer der Gründe, eine längere Reihe von Davididen (über das 5 Jh. hinaus) als Verwalter von Judäa auszuschließen. Theoretisch konnten sie ihr Amt bis zur Schwelle der hellenistischen Epoche behalten. Und der Abschied, von welchem TrJes zu zeugen scheint, könnte dementsprechend viel später stattgefunden haben, als dies Lemaire annimmt. Auch wenn die Verbindung zwischen der Abfassung von Jes 56,1–8* und dem Ende der politischen Rolle der Davididen richtig ist, ist die Bestimmung des genauen Zeitpunkts durch die Unsicherheit über das Schicksal der nachexilischen Davididen erschwert.

---

[56] NODET, Essai, 20–26 u. 269–276.
[57] Vgl. oben S. 164ff.

XIV. Ergebnisse

Die Texte, die rund um Jes 60–62 entstanden sind, lassen sich als eine Reihe von Nachträgen verstehen mit dem vorrangigen Ziel, die Glaubwürdigkeit dieser Prophetie zu bewahren. Die Veränderungen der Auffassung wurden untersucht, welche von den verschiedenen Anliegen der jeweiligen Verfasserschaft zeugen. Das interpretatorische Anliegen wurde dabei hervorgehoben, der historische Anlass dahinter hat sich oft als nicht greifbar erwiesen. Der Wirklichkeitsbezug wurde vor allem in der kritisierten Praxis der fremden Kulte deutlich. Die Hypothese einer „politischen Interpretation von Jes 66 in 56,1–8" postuliert einen weiteren Wirklichkeitsbezug. Bei den meisten analysierten Texten wurde die Entstehung ihrer Aussagen auf die literarische Dynamik und interpretatorische Motive zurückgeführt. Dadurch wird aber ein geschichtlicher Anlass nicht ausgeschlossen. Im Gegenteil, es ist anzunehmen, dass die Fortschreibungsaktivitäten jeweils aus bestimmten theologischen oder politischen Anliegen heraus unternommen worden sind. Auf diese lässt sich aus den vorliegenden Texten zurückschließen. Hingegen erweist es sich oft als schwierig oder gar unmöglich, diese Anliegen den anderweitig bekannten Ereignissen oder Personen zuzuordnen.

Zwischen der Niederschrift von Jes 60–62 und dem Aufkommen der Zweifel hinsichtlich der Aktualität dieser Prophezeiungen muss man mit einer beträchtlichen Zeitspanne rechnen. Der trjes Korpus beinhaltet ein paar Zeugnisse der frühesten Phase, in welcher die Aktualität von Jes 60–62 selbstverständlich war. In diesem Rahmen sind 63,1–6 und 57,14–21 zu verstehen, die bei allen augenfälligen Differenzen gemeinsam haben, dass sie das Eintreten der Heilsepoche an keinerlei Bedingungen für die Menschen knüpfen und die Voraussetzung für das Eintreffen des Heils als bereits geschaffen ansehen: Jhwhs Vergebung nach der Bestrafung der Sünder. Das Heil steht in beiden Texten unmittelbar bevor und hängt allein von Jhwhs Handeln ab.

Später entstehen Texte, die versuchen, auf die Hindernisse hinzuweisen, die der Erfüllung der Prophezeiungen von Jes 60–62 im Wege stehen (58*, 59*). Während Jes 58* noch kein Läuterungsgericht für das Gottesvolk ins Auge fasst, wird ein solches Gericht mit der Abfassung von Jes 59 ins Zentrum der Aufmerksamkeit gerückt. In dieser Einheit richtet sich zwar die Vergeltung scheinbar immer noch gegen die Völker, aber in der Tat trifft sie auch die Nicht-Bekehrten in Jakob. Daraus wird dennoch in Jes 59 nicht automatisch geschlossen, dass für die Völker eine Rettungsmöglichkeit besteht: die Geretteten stammen nur aus Jakob. In einer weiteren Phase entstehen Texte, die sich immer intensiver mit der Beseitigung der Bösen beschäftigen. Es fällt dabei auf, dass die Kritik sich einmal gegen die fremden Kultpraktiken, einmal gegen die Ungerechtigkeit im öffentlichen Leben wendet und dadurch sowohl das priesterliche als auch das politische Establishment im Visier hat. Die Kritiker der Missstände (die Verfasserschaft von TrJes*) kommen zum Schluss, dass die von Jes 60–62 versprochene Epoche erst dann anbrechen kann, wenn die Problemgruppe(n) aus dem Blickfeld verschwunden ist (sind). Diese späteren trjes* Verfasser scheinen zu glauben, dass die Autorität von Jes 60–62 nur noch durch ein göttliches Gericht aufrecht erhalten werden kann. Diese trjes* Texte, welche als Interpretation von 60–62 zu verstehen sind, nehmen immer wieder Bezug auf DtJes, so dass sogar die radikalsten Umdeutungen den Anspruch auf Jesaja-Treue erheben können.

Die Gerichtsvision in Kap. 66 vollzieht noch einen weiteren Schritt. Nach der Entstehung von 59 hat man bereits den Glauben an die Bekehrung der „Gottlosen" aufgegeben. Gleichzeitig kommt die Kehrseite des bereits in 59 angewendeten Prinzips „für gleiche Vergehen gleiche Strafe" zur Geltung, nämlich in der Vorstellung, dass nicht nur die Frommen in Israel vor dem Gericht verschont werden. Der Verfasser von Jes 66 ist zur Erkenntnis gelangt, dass allein die reine Jhwh-Religion die Rettung vor dem Gericht garantiert, ohne Rücksicht auf Genealogie und nationale Herkunft, und dass das Gericht ein Ereignis ist, das die nationalen Grenzen durchbricht. Unabhängig von der nationalen Zugehörigkeit trifft die Strafe alle, die sich durch Greuelpraktiken verunreinigt haben. Die Geretteten aber sind alle „Brüder" und dürfen unabhängig von ihrer Herkunft die neue Gemeinde Jhwhs bilden. Dieser an sich revolutionäre Gedanke wird hier dargestellt als Erfüllung der Prophezeiungen von DtJes und Jes 60–62, welche die Zuwendung der Völker zu Israel und zu Jhwh thematisieren.

Die interpretatorische Auseinandersetzung mit der Prophetie von Jes 60–62 erreicht in Kap. 66 ihren Höhepunkt. In 56,1–8 werden vor allem noch weitere Konsequenzen aus Jes 66 gezogen. Eschatologie und Politik scheinen dort in einmaliger Weise verbunden zu werden. Nirgends so deutlich wie in 56,1–8 scheint die schriftgelehrte Exegese zur selben Zeit eine politisch engagierte zu sein. Es wurde gezeigt, dass TrJes in seiner Endgestalt als eine Legitimationsschrift für neue Machtverhältnisse im politischen und im religiösen Bereich und zugleich für eine neue Gemeindestruktur gedient haben könnte. Zur Diskussion steht möglicherweise die Rechtfertigung einer nichtdavidischen Alternative für die politische Führung und auch die Aufhebung des Monopols der etablierten Priesterdynastie. Die Legitimierung einer solchen Alternative konnte nur von anerkannten Autoritäten erbracht werden, und im Tradentenkreis von Jes* (in den auch TrJes gehört) bildete diese Instanz vor allem die jesajanische Überlieferung selbst.

Inwieweit gewisse ursprünglich rein theologisch inspirierte eschatologische Aussagen nachträglich politisiert wurden, lässt sich schwer sagen. Die Vorstellungen des Gerichts in Jes 65 und 66 ließen sich jedenfalls auch politisch lesen, wofür die große Popularität von Jes in Qumran zeugen mag.

Es ist grundsätzlich schwierig zu beurteilen, ob die trjes Schrift die angestrebten politischen Auswirkungen auch erzielt hat. Ob die hier postulierte politische Stellungnahme die Folge eines Machtwechsels war oder auf einen solchen hin formuliert worden ist, müsste in weiteren Untersuchungen geklärt werden. Ähnlich ist es mit der ambivalenten Stellung TrJes zu Kultfragen und zum Tempel, etwa mit der Ablehnung des Opferkults in Jes 66,1–4 und mit der veränderten Wiederaufnahme des Opfergedankens in 66,20; 56,7. Der Ausblick auf die Datierungsmöglichkeiten hat gezeigt, dass sich die Verknüpfung mit den Auseinandersetzungen rund um die Rolle der Davididen weder bei der Früh- noch bei der Spätdatierung von TrJes von vornherein ausschließen lässt. Die Ansetzung von TrJes* in die hellenistische Zeit betrachte ich als plausibel, aber nicht als bewiesen.

Es ist fraglich, ob die von TrJes in Kap. 65f. und 56,1–8 angestrebte Gemeindestruktur überhaupt etwas mit der Aufnahme neuer Mitglieder zu tun hat. Die Bedingungen für die Zugehörigkeit zu Jhwhs Volk sind als eine „Konkretisierung" der eschatologischen Vorstellung eines „Gottesvolkes nach dem Gericht" zu verstehen und betreffen somit nicht allein „Neulinge" oder Zweifelsfälle am Rand der existierenden Gemeinde. Der Grund für eine Regelung bezüglich der „Fremden, die sich Jhwh anschließen", wäre bereits in der Weiterführung der Vision von Jes 66 gegeben, aber die Koppelung der Anliegen der Fremden und Eunuchen hat auch andere literarische Verbindungen zutage gebracht. Die Relativierung des genealogischen Prinzips durch das umfassende Gericht in Jes 66 scheint in Jes 56,1–8 auf das dynastische Prinzip ausgedehnt zu werden.

Am Ende der Entwicklung wird also in TrJes das Jhwh-Volk zu einer Entscheidungsgemeinschaft, zu einer Gemeinde von Jhwh-Anhängern. Dies ist im Kontrast zu einer Theologie zu sehen, die Israel über das Verhältnis Jhwhs zu seinem Volk definiert (so etwa der Erwählungstheologie bei DtJes). In TrJes wird konsequenterweise die Sicht der Erwählung Israels, welche in DtJes eine große Rolle spielt, aufgegeben. Auffallend ist, dass die neue Gemeinde nicht mehr mit dem Namen Israel bezeichnet wird und Jhwh nicht mehr den Titel „Gott Israels" trägt. Anstelle dessen wird er „Gott der Treue" genannt, aber es ist deutlich, dass diese Treue sich auf eine neu zusammengesetzte Gemeinde bezieht. Und anstelle des auserwählten, kollektiv verstandenen „Knechtes" redet TrJes in der Mehrzahl von den „Knechten Jhwhs", eben weil sie jetzt individuell zu solchen werden können. Zwar wird in Kap. 65 die Bezeichnung „meine Auserwählten" noch als Synonym für „Knechte" verwendet, aber das Verb „erwählen" wird in drei miteinander zusammenhängenden Texten (65,12; 66,4; 56,4) in der Wendung „Erwählen dessen, was Jhwh gefällt", verwendet: in den zwei ersten Belegen negativ für die Menschen, die das, was Jhwh gefällt, nicht gewählt haben, und im dritten positiv für die, welche sich durch diese Wahl Jhwh anschließen. Es geht also um eine Wahl seitens des Menschen. Im Vergleich zum

„auserwählten Volk" bei DtJes läuft es bei TrJes auf ein Volk hinaus, das Jhwh zu seinem Gott erwählt. Wenn damit Jhwh zum „auserwählten Gott" zu werden scheint, so ist dies zusätzlich im Zusammenhang mit dem in Kap. 65f. und 57,3ff. akuten Problem der fremden Kulte zu sehen und zu bewerten, weil dort das gezeigt wird, dass mit dem „Wählen dessen, was Jhwh missfällt", die Wahl anderer Götter (neben oder an Stelle von Jhwh) gemeint ist.

Die geschilderten Veränderungen der Auffassung des „Volkes" sind so radikal, dass man nicht mehr von einem „Volk" im eigentlichen Sinn reden kann, sondern vielmehr von einer Gemeinde bzw. einer eschatologischen Gemeinschaft, da man zu einem Volk durch Geburt gehört und zu einer Gemeinschaft durch eigene Entscheidung. Dass sich im Anschluss an DtJes ein solches Verständnis des Gottesvolkes entwickeln konnte, mag verwundern. Aber die Abkehr vom Gedanken eines „auserwählten Israel" zugunsten der Vorstellung einer Entscheidungsgemeinschaft für Jhwh zeugen nicht nur von tiefen religiösen und sozialen Umwälzungen, die die Entstehung von TrJes* begleitet haben, sondern auch von der großen Lebendigkeit und Beweglichkeit des biblischen Glaubens.

Der Gegensatz zwischen dem „auserwählten Volk" und der „Gemeinde des auserwählten Gottes" ist groß, aber die Texte von Jes 56–66 zeigen, dass er nicht unüberbrückbar bleiben muss. Die obigen Seiten sind ein Versuch, den Brückenschlag zwischen diesen beiden Polen aufzuzeichnen und zu verstehen.

Literaturverzeichnis

Auf folgende Werke wird in dieser Arbeit mit Verfassernamen und ggf. mit Kurztiteln verwiesen:

P. ABDIE, Le fonctionnement symbolique de la figure de David dans l'oeuvre du Chroniste,
Trans 7 (1994) 143–151.

R. ABRAMOWSKI, Zum literarischen Problem des Tritojesaja, ThStKr 96/97 (1925)
90–143.

E. ACHTEMEIER, The Community and Message of Isaiah 56–66, Minneapolis 1982.

W.F. ALBRIGHT, The High Place in Ancient Palestine, VTsuppl. 4 (1957) 242–258.

N. AVIGAD, Bullae and Seals from a Post-Exilic Judean Archive, Qedem 4, Jerusalem,
1976.

D. BARTHÉLEMY, Critique Textuelle de l'Ancien Testament. Vol. 2. Isaïe, Jérémie, La-
mentations, OBO 50/2, Göttingen 1986.

A. BENTZEN, Quelques remarques sur le mouvement messianique parmi les Juifs aux envi-
rons de l'an 520 av. J.-C., RHPR 10 (1930) 493–503.

W.A.M. BEUKEN, Isa 55,3–5: The Reinterpretation of David, Bijdragen 35 (1974)
49–64.

W.A.M. BEUKEN, Does Trito-Isaiah reject the Temple? An Intertextual Inquiry into Isa.
66.1–6, in: Intertextuality in Biblical Writings: Essays in honour of Bas van Iersel, ed.
Sipke Draisma; Kampen 1989, 53–66.

W.A.M. BEUKEN, Isaiah Chapters LXV–LXVI: Trito-Isaiah and the Closure of the Book of
Isaiah, in: Congress Volume: Leuven 1989, ed. J.A. Emerton, 204–221.

W.A.M. BEUKEN, The Main Theme of Trito-Isaiah ,The Servants of YHWH', JSOT 47
(1990) 67–87.

F. BIANCHI, Le rôle de Zorobabel et de la dynastie davidique en Judée du VIe au IIe siècle.
av. J.-C., Trans 7 (1944) 153–165.

J. BLENKINSOPP, The ,Servants of the Lord' in Third Isaiah. Profile of a pietistic group in
the Persian epoch, Proceedings of the Irish Biblical Association 7 (1983) 1–23.

P.-E. BONNARD, Le Second Isaïe, son disciple et leurs éditeurs. Isaïe 40–66, Paris 1972.

E. BOSSHARD, Beobachtungen zum Zwölfprophetenbuch, BN 40 (1987) 30–62.

P. BRIANT, Contrainte militaire, dépendance rurale et exploitation des territoires en Asie
achéménide, in: Rois, Tributs et Paysans. Études sur les formations tributaires du
Moyen-Orient ancien, Paris 1982, 199–225.

K. BUDDE, Das Buch Jesaja Kap. 40–66, in: E. Kautzsch-A. Bertholet, Die Heilige Schrift des Alten Testaments, Bd. I, Tübingen 1922, 693–720.

A. CAQUOT, Les ‚grâces de David'. A propos d'Isaïe 55/3b, Semitica 15 (1965) 45–59.

R.P. CARROLL, When Prophecy Failed. Reactions and Responses to Failure in the Old Testament Prophetic Traditions, London 1979.

T.K. CHEYNE, Einleitung in das Buch Jesaja. Deutsche Übersetzung unter durchgängiger Mitwirkung des Verfassers; hg. von J. Böhmer, Giessen 1897 (engl. Originalausgabe, London 1870).

R.E. CLEMENTS, Beyond Tradition History: Deutero-Isaianic Development of First Isaiah's Themes, JSOT 31 (1985) 95–113.

B.C. CRESSON, The Condemnation of Edom in Postexilic Judaism, in: The Use of the Old Testament in the New and Other Studies. Studies in Honor of W.F. Stinespring, Durkheim 1972, 125–148.

M. DELCOR, Two Special Meanings of the Word יד in Biblical Hebrew, JSSt 12 (1967) 230–240.

F. DELITZSCH, Commentar über das Buch Jesaia, Biblischer Commentar über das Alte Testament, Leipzig ⁴1889.

H. DONNER, Jesaja LVI 1–7: Ein Abrogationsfall innerhalb des Kanons – Implikationen und Konsequenzen, in: Aufsätze zum Alten Testament aus vier Jahrzehnten BZAW 224; Berlin u.a. 1994, 165–179 = in: J.A. Emerton, Congress Volume Salamanca 1983 (VT.S. 36) Leiden 1985, 81–95.

B. DUHM, Das Buch Jesaja übersetzt und erklärt. Göttinger Handkommentar zum Alten Testament III, Göttingen ³1914.

A.B. EHRLICH, Randglossen zur Hebräischen Bibel, Bd.4, Hildesheim 1968.

K. ELLIGER, Einheit des Tritojesaia (Jesaia 56–66), Stuttgart 1928.

J.A. EMERTON, Notes on the Text and Translation of Isaiah xxii 8–11 and lxv 5, VT 30 (1980) 446–51.

I. FISCHER, Wo ist Jahwe? Das Volksklagelied Jes 63,7–64,11 als Ausdruck des Ringens um eine gebrochene Beziehung, SBB 19; Stuttgart 1989.

M. FISHBANE, Biblical Interpretation in Ancient Israel, Oxford 1985.

G. FOHRER, Das Buch Jesaja. 3.Bd. Kapitel 40–66, Zürich u.a. 1964.

V. FRITZ, Das Buch Josua, Handbuch zum Alten Testament I/7, Tübingen 1994.

K. GALLING, Erwägungen zum Stelenheiligtum von Hazor, ZDPV 75 (1959) 1–13.

G. GARBINI, Storia e ideologia nell'Israele antico, Brescia 1986.

G. GIESEN, Die Wurzel שבע „schwören". Eine semasiologische Studie zum Eid im Alten Testament, Bonn 1981.

P.D. HANSON, The Dawn of Apocalyptic. The Historical and Sociological Roots of Jewish Apocalyptic Eschatology, Philadelphia ²1979.

J.E. HARRISON, Prolegomena to the Study of Greek Religion, Princenton 1991 (1. Aufl.: Cambridge 1903).

F. HOLMGREN, Yahwe the Avenger. Isaiah 63:1–6, Essays in Honor of J. Muilenburg, Pittsburgh Theological Monograph Series 1, Pittsburgh 1974, 133–148.

S. JAPHET, יד ושם (Isa 56:5) – A Different Proposal, Maarav 8 (1992) 69–80.

S. JAPHET, Sheshbazzar and Zerubbabel – Against the Background of the Historical and Religious Tendencies of Ezra-Nehemiah, ZAW 94 (1982) 66–98.

E. JENNI, Das hebräische Pi'el. Syntaktisch-semasiologische Untersuchung einer Verbalform im alten Testament, Zürich 1968.

K. KOENEN, Ethik und Eschatologie im Tritojesajabuch: eine literarkritische und redaktionsgeschichtliche Studie, (Neukirchen-Vluyn 1990).

K. KOENEN, Textkritische Anmerkungen zu schwierigen Stellen im Tritojesajabuch, Bib 69 (1988) 564–573.

A. Van Der KOOIJ, Die alten Textzeugen des Jesajabuches. Ein Beitrag zur Textgeschichte des Alten Testaments, (OBO 35; Göttingen 1981).

R.G. KRATZ, Kyros im Deuterojesaja-Buch. Redaktionsgeschichtliche Untersuchungen zu Entstehung und Theologie von Jes 40–55, Tübingen 1991.

H.J. KRAUS, Die ausgebliebene Endtheophanie. Eine Studie zu Jes 56–66, ZAW 78 (1966) 317–332.

A. KUENEN, Historisch-kritische Einleitung in die Bücher des Alten Testaments hinsichtlich ihrer Entstehung und Sammlung. Autorisierte deutsche Ausgabe von Th. Müller; Zweiter Teil. Die prophetischen Bücher, Leipzig 1982.

R. KUNZMANN, Une relecture de Salut en Is. 63,7–14. Étude de vocabulaire, RevSR 51 (1977) 22–39.

P. DE LAGARDE, Semitica I, Göttingen 1878, 1–32.

W. LAU, Schriftgelehrte Prophetie in Jes 56–66. Eine Untersuchung zu den literarischen Bezügen in den letzten elf Kapiteln des Jesajabuches, BZAW 225; Berlin u.a. 1994.

J.C.H. LEBRAM, Die Traditionsgeschichte der Esragestalt und die Frage nach dem historischen Esra, in: Achaemenid History I. Sources, Structures and Synthesis. Proceedings of the Groningen 1983 Achaemenid History Workshop, ed. by H. Sancisi-Weerdenburg, Leiden 1987.

D. LEIBEL, „dam ḥāzîr", Bet Miqra 8 (1964) 187–197.

A. LEMAIRE, Zorobabel et la Judée à la lumière de l'épigraphie (fin du VIe S. av. J.-C.), RB 103 (1996) 48–57.

J. LEY, Historische Erklärung des zweiten Teils des Jesaja, Marburg 1893.

E. LITTMANN, Über die Abfassungszeit des Tritojesaja, Freiburg u.a. 1899.

K. MARTI, Das Buch Jesaja erklärt von, Tübingen u.a. 1900.

J. MCKENZIE, Second Isaiah, AB; Garden City 1968.

CL. MEYERS /E.M. MEYERS, Haggai, Zechariah 1–8., AB; Gareden City 1987.

J. MILGROM, Studies in Levitical Terminology, I. The Encroacher and the Levite. The Term 'Aboda, Berkeley u.a. 1970.

J. MILGROM, Sancta Contagion and Altar/City Asylum, in: VTSupp. 32 (1981) 278–310.

J. MILGROM, Religious Conversion and the Revolt Model for the Formation of Israel, JBL 101 (1982) 169–176.

J. MORGENSTERN, Isaiah 63.7–14, HUCA 23 (1950–1951) 185–203.

J. MORGENSTERN, Two Prophecies from the Fourth Century B.C. and the Evolution of Yom Kippur, HUCA 24 (1952–1953) 1–74.

J.C. MOYER, Hittite and Israelite Cult Practices, in: Scripture in Context, ed. W.W. Hallo et al., 2.19–38, Winson Lake, Ind. 1983.

J. MUILENBURG, The Book of Isaiah. Chapters 40–66, The Interpreter's Bible; New York u.a. 1956.

D. NEIMAN, PGR: A Canaanite Cult-Object in the Old Testament, JBL 67 (1948) 55–60.

É. NODET, La dédicace, les Maccabées et le Messie, RB 93 (1986) 321–375.

É. NODET, Essai sur les origines du Judaïsme, Paris 1992.

M. OEMING, Das wahre Israel. Die ‚genealogische Vorhalle' 1. Chronik 1–9, Stuttgart u.a. 1990, 115f.

K. PAURITSCH, Die Neue Gemeinde. Gott sammelt Ausgestossene und Arme (Jesaia 56–66), Analecta bibilica 47; Roma 1971.

O. PLÖGER, Theokratie und Eschatologie, WMANT 1959.

G.J. POLAN, In the Ways of Justice Toward Salvation, New York 1986.

G. von RAD, Theologie des Alten Testaments II, München [2]1965.

R. RENDTORFF, Jesaja 6 im Rahmen der Komposition des Jesajabuches, in: The Book of Isaiah. Le Livre d'Isaïe. Les Oracles et leurs relectures; unité et complexité d'ouvrage, ed. par J. Vermeylen, Leuven 1989, 73–82.

R. RENDTORFF, Jesaja 56,1 als Schlüssel für die Komposition des Buches Jesaja, in ders., Kanon und Theologie. Vorarbeiten zu einer Theologie des Alten Testaments, Neukirchen-Vluyn 1991, 173–179.

I. RIESENER, Der Stamm עבד im Alten Testament. Eine Wortuntersuchung unter Berücksichtigung neuerer sprachwissenschaftlicher Methoden, (Berlin, New York 1979).

G. ROBINSON, The Meaning of יד in Isaiah 56:5, ZAW 88 (1976) 282–284, 282.

A. ROFÉ, The Onset of Sects in Postexilic Judaism: Neglected Evidence from the Septuagint, Trito-Isaiah, Ben Sira, and Malachi, in: The Social World of Formative Christianity and Judaism, ed. H.C. Kee/J. Neusner, 1988.

A. ROFÉ, Isaiah 66,1–4: Judean Sects in the Persian Period as viewed by Trito-Isaiah, Biblical and Related Studies Presented to Samuel Iwry, ed. by A. Kort/S. Morschauser, Winona Lake 1985, 205–217.

P. SACCHI, L'Esilio e la fine della monarchia davidica, Henoch 11 (1989) 131–143.

J.M. SASSON, Isaiah LXVI 3–4a, VT 26 (1976) 199–207.

B. SCHRAMM, The Opponents of Third Isaiah, Sheffield 1995.

E. SEHMSDORF, Studien zur Redaktionsgeschichte von Jesaja 56–66, (I), ZAW 84 (1972) 517–561; (II) 562–576.

S. SEKINE, Die Tritojesajanische Sammlung (Jes 56–66) redaktionsgeschichtlich untersucht, BZAW 175; Berlin u.a. 1989.

K. SEYBOLD, Das davidische Königtum im Zeugnis der Propheten, Göttingen 1972.

K. SEYBOLD, Königserwartungen bei den Propheten Haggai und Sacharja, Jud 28 (1972) 69–78.

K. SEYBOLD, Der Prophet Jeremia. Leben und Werk, Stuttgart 1993.

K. SEYBOLD, Die Psalmen, Handbuch zum Alten Testament I/15, Tübingen 1996.

M. SMITH, Palestinian Parties and Politics That Shaped the Old Testament, London 1971.

O.H. STECK, Bereitete Heimkehr. Jesaja 35 als redaktionelle Brücke zwischen dem Ersten und dem Zweiten Jesaja, SBS 121, Stuttgart 1985.

O.H. STECK, Studien zu Tritojesaja, 106–118 = Der Rachetag in Jesaja 61,2. Ein Kapitel redaktionsgeschichtlicher Kleinarbeit, VT 36 (1986) 323–338.

O.H. STECK, Studien zu Tritojesaja, 169–186 = Beobachtungen zu Jes 56–59, BZ NF 31 (1987) 228–246.

O.H. STECK, Studien zu Tritojesaja, 187–191 = Jahwes Feinde in Jesaja 59, BN 36 (1987) 51–56.

O.H. STECK, Studien zu Tritojesaja, 217–228 = Beobachtungen zur Anlage von Jes 65–66, BN 38/39 (1987) 103–116.

O.H. STECK, Studien zu Tritojesaja, 3–45 = Tritojesaja im Jesajabuch in: The book of Isaiah - Le livre d'Isaïe, BEThL 81; Leuven 1989, 361–406.

O.H. STECK, Der Abschluss der Prophetie im Alten Testament. Ein Versuch zur Frage der Vorgeschichte des Kanons, Neukirchen-Vluyn 1991.

O.H. STECK, Studien zu Tritojesaja, BZAW 203; Berlin 1991.

C.C. TORREY, The Second Isaiah, New York 1928.

R., de VAUX, Les sacrifices de porcs en Palestine et dans l'Ancien Orient, BZAW 77 (1958) 250–65.

J. VERMEYLEN, Du prophète Isaïe à l'apocalyptique. Isaïe, I–XXXV, miroir d'un demi-millénaire d'expérience religieuse en Israël; Tome II, Paris 1978.

J. VERMEYLEN (ed.), The book of Isaiah – Le livre d'Isaïe: les oracles et leurs relecteurs: unité et complexité de l'ouvrage, BEThL 81; Leuven 1989.

J. VERMEYLEN, L'Unité du lire d'Isaïe, The book of Isaiah – Le livre d'Isaïe: les oracles et leurs relecteurs: unité et complexité de l'ouvrage, Leuven 1989, 11–53.

P. VOLZ, Jesaja II übersetzt und erklärt, Kommentar zum Alten Testament 9.2; Leipzig 1932.

G. WALLIS, Gott und seine Gemeinde. Eine Betrachtung zum Tritojesaja-Buch, ThZ 27 (1971) 182–200.

L. WATERMAN, The Camouflagded Purge of Three Messianic Conspirators, JNES 13 (1953) 73–78.

J.D.W. WATTS, Isaiah 34–66, WBC 25, Waco, Texas 1987.

E. WEIDNER, Jojachin König von Juda in babylonischen Keilschriften, in: Mélanges syriens R. Dussaud II, Paris 1939, 923–935.

R.D. WELLS, Jr., The Statements of Well-Being in Isaiah 60–62: Implications of Form Criticism and the History of Tradition for the Interpretation of Isaiah 56–66, Nashville, Tennessee 1968.

C. WESTERMANN, Das Buch Jesaja Kap. 40–66. ATD 19, Göttingen 1966.

E. WILL-C. ORRIEUX, „Prosélytisme juif"? Histoire d'une erreur, Paris 1992.

E. ZENGER, Die deuteronomistische Interpretation der Rehabilitierung Jojachins, BZ n.F. 12 (1968) 13–27.

J. ZIEGLER, Isaias: Septuaginta, Vetus Testamentum Graecum auctoritate academiae litterarum Gottingensis editum Vol. XIV, Götingen 1939 (^{2}1967).

A. ZILLESSEN, „Titojesaja" und Deuterojesaja. Eine literarkritische Untersuchung zu Jes 56–66, ZAW 26 (1906) 231–276.

W. ZIMMERLI, Zur Sprache Tritojesajas, Schweiz. Theol. Umschau 20 (1950) 62–74.

W. ZIMMERLI, Ezechiel I. Teilband 1–24; II. 25–48. Biblischer Kommentar Altes Testament XIII/1–2, Neukirchen-Vluyn 1969.

Bibelstellenregister
(in Auswahl)

Kursive Seitenzahlen verweisen auf die Nennung in einer Fußnote.

Sachregister